模拟法庭原理与实践

罗文燕　刘建明 主编

浙江工商大学出版社
ZHEJIANG GONGSHANG UNIVERSITY PRESS

图书在版编目(CIP)数据

模拟法庭原理与实践 / 罗文燕,刘建明主编. — 杭州：浙江工商大学出版社，2013.1(2021.9 重印)

ISBN 978-7-81140-679-5

Ⅰ. ①模… Ⅱ. ①罗… ②刘… Ⅲ. ①审判—案例—中国 Ⅳ. ①D925.05

中国版本图书馆 CIP 数据核字(2013)第 003472 号

模拟法庭原理与实践

罗文燕　刘建明　主编

责任编辑　郑　建　梁春晓
封面设计　王妤驰
版式设计　梁春晓
责任印制　包建辉
出版发行　浙江工商大学出版社
(杭州市教工路 198 号　邮政编码 310012)
(E-mail:zjgsupress@163.com)
(网址:http://www.zjgsupress.com)
电话:0571-88904980,88831806(传真)
排　　版　杭州朝曦图文设计有限公司
印　　刷　广东虎彩云印刷有限公司绍兴分公司
开　　本　787mm×1092mm　1/16
印　　张　20
字　　数　403 千
版 印 次　2013 年 1 月第 1 版　2021 年 9 月第 2 次印刷
书　　号　ISBN 978-7-81140-679-5
定　　价　42.00 元

浙江工商大学出版社营销部邮购电话　0571-88804227

前言

Foreword

若干年前，笔者在课堂教学中，向学生灌输“像律师一样思考”的法学教育理念，当时，听者无不聚精会神，啧啧称道。课后，三五个好学而又好问的学生提出了问题：律师到底是怎样思考问题的？我们怎样才能学会像律师那样思考。当时，笔者虽竭尽所能，试图给学生们以满意的答案，但是，学生一脸茫然，似乎在告诉笔者：他们对答案并不满意。

学生们是睿智的，他们提出他们的学习愿望和学习要求；学生们是敏锐的，他们的问题击中了中国法学教育的要害。时至今日，“像律师一样思考”的教学理念，对于从事法学教育的同仁们来说，早已耳熟能详；“提升学生实务能力”“提高学生的法律运用能力”等口号和提法充满着整个法学教育界。但是，遗憾的是往往“雷声大，雨点小”或者“只听雷声，不见下雨”，缺乏落实这些教学理念的具体管道和具体方法，所谓的“加强和提高学生的能力培养”往往止步于理念的传播和媒体的宣传，缺乏具体的实施步骤、缺乏法学实务教学的研究与探索。

模拟法庭在我国法学教育中一直存在，但是更多的时候，它只是作为教学辅助活动而存在，或者仅仅是学生了解、熟悉、感受诉讼程序的教辅活动。但是从近几年的发展趋势来看，模拟法庭的价值已为越来越多的法学院校所承认，不少院校顺应法学实践教学的需要，纷纷开设了独立的模拟法庭课程。

模拟法庭作为一门独立课程，必须解决好两大问题：一是教什么，二是怎么教。第一个“教什么”说的是教学内容问题。长期以来，模拟法庭教学内容过于原则、抽象、宽泛，言必称提升学生的实务操作能力、掌握法庭庭审技巧，等等。而实际上，往往缺乏司法实务能力组成要素的细化与提炼；缺乏庭审技巧、经验的归纳与概括，导致模拟法庭教学内容的虚化；第二个“怎么教”涉及模拟法庭的教学手段和教学方法。依笔者的视野所及，目前，国内大多数模拟法庭教学手段和方法过于呆板和单一，大多停留在“学生演练、教师点评”的传统套路，缺乏教学手段和教学方法的创新和探索。

当年提出问题的学生们早已在司法实务部门崭露头角，但是，当年他们对法学教育的期盼与要求一直深深留在笔者的脑海里，他们当时的一脸茫然与失望，一直刺激着笔者的神经、触动着笔者的心灵。笔者也和众多的法学教育同仁们一样，对法科学生实务能力培养机制以及法学实践教育的教学内容、教学步骤、方法等一直孜孜以求，不断地在考虑，不断地在实践，企盼有所心得、有所突破。

有幸的是，承蒙当时法学院领导的远见，从 2006 年开始，笔者中的罗文燕老师和胡敏飞老师远赴美国太平洋大学麦克乔治法学院，攻读 LLM 学位；笔者中的刘建明老师多次参与了由美国太平洋大学和美利坚大学在中国举办有关体验式法学教育的培训。作者们一方面徜徉在浩瀚的西方法律文化中，感受西方法律文化的精深与博大，拼命地汲取有益的营养；另一方面，作者们借助于中美法学教育的合作平台，交流彼此的心得和感受，逐渐地达成了一种默契，形成了共同的心愿：立足于中国的法律体系，借鉴国外法学教育先进理念，务实地在法学实践教学领域进行探索与实践。

2009 年上半年，胡敏飞老师和刘建明老师率先给法律硕士开设了模拟法庭课程，彼此都为传统模拟法庭"只练不教""只练少教"而犯难（法硕的学生来自于国内许多法学院校，很自然地流露了他们心中模拟法庭的模式）；也在处理模拟法庭课程与律师实务课、模拟法庭课程与法律文书课的衔接而发愁。好在两位老师既富有责任感，又具有丰富的法律实务经验，努力地对模拟法庭课程的特色与整体设置进行筹划。

"什么是模拟法庭教学的核心价值？"这个问题既是模拟法庭课程与其他关联课程区别的关键，又是模拟法庭作为独立课程必须解决的问题。我们始终认为：模拟法庭课程的价值主要是学生诉讼策略的谋划能力、学生法庭语言表述能力和学生对法庭庭审的掌控能力，其核心是学生的法庭语言表述能力。其他诸如法律信息检索能力、证据的收集与分析能力、法律文书的写作能力，等等，尽管这些能力均与模拟法庭有密切的关联，但不应统统装入模拟法庭教学这个"箩筐"里，而应当分别由证据法学、法律文书等课程来承担。而实现这些教学目标的落脚处就是法庭的举证与质证、法庭询问和法庭辩论等以口头语言表述为主要载体的能力训练科目。为此，我们将法庭举证与质证、法庭询问、法庭辩论和法庭语言的组织与表述作为模拟法庭教学的重点与核心，并且围绕这些重点开始对相关法律技巧和经验的总结、模拟案例的选择与运用，学生演练的观察与评价，学生演练的指导与反馈等环节等等进行了一系列的探索与尝试。对模拟法庭教学的特色和总体布局进行设置，在实际教学中也取得良好的效果。我们总结了模拟法庭教学的特色，积累了经验和教训，并且在此基础上进行进一步的拓展与完善，形成较完善的模拟法庭教材，因此，本教材的特色之一就是注重法庭语言组织与训练，训练内容较为集中。

国内法学界，始终存在着这种观点，认为模拟法庭训练的是雕虫小技，难登大雅之堂，原因是模拟法庭没有完整的理论体系。客观地说，这种观点也不无道理。法学界本身对法学教育的教学理论教学方法没有给予足够的重视，对模拟法庭的教学原理和教学方法的研究更是少之又少，我们也试图通过这本教材，在模拟法庭教学原理、教学方法和教学评价等方面作努力和尝试。这个设想得到了在美国攻读教育学博士的罗文燕老师的赞同与支持，爽快地答应担任本教材的主编。在教材的写作过程中，罗文燕老师不遗余力地将教育学的学习体会和研究心得贡献给本教材。因此，本教材的特色之二就是对模拟法庭的教学原理、教学方法，特别是对模拟法庭教学评价，不但对模拟法庭教学质量的控制具有指导意义，而且对其他法学课程的评价也有参考和借鉴价值。

2010年下半年，当我们得知教材已得到浙江省教育厅的支持，并列为浙江省重点建设教材，我们内心不免兴奋与激动，兴奋之余，也有小小的担忧：当时，我们三位（罗文燕、刘建明、胡敏飞）均在美国和韩国进修和学习，给资料的检索和彼此的交流带来了不小麻烦。好在三位笔者充分利用国外院校的优势，潜心观摩，深度思考，带着在编写教材时遇到的问题，及时向国外的同行请教，不断与国外学者进行交流与讨论。因此，笔者们成为了麦克乔治法学院模拟法庭的常客；美国加利福尼亚州、马里兰州地方法院也时而可见笔者的身影。笔者们在写作过程中，充分吸取国外同行在模拟法庭教学的经验和成就，比如学生庭审技巧的专项训练、录像回放教学法，等等。因此，本教材的特色之三是立足于中国法律体系，充分吸收、借鉴国外模拟法庭教学的成功经验。

同时，在构建教材编写的大纲过程中，我们也意识到模拟法庭教学与司法实践工作紧密相连，特别是模拟法庭教材应当将实际司法实践工作中的经验和技巧总结和归纳出来，以完善教材的结构，提高教材的质量，为此，我们非常荣幸地邀请了浙江省高级人民法院审判监督庭庭长倪代化、浙江省奉化市人民检察院民行科长俞亚仙、我们的同事兼富有多年律师实务经验的王建林参与教材的写作，使教材作者群体呈现出“学院派”与“实务派”的完美组合。具有丰富司法实务经验的倪代化庭长的《司法礼仪》、俞亚仙的《法庭语言组合》贴近司法实际，为教材增色不少，王建林老师从众多实务实例中精挑细选，提供了鲜活、生动的案件素材。因此，本教材的特色之四是紧贴司法实践，素材丰富，具有较强的针对性和实用性。

经过一年多的合作，书稿得以顺利完成。书稿从提纲的拟定开始，自始至终得到领导、同行和同仁们的支持与关爱，笔者们心中充盈的是感恩之心、感谢之情。感谢中国政法大学国际法学院的孔庆江教授、美国太平洋大学麦克乔治法学院的 Brian Landsberg 教授，感谢你们为法学院与美国太平洋大学、美利坚大学构建了良好的合作与交流的平台；感谢美国太平洋大学麦克乔治法学院的 Jay Leach 教授、Carry Bricker 教授；美国美利坚大学华盛顿法学院的 Richard Ugelow、Diane Weinroth、Sofia Yakren，感谢你们无私地开放模拟法庭供笔者观摩，感谢你们热情的引见，使笔者得以顺利地在美国联邦法院和地方法院进行旁听与学习；感谢法学院 2010 法律硕士班、0901 法学本科班、0905 法学本科班，感谢你们在模拟法庭的积极演练，你们的演练录像为笔者提供了良好的分析与评价的素材。

附各章的分工：

第 一 章　模拟法庭概述（刘建明）

第 二 章　模拟法庭教学的理论基础——建构主义学习理论（刘建明）

第 三 章　模拟法庭教学方法（刘建明）

第 四 章　模拟法庭的教学目标与教学内容（刘建明）

第 五 章　模拟法庭教学评价（罗文燕）

第 六 章　法庭审判中的司法职业道德教育（刘建明）

第 七 章　法庭审判的司法礼仪（倪代化）

第 八 章　法庭举证与质证（刘建明）

第 九 章　法庭询问（胡敏飞）

第 十 章　法庭辩论（胡敏飞）

第十一章　法庭语言（俞亚仙）

第十二章　刑事案件综合演练（刘建明）

第十三章　民事案件综合演练（王建林）

第十四章　行政诉讼案件综合演练（罗文燕）

目录

Content

第一编　模拟法庭基本原理篇

第二编　模拟法庭知识篇

第三编　模拟法庭专项技能训练篇

目录

Content

第四编 模拟法庭综合演练篇

第一编 模拟法庭基本原理篇

此编主要介绍模拟法庭的概念、功能、特点以及在法学教育中的作用和地位，模拟法庭的教学原理和教学方法等。

第一章　模拟法庭概述

长期以来，我国法学教育倾向于培养掌握法学理论知识的法律人才，而忽视对学生司法实践技能的培养。为了改变这种现状，弥补我国法学教育中对学生法律实践综合能力、素质训练和培养的不足，越来越多的法律院系开始开设模拟法庭课程，其宗旨在于"训练学生像律师一样思考"，换言之，即让学生学会如何像律师那样取证、分析、思考、写作、陈述和庭辩。模拟法庭作为一种知与行紧密结合的教学形式已经逐渐成为我国法学教育的重要组成部分。

一、模拟法庭教学的含义

模拟法庭教学是指在教师的指导下，以培养法科学生能力素质为目标，由不同的学生分别扮演法官、检察官、当事人以及其他诉讼参与人等不同诉讼角色，在模拟法官的主持下，按照法定程序在假设的法庭对真实或虚构的刑事、民事、行政案件进行模拟审判的一种较为稳定的教学活动。从这一定义可以分析出模拟审判教学具有下列基本含义：

1. 模拟法庭教学是典型的情景式教学模式

情景认知理论认为，"知识及其对情景的索引是镶嵌在环境中的。正是知识得以产生的环境，提供了知识的结构和意义。因此，知识是通过活动和知识得以发展的环境进行编码的，知识与活动、与环境密切联系。"[①]当代法学教育的实践，常常无法给学生提供融入相关司法实践领域的机会。因此，学生可能顺利通过各种考试，但仍然不能在真实的环境中运用该领域的工作方法。由于传统的法学教学活动不能给学生提供一定的场景，教学缺乏真实性，所以学习活动往往是缺乏能动性和无效的。以创设有效学习环境为己任的情景认知教学模式，试图通过在学校设置工作的场景，模仿从业者真实活动的学习环境，来提高学习的有效性，并保证知识向真实情景的迁移。模拟审判属于典型的情景教学模式，它是对法院审判活动的形象模拟。在形式和内容两个方面都要与法院的审判活动相似。在形式上要追求逼真，要建设好模拟法庭，模拟

① 朱卫国、王延山：《教育创新集》，河北大学出版社 1999 年版，第 236 页。

法庭审判场景要和法院审判庭相仿，如审判席、诉讼参与人的座位摆放都要合乎要求。参与模拟审判的学生分别扮演审判人员、公诉人、原告、被告、辩护人、诉讼代理人等角色，要身穿法袍、制服，只有这样才能使模拟审判显得庄严肃穆。当然，模拟审判活动除追求形似之外，更关键的就是要追求神似。进行模拟审判活动必须在内容上下工夫，因为“情景虽然影响认知，但它仍然不能确保学习的进行。情景与镶嵌其中的内容是不可分割地联系在一起的。情景为学习提供了组织框架，而内容则决定学习的真实性”。① 模拟法庭教学涉及刑事审判、民事审判与行政审判三大类型，如何选择典型的教学案例，使学生把所学知识运用于案件的处理，实现知识的迁移，并在运用中发现问题、解决问题，从而在模拟法庭教学过程中真正提高自己的能力和技巧。

2. 模拟法庭教学是一种将知识转化为能力的教学活动

首先，模拟法庭教学是一种教学活动。在法学教学活动中，模拟法庭不仅仅是学生进行模拟审判的学习活动，而且也是教师进行实践性教学的一项重要的教学活动，是典型的教与学的有机结合。学生在开展模拟审判活动前需要教师的理论指导，在进行模拟审判活动中需要教师现场指导，在模拟审判活动结束后需要教师的点评指导。同时，学生模拟审判活动的成功与否，也是对教师教学能力的一次检验。因此，可以认为，模拟审判活动是一项教学相长的教学活动。

其次，模拟法庭教学是法科学生将知识转化为能力的一种平台。通过模拟审判将理论知识转化为能力必须精心设计模拟法庭教学活动。一是精心设计一个正规的模拟法庭，没有一个正规的模拟法庭是难以取得应有的教学效果的。二是必须组成一个符合规范的模拟法庭，这个模拟法庭就是进行模拟审判的组织，没有一个规范的模拟法庭审判组织，也就无法开展模拟审判活动。三是必须精选模拟审判的案例、分派角色并及时进行评价和总结。在此过程中，学生不仅能将书本上所学的知识运用到庭审中，还能够进一步加深对书本知识的理解。同时，熟悉了法庭审判的程序，掌握举证、质证、辩论的技巧，动手能力大大增强。模拟法庭教学较好地弥补了传统法学教育模式中实践能力训练和培养的不足，使学生从课本走向现实，从理论走向实践，是提高和锻炼法学学生实务能力的有效方式。

3. 模拟法庭教学的内容应当突出学生庭审庭辩能力的训练与提高

模拟法庭课程具有强烈的实践性，在教学过程中既涉及实体法问题，也涉及程序法问题；既要学会运用法律原理和法律知识深入分析研究案件，又要掌握举证质证、法庭辩论的方法与技巧。目前，我国法学院开设的模拟法庭课程往往对模拟法庭的教学内容认识寄予很高的期望，在实际教学中往往对模拟法庭教学内容涵盖过于宽泛。有的学者主张：通过模拟承办案件和教师的指导，学生不仅能够对所学知识深入理解，还能够得到更多的技巧训练，如起草法律文书、事实调查、辩论技巧等，从而真正地培养

---

① 高文：《教育模式论》，上海教育出版社 2001 年版，第 303 页。

学生从事法律职业的能力。除此之外，还可以培养学生的职业道德和团队精神以及人际交往和沟通能力，全方位提高学生的素质。[①] 笔者认为模拟法庭教学作为法学院校的一门课程，其自身不可能也没有必要承担过多、过重的责任。与其他法学课程相比较，模拟法庭教学应当有自身的特殊教学内容，而这些特殊的教学内容是其他法学课程无法替代和重叠的，据此，笔者认为：模拟法庭教学的特殊教学内容应当突出法庭语言的组织与表述能力、法庭举证质证的技巧与能力、法庭询问的方法与技巧、法庭辩论的方法与技能、法庭辩护的方法与技巧等等。

目前，我国法学界对模拟法庭含义的认识并不完全一致，广义的模拟法庭通常可以被理解为一种教学方法、教学模式或者一种教学活动。笔者在本书中讨论的主要是狭义的模拟法庭，即为了培养法学专业学生的实践和操作能力，在教师的指导下，以司法审判中的法庭审判为参照，设立模拟法庭模拟审判某一案件的实践教学活动。

二、模拟法庭教学的特点

1. 模拟法庭的教学具有典型的体验式教学特点

体验式教育是基于现代教育理论，吸收教育心理学、管理心理学和组织行为学等相关学科成果，针对现代人的工作特点和现代组织的特征而开发的一种新的学习方式。体验式教学是教师创设合理的情境，有目的、有计划地展开教学活动，引导学生感知、领悟法律知识的系统性和丰富性，培养学生独立审视问题的能力，师生共同经历模拟或真实的法律实务活动，并且在这样的活动中经历着对法律实务操作的体验与感悟，建构师生之间的信息交流与情感共鸣。体验式教学注重为学习者提供真实或模拟的情境和活动，让学习者在法律实务活动中充分参与获得个人经验、感受并进行交流和分享，然后通过反思总结提升为理论或成果，最后将理论或成果应用到实践中。

在现代法学实践教学过程中，学生最感兴趣的学习方式是亲身感受法律应用的实践。而模拟法庭教学就是法律应用最生动的体现，也是法学课堂教学的重要组成部分。实践是人类发展的动力和源泉，体验对成长中的学生具有重要意义。无疑，实践的过程就是个体体验的过程，模拟法庭教学的实质就是要求把体验作为学生主体学习和发展的基本途径，借助模拟庭审的体验来真正确立学生在教学过程中的主体性。模拟法庭教学突出强调学生的主体性，教师是主导，学生是主体。教师的主要作用在于为学生创造学习的条件和机会，并与学生进行交流互动，引导学生形成正确的认知。学生不再是课堂教学的观众，被动地接受教师灌输的内容，而要在教师创设的情景中，通过自身的角色体验，并运用思维、情感、感觉形成对角色的深刻认识。这种教学模式能激发学生学习的积极性和主观能动性，学习效率显著提高。值得注意的是，在模拟

① 于晓丽、高云鹏：《模拟法庭课程设置分析》，《青岛大学师范学院学报》2008 年第 12 期。

法庭的实际教学活动中，教师把大部分时间让给了学生，但并不意味着教师失去了教学的主导作用，教师的主导作用主要体现在对模拟审判的引导和点评环节。如果说学生的活动体悟是感性的、自理自叙式的，那么教师的引导和点评必须是理性的、专业的，是层次上的提升。教师课前要提供尽可能丰富的资料，模拟审判的组织尽可能考虑到每一个细节过程，模拟审判开始前的热身尽可能调动每一个同学的积极性，模拟审判的开展应当尽可能多地吸收学生参与，尽可能不让一个学生掉队，模拟审判结束时的点评尽可能妙语连珠，恰到好处。

2. 模拟法庭教学突出理论教学与实践教学的有机结合

我国传统的法律教学模式是以教师在课堂上讲授书本知识为主，学生的学习活动很大程度上依赖检测、考试、师道训诫。在这种模式中，教师直接向学生灌输某一法律领域的原理、原则、基本概念、特征、性质、意义、历史发展和具体规则等，学生只是“听”“记”“背”。而常用的案例讨论分析课，也多是针对某一章节的某个问题而设置的，其整体综合应用性与实践性相比还有一定的差距。而模拟法庭则会给学生们提供一个模拟的场所，学生在模拟法庭中，体验法官、检察官、律师、原告、被告等角色的活动过程，学会怎样经历一件案件的完整过程，怎样运用法律和诉讼技巧，怎样将理论和实际紧密结合在一起。更为重要的是，学生在模拟法庭中处于一个非控制的场景，他们必须自己动手检索法律，共同讨论对于法律适用的认识。这种教学方式也许不会像在课堂上那样，可以在短时间内获得大量的法律知识，但在培养学生运用理论知识分析和解决实际问题的能力方面则是传统的课堂教学形式所不能及的，学生在设身处地地思考问题、解决问题的过程中，大大地缩短了教学和实践的距离。

3. 模拟法庭的教学内容突出实践性和综合性

模拟法庭教学相比于课堂的理论教学而言，更加注重学习能力的培养，通过一次模拟法庭活动，学生对事实和法律的判断能力、分析能力、逻辑推理能力以及书面和口头的表达都能得到极大的提高。模拟法庭教学活动将静态的、枯燥的法律条文通过动态的、形象的方式展现给学生，促进理论化、体系化的书本知识转化为具有可感性、实用性、操作性的知识，让书本中的理论在实践工作中得到检验。学生通过角色分配参与模拟法庭审理，参与者将实体法知识与程序法知识运用于具体案件，经过诉讼的每一环节，解决案件审理中的具体问题，从而使学生了解和掌握处理案件过程中所应用的法律知识。学生通过角色分配参与模拟法庭审理，参与者将实体法知识与程序法知识运用于具体案件，经过诉讼的每一环节，解决案件审理中的具体问题，从而使学生在众多的法律知识中鉴别出有用知识，去粗取精、去伪存真，学会如何在庭前形成法律意见和开庭时进行法庭陈述和辩论，并找出法律要素之间的冲突，从而启发学生的创造意识，促使他们进行创造性思考。学生通过讨论案情、制作相关法律文书、主持庭审、在庭上陈述、举证、质证、辩论、评议、宣判等过程，实务操作的能力得到切实提高，并训练了司法速记、司法口才、司法文书写作等基本专业技能，同时使学生了解和掌握处理案件的方法和技巧,锻炼他们的理论知识应用能力、创造思维能力、事实认证辨析能力、案例分析能力、应变能力、语言表达能力、协作应变能力、现代化办公设施操作能力、社会交际能力、鉴别能力、随机应变能力等。

4. 模拟法庭教学能够较好地实现因材施教

模拟法庭教学可以更好地体现因材施教的原则。因材施教的根本目的在于充分发挥人的潜能,提高人的整体素质,使不同资质的学生都能得到充分发展。由于学生的生活环境、经验积累、知识能力与思维方式的不同,在接受与理解教学内容上必然存在着差异。传统的教学忽略了学生的个体差异,对全体学生一个标准,一种模式,很难实现因材施教的原则。这样既抑制了学生的思维发展,又使领悟能力较差的学生感到学习吃力,很难达到教学目标的要求。而模拟法庭教学,注重设置问题情景,引导学生参与课堂活动等。同时在对教学内容进行组织的过程中,不同的学生可以得到不同的发展,从而促进学生的个性发展。使学生享有更充分的思想、行为的自由和发展、选择的机会,最大限度地获得身心解放,使学习主体化、主动化。从这个意义上说,模拟法庭教学是真正以人为本的现代教育。

5. 模拟法庭教学突出关注教学的过程,充分发挥学生的独立性

体验的价值往往并不在于体验过程中获得某种有形的知识上,而常常体现在容易被人们忽视的过程中。在模拟法庭教学中,学生通过各种角色扮演往往会受到更直接、更亲切、更鲜明的,即更强烈的刺激;同时由于学生往往运用多种感官去接触案件事实,因此会受到多种感官刺激。正是这些更强烈、多感官的刺激唤醒了学生已有的背景经验,并与之融通,激发出真正的学习积极性。在模拟审判实训课的教与学的关系上,学生学习的独立性是指学生在教师的引导下,通过自己的独立思考,获得知识,并用所学知识,去分析问题和解决问题。模拟审判实训课学习的相对独立性表现在学生的独立意识和独立能力等方面。独立意识指大学生在模拟法庭实训课学习中表现出来的独立发现问题的问题意识;独立地从多种角度思考问题的求异意识;敢于发表不同见解,敢于坚持自己意见的独立的解疑意识;敢于评判同学、教师、专家和周围事物的独立评价意识。独立能力指大学生在模拟法庭实训课学习中的独立学习能力,具体包括:掌握一定的学习方法;具备初步收集处理信息的能力;独立思考的能力等。

第二章　模拟法庭教学的理论基础——建构主义学习理论

模拟法庭教学的宗旨与目的就是提高学生的庭审庭辩能力以及语言的运用能力，必须转变教育理念，以学生为中心，创设教育情境，帮助学生进行意义构建。模拟法庭教学作为一门应用性和实践性学科，其教学的过程也应遵循科学的规律，运用科学的方法，建构主义学习理论为模拟法庭教学提供了一个全新思路和理论基础。

第一节　建构主义学习理论的主要思想内涵

建构主义学习理论源于皮亚杰、布鲁纳、维果茨基等著名的心理学家和教育家们早期提出的建构主义思想，同时伴随着对认知心理学的批判发展起来的。它深入地揭示了人类在学习过程中认知的一般规律，阐明了学习如何发生、意义如何建构、概念如何形成以及理想的学习环境所包含的主要因素等内容①。建构主义学习理论强调以学生为中心，要求学生由外部刺激的被动接受者和知识的被灌输对象转变为信息加工的主体、知识意义的主动建构者，建构主义的教学理论则要求教师由知识的传授者、灌输者转变为学生主动建构意义的帮助者、促进者，简言之就是教学要以学生为中心，学生是知识的积极建构者，教师只是学习的引导者与合作者。就建构主义学习理论的基本原理而言，建构主义的学习理论是极其符合模拟法庭教学的宗旨与目的。

一、建构主义学习理论的知识观

建构主义学习理论强调，知识不是现实的纯粹客观反映，它只是人们在一定社会发展背景下对客观世界的一种解释或假说，而不是最终答案，它必将随着人类经济、科技、社会的不断进步以及人们对客观世界认识的深入而不断地变革、升华，并随之出现

① 郭佳、李光霞：《从传统式教学到体验式教学》，《北方交通大学学报（社科版）》2010 年第 1 期。

新的理论对客观世界进行解释或假设。学习者对知识不是被动的复制式的学习，教育者在教学的过程中不能把知识作为自身预设好的东西填鸭式地输送给学生，教育者不能以自身对知识的认知与理解强迫学生接受。真正学习以及对知识的理解必须建立在学习者自身经验背景和认知基础上，同时特定情境下，针对具体的问题还需要根据具体问题的情景对原有知识进行再加工和再创造。

二、建构主义学习理念的学习观

建构主义学习理论认为学习不是教师把在课前预设好的知识简单地复述给学生，而是以学习者为中心、主动进行意义建构的过程。学习具有累积性，但又不是简单的信息积累叠加和量变，而是深化、质变、突破、超越，是由学生自己建构知识的过程，其过程也并不是简单的信息输入、存储和提取，而是学习者通过新旧知识经验间反复的、双向的相互作用而引发的观念转变和知识结构重组过程。因此，学习者在建构自己的知识和理解过程中，是在不断思考，不断对各种新信息进行加工转换，形成假设、推论和检验，建构自己的知识体系。

三、建构主义学习理论的学生观

建构主义学习理论认为教育者是学习者的高级学习伙伴和合作者，是学习教练、带领新手学习的熟练型学习者，学生则是教学活动过程中的积极参与者和知识的积极建构者。学习者并不是空着脑袋进入学习情境中的，即使是他们遇到一些从来没有接触过的问题，他们仍然会依靠以往的学习经验和认知基础，形成自己对问题特有的解释或假设。在建构意义的过程中教师与学生，学生与学生之间需要共同针对某些问题进行探索，学习者根据自身的经验和认知基础主动去搜集和分析相关问题的信息资料，对所学的问题提出假设并通过自身的努力加以验证。对于知识抽象概括及意义构建，教师应该提供真实的任务及创设相应的学习情境，学生自己完成简化的过程。由于学习者经验背景和认知基础存在差异，学习者对问题的看法和理解也是多种多样的，教育者应该尊重学生的差异性，看重学生自己对各种现象的理解、看法，坚持以人为本的教育理念，分析探究这些想法的由来，通过各种教学策略和手段引导学生丰富或调整自己的解释，在互动环境中让学生构建知识与自我，促进学生的全面发展。

第二节　建构主义学习理论在模拟法庭教学中的运用

模拟法庭教学是以培养法科学生庭审、庭辩能力为主的一门应用型学科，非常强调培养学生的实践能力和独立思考能力。因此，模拟法庭的教学具有三大特殊性：以法庭庭审情景模拟、案例分析为基础，以实体法和诉讼程序法的知识为核心，以模拟法庭教学紧密联系司法审判实务为原则。这就要求充分发挥学生学习的自主性，引导学生主动发现问题、主动收集、分析有关信息和资料，主动构建司法审判实践所需要的经验、技能。这也正是建构主义学习理论的核心，因此建构主义学习理论可以为模拟法庭教学改革提供有力的理论指导。

一、模拟法庭教学应当引导学生建立自己的学习目标

建构性学习理论是一种具有定向性目标的学习，只有学生清晰地意识到自己的目标并形成实现目标的学习驱动力时，学习才可能成功。但学习目标的形成是在学习过程中由学生自己设定的，所以，在模拟法庭教学中，教师应鼓励学生确立自己的学习目标，在模拟法庭的实际教学中，有教师对这种学习者中心、学习者主动性的理解过于偏激，误认为只要学习者自己主动学习即可，忽视教师的指导和引导作用。学习不仅仅是学习者的任务和责任，模拟法庭教学不但承认教师的指导作用，而且更强调教师的指导策略，如教师需要学会评估学生已有的知识基础、确立学生的发展目标、为学生搭建支架等。也就是说，重视学生的主动性和主导性并不意味着教师放弃了指导的责任，相反，教师的指导更难、更具有挑战性。另一方面，建构主义主张学习是“做中学、实践体验和建构知识”。在实践中，对此往往会产生一种误读，即认为学生的“主动建构”主要指“动手实践，实际操作”，从而忽视了学生的内在思维活动。以模拟法庭庭辩教学为例，有教师的课堂教学设置了太多庭辩表演的活动，甚至代理词、辩论词都是事先假定的，学生的庭审抗辩还出现多次的彩排，出现了为表演而活动，只顾模拟法庭教学表面上的热闹而没有关注实质的学习效果的现象，有可能导致学生思维的“卡通化”和“浅表化”①。

二、在模拟法庭教学过程中应突出学生在学习中的主体地位

建构主义学习理论强调：学习是有意义的主动建构的过程，并不是知识单纯、被动的传输，知识的主动建构是学习者以特定的社会文化为背景，在已有经验和知识的基础上，通过不断的同化和顺应的过程，反复和双向的相互作用来形成和调整自己的经验结构，从而建构自己新的知识体系。学习者在建构性学习中的积极作用，要求老师在模拟法庭教学中善于激发学生的好奇心和求知欲，使学生能进行主动积极的建构和学习。

在建构主义学习理论中，教师应根据教学内容和学生的特点，选择适当的教学方

① 郑毓信：《教学改革如何深入》，《人民教育》2010年第5期。

法，灵活运用适当的教学手段，引发悬念，使学生产生好奇心和强烈的求知欲。善于在教学过程中设计问题，启发学生思维，活跃课堂气氛，使学生充满求知的激情，提高学生实际操作的能力和独立思考的能力，使学生的学习获得实践层面的认可。以学生为主体并不意味着教师不须在模拟法庭教学教授知识，完全放任学生自己学习。基于建构主义的模拟法庭教学不是"放弃式教学"或"放任自流"的教学。虽然建构主义认为学习者是在自己的经验上建构知识，但是并没有否定学习者经验的局限性和片面性，如果模拟法庭教学完全由学生自己建构知识，就有可能出现学生建构的知识是片面的甚至是错误的现象。

总之，基于建构主义理论的模拟法庭教学要求传统意识的教师和学生角色进行转型。教师要由知识的传授者、灌输者转变为学生主动学习的帮助者、促进者，简言之就是模拟法庭教学要以学生为中心，学生是知识的积极建构者，教师只是学习的引导者与合作者。教师的具体作用就是利用多种教学手段，使模拟法庭教学呈现生动活泼的局面，激发学生学习法律知识的持久兴趣，激励学生不断提高自己法律实务的实践能力，不断增强自己学习法律技能的信心。

三、模拟法庭教学应注意提高新、旧知识的交互作用

建构主义学习理论认为，对于新知识的学习都是建立在旧的知识的基础上的。例如，在解决问题的学习中，总要经历一个原有的知识的激活阶段，然后通过同化或顺应过程重建新的知识体系与原有知识结构之间的联系，使认知从一个平衡状态进入另一个更高的发展平衡状态。所以作为教师，我们在教学中不能忽视学生的既有的经验，要以学生现有的知识经验作为新知识的基础和生长点，引导学生从原有的知识经验中生长出新的知识经验。由于学生本身经验背景千差万别，学生对同一个问题的理解也常常不同，在学生群体中，这些差异化的理解本身也构成了一种宝贵的学习资源。但这绝不是知识的简单累加，而是对原有知识的深化、超越或者说是质变。这就要求老师在模拟法庭教学中，重视学生新旧知识的交互作用，这对于完善认识结构，使认识结构综合化、整体化、系统化发挥着重要作用。

传统学说认为知识是对现实的纯粹客观的反映，传载知识的符号系统是绝对真实的准确表征，但是建构主义却把知识当成人们对现实世界的一种解释或假说。随着人们对现实世界认识程度的深入，知识会不断地变革、升华和改写，因此"知识是一个不断认知、体验和建构的过程"①。我们可以利用建构主义的知识观指导模拟法庭模拟情景下学习者对不同知识所产生的不同认识，基于自身的经验背景建构对这些知识的理解。以当事人的诉讼权利与诉讼义务为例，如果单纯地在课堂上全面讲解当事人的

① 钟志贤：《信息化教学模式》，北京师范大学出版社2006年版，第133页。

诉讼权利与义务，往往使学生缺乏学习的热情，很容易让学生陷入死记硬背的误区，同时对不同的权利与义务的区分也不易理解和掌握，但是，当学生在模拟法庭教学中，利用学生自身的参与庭审的经验背景时，通过担任审判长，原、被告的代理人的实践经历，很容易掌握当事人的具体诉讼权利与诉讼义务。

四、构建模拟法庭教学评价体系

建构主义的学习本质上讲是一种诊断性学习和反思性学习，这就意味着学生必须进行自我监控、自我测试、自我检查等活动，以诊断和判断在学习中所追求的目标是否与自己设置的目标同一，这种诊断与反思是建构主义学习评价的重要组成部分。这种源于建构观的学习评价体系，应该尽量少地使用强化和行为控制工具，而较多使用学生的自我分析和自我认知工具。这就要求在模拟法庭教学过程中注重随时不间断的反馈形式，使学生及时对自己的学习结果进行客观的评价。因此，在模拟法庭教学中应采用小循环、多反馈的模式，即教师在讲解完每一个知识点以后，马上针对这个知识点和技能通过练习进行学习结果的反馈，构成一个小的学习循环过程，从而在教学内容中形成多次循环，多次反馈学习的成果，促进学生对学习进行不间断的自我诊断、反思和评价，以提高学习的质量。

第三章　模拟法庭教学方法

在模拟法庭教学活动中，学生既是教学的对象，也是学习的主体。教师不仅要发挥在教学工作中的主导作用，而且还必须十分尊重学生在教学活动中的主体地位，主张把“教”建立在“学”的基础上，注重培养学生的学习能力。在模拟法庭的教学活动中，教师实施的并不是对教学素材和案例材料的简单加工和改造，而是积极引导学生进行主动的学习。学生在教学活动中也不再是消极被动地接受，而是积极主动地参与，并以自己的知识经验和兴趣动机为基础来获取知识，使之转化为自己的认知结构。模拟法庭的教学应当突出强调教学方法的多样性，有意识地培养与鼓励学生掌握跨学科知识，培养学生的发散性思维，激发学生创造力。法学实践教学的价值就是教会学生如何收集、分析、判断和确认事实、如何去解析分析和运用法律。模拟法庭的教学方法种类繁多，主要包括课堂讲授教学法、观摩式教学法、角色扮演教学法、反馈评价教学法、合作式教学法、督导式教学法、案例研讨式教学法、头脑风暴教学法、讨论式教学法、录像回放式教学法，等等。这些教学方法各自具有其独到性，需要正确理解，充分认识其特点、作用以及各自的局限，才能准确应用，发挥有效的功能。

第一节　课堂讲授教学法

通过观摩、角色模拟，学生亲历了无数次的内心体验，能够触景生情，有感而发，由于有内心的体验，学生自然就产生了交流的愿望，这时，适时地回到课堂，通过交流，自愿交流或整体交流，让学生将自己的看法、感受或者结果进行互动交流，相互分享，相互补充，为认知的提升提供良好的契机。互动交流，认知提升，按照逻辑思维过程，将学生已认知的知识点进行分析综合，在对已知的各个知识要素进行分析的基础上，再从整体上综合把握，按照“去粗取精，去伪存真，由此及彼，由表及里”的思维方法，形成完整的知识体系，使认知得以提升，这是教学的中心环节。

一、课堂讲授教学法的概念与特点

课堂讲授教学法是指教师在课堂教学中运用学生能够接受的简明、生动的口头语言，通过叙述、描述事实，解释、论证概念和规律等，向学生系统地传授知识、发展学生智力和培养创造性思维能力的方法。

课堂讲授法是一种历史悠久的传统教学方法，作为一种主要的教学方法，课堂讲授法对人类文明的传承和发展可以说是功不可没。无论过去，还是当前，讲授法都应当是学校课堂教学中既经济又可靠，而且最为常用的一种有效方法。课堂讲授教学法的特点是能够直接向学生呈现教学内容，根据学生的接受能力控制教学进度；并能结合学生具体学习和掌握的程度给予必要的学习指导，有助于学生形成解决问题的正确思路和自学能力，在法学实践教学中仍然具有其不可替代的功能与价值，是教师向学生传授知识的重要手段。

模拟法庭教学的核心宗旨是培养学生的实践能力和创新能力，能力的培养是贯穿于法学实践教学始终的主线，但是，实践能力的培养与提升离不开法学系统知识学习与储备，课堂讲授法之所以是最基本的教学方法，处于主导地位，是由于传授知识的特点所决定的。结合模拟法庭教学，其教学过程涉及许多知识的传递和理论的讲解。这些系统的知识完全由学生自学行不行？当然行。但是就一般的情况而言，由于学生学习能力和时间的限制，往往不可能或不容易抓住本质的、核心的内容，完全靠学生自己探讨要花大量的时间和精力，往往事倍功半。因此，模拟法庭教学中的知识介绍、理论讲解、具体实务技能的剖析等，都离不开课堂讲授教学法。教学实践证明，课堂讲授法有利于帮助学生系统、准确地掌握理论知识，促进学生综合能力的全面发展。

二、运用课堂讲授教学法应注意的问题

课堂讲授法从教师教的角度看，是一种传授知识的教学方法，从学生学的角度看，是一种接受性的学习方法。然而由于各种原因，特别是高等教育好高骛远、急功近利思想的影响，许多教师不能恰当地在课堂运用讲授法，结果形成了教师“满堂灌”的僵死局面，扼杀了学生的主动性、积极性和创造性，也由于导致了一些误解，一些人在理论上常常错误地把学生接受教师的讲授不加分析地说成是机械式被动学习。甚至在当前高等教育教学改革中，还有人错误地把课堂教学效果不佳，教学质量不高归罪于讲授法，认为这种教学模式既忽视了对学生法律思维方式的培养，又抑制了学生创新能力提高；既不能充分调动学生学习的积极性，又使学生对学习丧失信心和热情①。

---

① 张锋会：《在不同教学环节中法学新型教学方法的选择》，《教育探索》2011 年第 8 期。

作为教学法的讲授是教师运用语言向学生系统而连贯地传授法律知识和实务技能的方法。教师的讲授是通过语言进行的。教学语言的好坏同讲授效果有密切关系。好的教学语言可以使讲授如虎添翼，使课堂焕发生命活力。因此，锤炼讲授语言，是运用课堂讲授教学法最迫切需要解决的问题，是提升课堂讲授质量的基本保证，提高教师"讲"的水平，关键是要提高教师语言的表达能力，这是教师一项重要的基本功，尤其对以讲授为主的课堂教学来讲，更是如此。课堂讲授教学法对教师语言能力的要求是多方面的，可以概括为讲清楚、讲生动，具有感染力和启发性。讲清楚，要求教师发音准确、吐字清晰、措词精当、条理清楚、言之有物、全面周密、具有逻辑性；语言简洁明了，要求教师充分掌握语言艺术，语言的概括性强，能把复杂的东西条理化；讲生动，能把深奥的东西简单化，能把抽象的东西具体化，能把理性的东西情感化；具有感染力，要求教师充满感情和激情，充分调动学生的生活经验，使枯燥的理论知识在学生的想象中活起来；具有启发性，要求教师启发学生思维。

第二节　观摩式教学法

实践是人类发展的源泉和动力。正如荀子所言：不闻不如闻也，闻之不如见之，见之不如知之，知之不如行之，学至于行而止矣。实践对于学生的成长具有重要意义。实践的过程也就是学生体验司法实践的过程，模拟法庭的教学总是与学生的实践与体验并行，主要的教学活动在学生的实践与体验中展开，学生的体验与经历成了模拟法庭教学的起点，学生的经验与感受成为模拟法庭教学的基础。学生的实践与体验的途径很多，一般而言，往往以观察与模拟作为学生实践与体验的开始。

一、观摩式教学法的概念

观摩式教学法主要是由教师组织学生到法院参加庭审旁听，或者在模拟法庭、角色扮演以及真实案件代理中当观察员，目的是通过对真实或者模拟庭审的观察、观摩，熟悉案件的审理程序（开庭审理的准备、法庭调查、举证质证、法庭辩论、评议和宣判）的具体内容和运作过程，更主要的是通过观察与观摩，学会观察，学会记录，学会评议，并且通过对法官、律师以及在模拟法庭演练中同学的表现进行具体的客观的评价，来完善自己的知识体系和实践技能，通过评价来帮助同学提升实践技能。

观摩式教学法的目标是通过学生客观、真实、详尽地观察，记录现场情景，学习、了解诉讼程序，观察诉讼过程中各方参与人的言行举止，以培训学生的观察力、辨别能力与分析能力，同时也为课堂讨论、评议（评价）储备与积累素材和依据，努力培养学生讨论和评价时言之有物、言之有据的良好习惯。

二、观摩式教学法的基本步骤

观摩式教学法要求学生在观察、观摩过程中快速、客观地记录观察的内容。一般常见的做法有两种：一是清单标记法；二是自主记录法。

清单标记法是指教师在观察、观摩前根据教学内容的要求，将观察、观摩重点所涉及的各种要素，比如开庭前的各项准备是否充分、书记员宣布法庭纪律是否明确、完整；合议庭对法庭调查过程的掌控是否得当，证据调查是否依法有序推进；举证、质证的过程是否有条不紊；对辩论过程的主持是否得当，能否有效引导辩论、处置不适当的辩论行为，终结辩论的时机是否适宜；合议庭用语是否符合法律规范化要求；抗、辩双方的辩论思路是否清晰，推理是否严密，论证是否有说服力，结论是否得当；语言表述是否清楚、准确；法律术语是否得当，等等。将这些要素制作一份较为详尽的清单，要求学生在观察与观摩过程中，依照清单的要求逐项打钩。这种方法对培养学生观察能力，学会观察方法有较大的益处，一般较多地适用于低年级学生。

自主记录法则要求学生将记录本制作成三栏：第一栏记录学生在观察、观摩中值得肯定、学习和借鉴的内容；第二栏是记录有待完善、提高和改进的内容；第三栏是供自己事后思考和总结的内容，主要是针对第二栏所记录的需完善提高的内容，进行角色换位，假设今天你是法官、你是辩护人或者你是公诉人，你会如何解决这些问题。这种记录方法具有一定的自由度，对于已经具备一定观察力的高年级学生比较适合。

三、运用观摩式教学法应注意的问题

教师在运用观察体验教学方法时，除了紧密结合教学内容，对观察观摩的案例进行精心选择以外，还要细心布置每位学生的具体任务。

首先，要求学生选择好具体的观察对象，是法官还是陪审员；是公诉人还是辩护人；原告代理人还是被告代理人。

其次，要求学生选择好具体的观察环节，是观察审判人员庭审指挥与控制能力还是观察控、辩双方的抗辩能力，是观察言语、肢体语言运用能力还是辩论辩护的思路、方法与技能等。

其三，要求学生及时地反馈、交流、评价。观摩式教学法除了要求学生选择观察角度、确定观摩的重点，更为重要的是在学生在实地观察、观摩后及时进行反馈、交流、评价，趁热打铁，组织学生互相交流，分享体验，使学生全面感受、感知，达到课堂学习活动的延续和深化。

第三节　角色扮演教学法

一、角色扮演教学法的概念及特点

角色扮演教学法，是指教师事先选取真实案件的片段，并预定演练目标，由学生通过不同角色的扮演，将学生置身于相关角色，将自己的思维、动作乃至表情等整个身心置于角色中，实现角色交替，体会各种角色的感受，训练法律技能，解决法律问题，达到预定目标的一种教学方法。角色扮演是一种低成本的法律技能教学手段，同时也是一种理想的诊所教学方法。在学生接触真实的案件、为真实当事人代理案件之前，往往需要通过多次的角色演练，来学习、掌握不同的策略、方法与技巧，并将这些技巧运用于具体的实践中。

二、角色扮演教学法的实施步骤

(一)角色扮演基本材料的选择

首先，角色扮演所选用的素材应当与诊所教学的目的相一致。

其次，角色扮演所选用的素材应当考虑现实性与客观性，一般应当从真实案件中选择某些片段。

再次，角色扮演所选用的素材应当突出实用性，即学生能够通过角色扮演，充分置身于角色氛围，体验角色的感受。

(二)角色扮演教学法实施步骤

角色扮演法实施计划应当包括：每次角色扮演演练的时间及课时数、角色演练的主题、案件事实材料、角色演练的目标或任务、事先需完成的阅读及其他准备事项等等。

1. 场所安排

角色扮演演练的场所根据情况而定，很多模拟演练往往可以在课堂集中进行，但是某些特殊技巧的演练(比如法庭抗辩的角色演练)可以安排在专门的模拟法庭进行。

2. 角色分配

根据案情，在每次角色演练之前应当完成角色分配工作，以便保证角色演练的顺利有效进行。在角色分配时，既可以由学生自由选择自己喜欢扮演的角色，也可以由教师统一指定。

另外，还可以安排学生作为观察员进行观摩并做评论。观察员不参与表演，他们的任务是观察与记录，并在其他同学角色演练之后对各方表现做出分析和评价。

3. 学生角色演练

在角色演练环节，学生则是通过表演、演练来体验各种角色的感受，学生在角色演练中应当结合所掌握的法学专业知识和有关法律技能的基础知识（包括法律技能的方法步骤、策略技巧等），根据自己对案件事实和法律适用的理解，从中学习、掌握相关法律技能的具体运用。以角色扮演为核心的学生演练是诊所教学的核心所在。如果条件具备的话，在学生角色演练过程中进行全程录像，以利于课后进一步观摩与评价。

4. 观摩、评价

（1）学生的评价

相关学生在进行角色演练时，其他同学应当充当观察员，进行观摩。观察员在观察过程中应当做详细笔记，为小组成员提供直接的、准确的反馈信息，对其模拟表演中的优缺点进行评价。这种观摩与评价本身是一种很好的学习方法和习惯，充当观察员的学生也可以通过观摩和评价从中受益。角色扮演中没有旁观者，只有参与者①。

（2）教师的指导与点评

教师在角色扮演教学法的指导与点评可以分两种基本方法：辅助型与主导型。

教师辅助型指导法，即以学生观察员的评价为主，教师的指导与点评为辅。具体而言，就是在学生角色演练结束后，由观察员对角色扮演进行充分的评论，在充分听取学生的评论后，教师进行必要的概括和总结。这种评价方法往往适用于已经比较熟悉诊所教学并已积累相当实践经验的学生。

教师主导型指导法，即以教师的指导与点评为主。当学生完成角色演练，在充分听取学生观察员评价后，教师可能觉得学生的观察与点评还没有达到教学目标的情况，此时，教师应当进行必要的具体的点评。此种指导与评价方法往往比较多地适用于诊所教学之初。

点评的内容应当包括学生角色演练中好的表现和有待改进两个方面，可以涉及学生演练时的举止谈吐、对案件事实的认识、证据的运用情况、法律技能的运用情况等等。必要时，教师在做出点评后，可就某一个具体的环节进行当场示范，并让学生就此进行再次角色演练，以达到进一步的理解、掌握和深化。

三、运用角色扮演教学法应注意的问题

（一）观察、如实记录学生在角色演练中的真实表现，并即时作出评价

（二）角色扮演中教师是学习的引导者、模拟演练活动的主持人和设计者

教师要把角色演练过程所涉及的专业知识和法律技能组合在一起让学生学习，

① 范新民：《角色扮演教学法在〈国际商务英语谈判〉教学中的应用》，《高等职业教育（天津职业大学学报）》2011 年第 3 期。

打破了传统的学科型教学体系，需要重新整合教学内容，同时应当提供更多的参考资料。

(三)角色扮演教学法的关键是学生的演练

要增强学生的学习意识，让学生意识到角色扮演是一种学习方法，教师需要说服学生置身于角色，遵从角色要求，体验自身角色活动内涵，洞察对方角色心理，帮助学生克服为表演而表演的应付心态，真正做到在“做中学”。

第四节 反馈评价教学法

一、反馈评价教学法的概念及特点

反馈评价教学法是来源于医学院的教学的方法，在医学院的教学中，教师在固定的时间对实习医生的工作状况进行检查，及时发现问题并现场解决。上世纪 70 年代被广泛地运用到法学教学[①]。在模拟法庭教学中，学生们按照指导教师规定的时间，及时向指导教师和其他学生汇报自己所办案件的操作进度，以及自己在实际办案过程中的心得体会和所遇到的问题，并在指导教师的主持下，最终全班一起共同讨论解决问题的实际方案。在这一过程中，学生能够充分发表自己的意见和观点，教师及时给予及时的评价与反馈，学生则通过教师对自己的点评与评议，检验和反思自己的学习能力。

互动反馈是反馈评价教学法的最主要的特点，包括学生向教师的反馈和教师向学生的反馈。通过反馈，进行信息交流，师生通过讨论交谈，进行信息传递，并从中找到自己的不足及产生错误的原因，从而加以改进，达到互相学习、取长补短、开阔眼界、拓宽思路、提高教师教学能力、促进学生学习能力的效果。因此，反馈评价教学法的运用在诊所法律教学中发挥着重要的作用，比较多地运用于案件策略的拟定、事实发现和证据的分析与运用等教学环节。

二、反馈评价教学法的实施步骤

(一)学生的汇报反馈阶段

在模拟法庭教学中，反馈主要是对学生为案件模拟所进行的准备、模拟办案过程以及办案的结果进行的反馈。反馈可采用不同的形式，既可与一个学生单独进行个别

① Dominick R. Vetri: Educating the Lawyers:Clinical Experience as an Intergral Part of Legal Education,50 OD. L. REV. 51,57(1970).

反馈，也可在一定时间内与参与模拟法庭演练的所有学生进行集中反馈。比较而言，集中反馈在模拟法庭教学中运用较为广泛。集中反馈的形式往往以固定分组（以办案小组为一小组）为主，以自由组合，混合编组为补充。

（二）讨论和评价阶段

评价是在模拟法庭教学中对学生的反馈进行的评判或衡量。评价的主体包括指导教师、提供汇报的学生、其他学生等。评价的对象主要是学生通过实践所获得的技能以及为获得这些技能而进行的思考。模拟法庭的指导教师一般不对学生的信念、态度和价值进行评价。评价的方法是互动性的，包括：教师对学生的评价、学生的自我评价、学生之间的评价、当事人对学生的评价等。评价的方式既可以是口头的，也可以是书面的。评价的标准不应"以分数论英雄"，而应以学生对出现的问题的思考及其质量作为评价标准。反馈评价教学法不仅做出总结性的论断，而且更侧重于建设性的意见，评价的目的是通过评价学习，将评价融入学习之中，让评价在学生学习中发挥作用。指导教师在讨论和评价之前必须拟定好讨论和评价的规则，这些相关规则可以由教师事先拟定，也可由教师与学生共同商讨并确定。评价规则一般应当包括：学生有积极参与讨论和评价的义务；学生应当公平地分享发言的权利；发表评价意见应当客观、真诚；遇有观点分歧时，应当尊重他人意见等。讨论和评价过程应当保持开放的气氛，让学生共同归纳、形成最终思考的结果而非教师指导的内容，在讨论和评价过程中，指导教师可以进行积极、适时的干预和引导。

三、运用反馈评价教学法应注意的问题

（一）学会积极倾听

倾听意味着教学的开端，事实上，一个有说服力的教师、一个善于做诊所教学工作的教师，必须是一名好的聆听者。师生间的谈话在教师的启发中开始、在学生的述说中进行、在教师的点评中升华。作为督导，他们在实际的教育教学生活中与学生交流时，不但要认真听懂学生通过言语表达出来的意思，还要看懂学生的肢体言语，听出学生在交谈中省略或者没有表达出来的内容。一种比较正确有效的倾听状态应该是这样的：教师在与学生交流时，必须高度集中注意力，用眼睛看着学生，细心注意学生的一言一行，尤其是要注意学生在谈论时使用的词语、表达自己想法的方式、谈论别人时的态度、陈述一个事件时所带的感情色彩，尤其是要关注学生在说话过程中语调、语气、语速的变化，比如一下子变得犹犹豫豫、欲言又止的地方等。

（二）学会掌握和运用评价的方法

反馈评价教学法的核心在于对学生反馈信息的评价。学生对模拟案件演练的反馈信息，既为教师提供调整教学的信息，又为学生提供调整学习的信息。对于来自学

生的反馈信息，教师要及时组织评价，积极地再反馈给学生，使学生改进实际操作能力。对反馈的评价应特别注意三点：一要及时，一般说延缓评价会降低效益；二要准确，对不同的意见，尤其是模棱两可的意见，要给予准确的评价。如果不置可否，或评语含混其词，如"都正确""都不对"，就会失去评价作用，或者给学生错误信息，影响学习效益；三要有重点，对来自重点内容方面的反馈要多加评价，反之则精简评价，切勿纠缠，分散精力。

(三)引发学生参与讨论和评价的积极性

积极鼓励每位学生参与，给学生以充分的信任，特别是积极鼓励性格内向、害羞的学生积极发表意见。保持讨论自由与开放的良好氛围，有技巧地处理少数过多发言的情形，防止少数学生垄断发言权，鼓励每位学生积极参与讨论。

(四)控制好讨论和评价的方向，保证评价不偏离主题

一要及时捕捉学生反馈信息；二要迅速、准确地把握学生反馈信息的含义，指导教师应当做出判断，确认信息的真实含义；三要及时对反馈做出积极的、适时的干预。

第五节　录像回放教学法

一、录像回放教学法的概念及特点

录像回放是教师对相关录像(包括国内外影片、学生代理案件的录像等)进行编辑，选取某些录像资料的片段，学生通过观看录像片段，借鉴、模仿他人的成功经验，或者反思他们的行为，从而帮助学生掌握法律技能的一种教学方法。录像回放教学法可以根据录像的内容分为影像教学法与录像反思反馈法。

影像教学法主要是指通过多媒体手段为学生展示、播放法律专业类的电教片或影视。相对于枯燥的课堂授课，影像教学方法深受学生的欢迎。该方法可分为两类：一类为电教片教学。目前适合教学的电教片已为数不少，较早的有中央电视台推出的《中国法庭》《今日说法》等系列光盘，中华全国律协组织录制的《律师视点》系列光盘等，都是反映较好的电教片。教师可以在授课过程中有针对性地选择适合的案件进行播放。另外现在也有不少电视台和网站开办了"法庭直播"类节目，组织学生收看或下载后整理播放也不失为一种好方式。另一类为影视教学。教师可以搜集中外有关的法律电影或电视连续剧，进行必要的剪辑，为学生放映或安排学生自己观看，如反映国外法治状况的《律政俏佳人》《失控的陪审团》《肖申克救赎》等经典大片；反映我国近代司法状况的《审死官》《九品芝麻官》《杨乃武与小白菜》等影视；反映我国的司法现状的

《被告山杠爷》《秋菊打官司》《马背上的法庭》等电影。这些影视资料在法学实践教学中的作用主要是对传统教学法的丰富和延伸，能够带来视觉和听觉上的冲击，将知识变得“立体化”。学生通过多重感官的配合，更容易理解和记忆所接受的知识，从而提高实践教学的有效性。

录像反思反馈法是将学生会见当事人的场景、出庭辩论的情景以及学生出庭前的演练准备等利用录像设备录制下来，经过适当的剪辑，作为学生自我反思和课堂反馈的依据。录像反思反馈又可以按照主体的不同，分为自我反思和课堂反馈两种，自我反思是指学生通过回顾自身的表现影像，观看自己的表现，有助于摒弃对自身的错误认识，并形成客观评价。传统意义的反思只不过是学生对自己在实践中的言行举止在自己的脑海中进行回放，受到学生固有思维模式的影响，传统的自我反思往往有较大的局限性，而录像自我反思是将学生的活动瞬间定格，它像一面镜子，可以自我对照、自我检查、自我完善，可以发现很多以往难以发现的问题，不少学生反映，第一次看到自己上法庭的表现，很多问题都是过去不曾注意到的，甚至是从未想到的，而录像反思则给了自己一个直观的反映。从实际的运用效果来看，录像自我反思法对学生庭辩能力的提高有很好的促进作用，在实践中，许多教师发现学生的庭辩技能的掌握和发展的障碍和困难并不在于庭辩的核心知识和技巧，而是克服内心的焦虑和恐惧。学生由于缺乏实战经验和体会，每当他们与当事人会谈、参与庭审工作时难免出现肢体颤抖、手心出汗、声音发抖、口干舌燥、心跳加速、脸红等内心焦虑的现象，甚至在法庭上忘记自己要讲什么，语言表达不流利，表情动作不自然等等。学生通过录像中可以清晰地看到自己平时无法观察到的不足之处和优势所在，不断地强化自我的心理暗示，学生往往在第二次模拟训练时就会有意识地改正错误、发挥长处。

二、录像回放教学法的实施步骤

（一）教师须精心选择影像资料，把握演练所涉及的相关法律技能

录像回放是法学实践教学的一种教学方法，而非教学本身，它必须服务于教学内容和教学目的。这要求教师在授课前须知晓和把握影视资料所涉及的时间、地点、当事人、纠纷性质、争议焦点、证人证言、鉴定结论、相关的法律规定等诸多情况，围绕教学目标，突出重点。影视资料的剪辑应当简明扼要、主题突出，一般以三至五分钟为佳。

（二）布置观看录像片段后需要讨论的主题

讨论内容选取的原则应着眼于学生的知识、阅历和能力；以有效引导学生的积极探索、激发学生学习的欲望为目的；讨论的主题应当直接来自录像片段，既可以是录像所反映的值得学生学习和借鉴的法律技能，也可以是录像所反映的需要改进或者提高的内容。

(三)播放录像片段

播放事先准备好的录像片段,可以围绕某一主题,完整地播放录像片段,也可以将相关主题的几个录像片段对比播放。

(四)讨论与点评

录像回放教学法的关键在于在学生观看录像片段后的反思与评价,一般通常要求学生先对相关录像片段所反映的法律问题发表自己的观点和想法,然后再由教师对学生的观点思路进行完整的点评。教师的指导和建议应当具体而详实,能够为训练和提高学生们的实践能力提供最直接、真实、有效的机会。

三、运用录像回放教学法应注意的问题

(一)积极记录、提前预判

教师在采用录像回放前,应当结合案件事实,预测学生在观看录像片段后可能发表的观点和可能存在的问题、找出相应的解决方法和应对措施。在学生对录像内容进行点评时,教师应当尽可能完整地记录学生的主要观点,为准确、有效的点评准备素材。

(二)及时、有效的点评

教师的指导和建议应当具体而详实,能够为训练和提高学生们的实践能力提供最直接、真实、有效的机会。

(三)及时地回放

对于学生在演练中表现的重要内容或争议点,由教师原封不动地加以重复表现,进而更好地理解和体会教师的建议和意见。

(四)建立录像资料库,纵向反思与横向反思结合

当录像资料积累到一定程度之后,应该建立一个相对比较完整的学生录像资料库。录像资料库建立后,录像反思教学法还可以有进一步的发展,即进行纵向反思和横向反思。纵向反思是指学生将自己在不同时期、不同阶段的录像都剪辑出来,一起播放,进行研究与反思,其目的是原来发现的问题,现在是否已经得到了解决,反思自己的法律实践能力是否提高。让学生经常进行纵向录像反思,有助于学生发现自己的进步,确立自信心。横向录像反思,是指将不同年级、不同班级的学生在同一主题的录像(比如法庭辩论等)进行剪辑,一起播放,通过录像比较,进行反思,目的是发现别人的优点,借鉴、学习他人的长处,弥补自身的不足。

第六节　头脑风暴教学法

一、头脑风暴教学法的概念及特点

头脑风暴教学法又称智力激励法、脑力激荡法，是由美国创造学家奥斯本于1939年首次提出的一种激发创造性思维的方法①。它通过会议形式，让所有参加者在自由愉快、畅所欲言的气氛中，毫无顾虑地提出自己的各种想法，让各种思想火花自由碰撞。头脑风暴教学法简便易行，对环境也没有特殊要求，实施起来简单方便，最重要的还在于头脑风暴教学法能够使学生通过交流信息，相互启发，产生思维共振，起到集思广益的作用。正因为如此，在模拟法庭教学实践中，头脑风暴往往比较多地运用在需要集体智慧、群策群力的教学环节中，比如证据的分析与运用、案件策略的筹划等。

二、头脑风暴教学法的实施步骤

（一）准备阶段

在头脑风暴教学法实施前要做好准备工作。

1.教师应事先对所讨论问题进行一定的研究，弄清问题的实质、找到问题的关键、设定所要达到的目标。

2.确定参与学生的数量，一般以8—12人为宜。会议人数太少不利于交流信息、激发思维；而人数太多则不容易掌握，并且每个人发言的机会相对减少，也会影响现场气氛。

3.将时间、地点、所要解决的问题、可供参考的资料和设想以及需要达到的目的等事宜一并提前通知参与学生，让学生做好充分的准备，以便其了解议题的背景和外界动态。

4.布置现场，圆桌式的环境往往比教室式的环境更为有利。

（二）热身阶段

这个阶段的目的是创造一种自由、宽松、祥和的氛围，以便活跃气氛，使大家得以放松，进入一种无拘无束的状态，促进思维。教师应先说明讨论的规则，然后提出一些有趣的话题或问题，让大家的思维处于轻松和活跃的境界。比如说笑话、猜谜语、听一段音乐等。

---

① 王辉艳等:《头脑风暴综述》,《吉林省经济管理干部学院学报》2005年第5期。

(三)明确问题

教师扼要地介绍有待解决的问题。介绍时须简洁明确,不可过分周全,否则过多的信息会限制人的思维,干扰学生的思维创新力和想象力。

(四)畅谈阶段

畅谈是头脑风暴法的创意阶段,为了使大家能够畅所欲言,需要制定一些规则。教师首先要向大家宣布这些规则,如果时间允许,可以让每个人先就所需要解决的问题独立思考10分钟左右,随后引导学生自由发言、自由想象,使彼此相互启发、相互补充,真正做到知无不言,言无不尽。也可以按顺序一个接一个,轮流发言,如轮到的人当时无新构想,可以跳到下一个。在如此循环下,新想法便一一出现,与会人员每讲出一个主意、方案,记录员随即记录在黑板上,使每位与会人员都可以看见,以利于激发出新的方案。经过一段时间的讨论后,大家对问题已经有了较深的理解,为了使大家对问题的表述能够具有新角度、新思维,教师应对发言记录进行归纳、整理出富有创意的见解以及具有启发性的表述,供下一步头脑风暴时参考。

(五)筛选阶段

通过组织头脑风暴畅谈,往往能获得大量与议题有关的设想,但任务至此只完成了一半,更重要的是对已获得的设想进行整理、分析,以便选出最有价值的创造性设想来加以开发实施,即设想处理。设想处理的方式有两种:一种是专家(由其他教师或学生组成)评审,可以聘请富有实践经验的其他有关教师及学员代表若干人(5人左右为宜)承担这项工作。另一种是二次会议评审,即所有与会学生集体进行设想的评价处理工作,通过评审将大家的想法整理成若干方案,再经过多次反复比较,最后确定1—3个最佳方案。

三、运用头脑风暴教学法应注意的问题

一次成功的头脑风暴除了程序上要科学以外,更为关键的是参与学生是否克服了心理效应和从众行为,是否进行了充分、无偏见的交流,是否在头脑中产生了思维共振从而出现了组合效应。为了提高头脑风暴法的使用效果,在运用过程应注意以下几点。

(一)头脑风暴教学法的教师最好对所议问题的背景比较了解

教师的发言应能激起参加者的思维灵感。通常在头脑风暴开始时,教师需要采取询问的方法,努力创造一个自由交换意见的气氛,并激起参加者踊跃发言。教师的主动活动也只局限于会议开始之时,一旦参加者被鼓励起来以后,新的设想就会源源不断地涌现出来。这时教师只需根据头脑风暴的原则进行适当引导即可。应

当指出，发言量越大、意见越多种多样、所论问题越广越深，出现有价值设想的概率就越大。[①]

（二）创造自由畅谈的气氛

要求每个人都不受任何约束地说出解决方案，不管这个方案听起来多么可笑，或多么不切实际。头脑风暴中除了不具体的方案，没有无效方案，它认为任何方案都是有效的，即使表面看起来无效、可笑，但若再发散组合一下，极有可能得到另一个平时你不敢想，也想不到的绝佳方案。

（三）严守头脑风暴教学法的原则

头脑风暴教学法的基本原则主要是：禁止批评和评价。与会学生在头脑风暴的第一阶段不能对任何人提出的任何设想进行评价，既不能肯定也不能否定某个设想，也不能对某个设想发表评论性的意见。同时，禁止发言人的自我批评，因为自我批评同样会破坏会议气氛，影响自由畅想，也不准参加者私下交流，以免打断别人的思维活动。这样做一方面可以防止评判方案约束与会人员的积极思维，破坏自由畅谈的气氛；另一方面可以使参与的学生精力集中，促进创造性方案的大量产生，从而提高会议的质量与效率。

（四）活跃思维，追求数量

参加者不应受任何条条框框的限制，而是放松思想、让思维自由驰骋，思维越狂放、构想越新奇越好。要从不同角度、不同层次提出独创性的想法。没有任何一个创意是愚蠢的，这是头脑风暴的金科玉律之一。有时看似荒唐的设想，却是打开创意大门的钥匙。追求数量，头脑风暴法的目标是获得尽可能多的设想，追求数量是它的重要任务。每个与会人员都要抓紧时间多思考，多提设想。至于方案的质量问题，可留到设想处理阶段去解决。在某种意义上，设想的质量和数量密切相关，产生的设想越多，其中的创造性设想就可能越多，可行办法出现的概率就越大。

第七节　合作式教学法

一、合作式教学法的概念及特点

合作式教学法是一种参与式或协作式的教学法，这种教学法以学生为中心，充分应用灵活多样、直观形象的教学手段，鼓励学生积极参与教学过程，使之成为其中的积

---

① 于干千：《让学生的头脑卷起风暴——浅谈“头脑风暴法”在教学中的运用》，《云南财贸学院学报》2004 年第 1 期。

极成分，加强教学者与学习者之间以及学习者与学习者之间的信息交流和反馈，使学习者能够深刻地领会和掌握所学知识，并能将这种知识运用到实践中去。合作式教学法的特点是突出强调学生共同学习、共同研究、共同作业、相互协作，从而达成共同进步的学习目的，该种教学法在培养法科学生的评判性思维能力方面具有重要意义，因此，合作式教学法比较好地运用在证据的分析与运用、案件策略的谋划以及法律信息的检索等。

二、合作式教学法的实施步骤

(一)办案(学习)小组的组建

1. 成员数量

办案小组成员的数量在很大程度上会影响到小组学习的效率。目前我国法学院校开设诊所法律课程的班级人数一般在 20 人左右，因而一组的成员人数在 3—4 人。这样的组合既能确保每个人都有参与的机会，便于组织监控，又能确保知识来源的多样化。

2. 成员组成

在进行分组时，首先要尊重学习者的分组愿望，考虑到学生的自愿性，即自己积极主动地找合作伙伴的意愿。一方面自主选择的成员间比较熟悉，在兴趣爱好、性格特征、语言基础和学习风格等方面较为相似，从而组成性情相投，优势互补的学习小组，便于进行话题讨论；另一方面可以消除组员间不合作或某些成员消极怠工等不利因素。同时教师可适当地参与并给予建议，充分考虑学生的个体差异，协调好小组成员之间，特别是程度好的学生和程度差的学生之间的关系，发扬相互协助的作用，保证小组内成员都有思考、发言和表现的机会，让每个人都有为小组作贡献的成功感和荣誉感。分组时要考虑到各组的层次性和均衡性。特别需要强调的是诊所法律的办案小组(学习小组)可以是“强—弱”搭配，也可以是“强—强”搭配，当然从实际实施的效果来看，最佳的组合应当是“特色＋互补”型的搭配①。

模拟演练是现代合作式教学法中一种独特的教学方法，培养法科学生处理实际问题的能力和沟通技巧。根据课堂的教学任务安排，学生课前根据教学内容查找资料，创设情景，展开讨论和排练；课中根据授课内容进行真实情景角色扮演，模拟真实的场面，并给予摄像。模拟演练结束后，教师引导学生分析、讨论、总结。在练习时教师也可充当“当事人”角色，而让学生充当“代理人”或者“辩护人”的角色，模拟真实的场面。教师通过设置一些问题，引导学生思考、讨论案件存在的或潜在的法律或事实问题。教师和学生应共同讨论，不断修正假设和干预措施，以形成完整的案件处置方案。在

---

① 张蓉、左晓园:《试论小组讨论式教学方法的实践与改革》,《黑龙江高考研究》2011 年第 1 期。

整个形成问题、解决问题的过程中，训练了学生的评判性思维能力。模拟演练结束后，由教师总结学生在整个过程中存在的优缺点。

3. 课堂汇报

合作式教学法所采用的课堂活动很多，下列的课堂教学活动更加适合我国诊所法律教学的特点。

(1)独立思考，个别对话与小组讨论。指导教师根据学生处理真实案件的状况，梳理出一些难点或者问题供学生思考。教师先允许学生对所提出的问题进行独立思考，然后每个学习小组内的学生相互交换意见，意见统一后，再与其他学习小组进行交流和讨论，以期达到最终的一致。这种课堂活动的适用面很广，小到案件的某个具体证据的分析与运用，大到整个案件处理的思路和方向。

(2)主题发言，众人补充的活动。教师将学生案件演练过程中遇到的问题进行初步的分解或者归纳，将每个具体的问题分别交由该办案小组的不同组员，由该学生对具体问题进行信息检索、信息分析并写出自己的思路和想法。在课堂讨论中，由该学生先进行该问题的主题发言，然后在全班进行交流与补充。

(3)编号讨论法。指导教师将案件演练中容易出现的问题或者错误依次进行编号，并对每个学习小组的组员也同样依次进行编号。在课堂活动中，教师首先要求每个小组开展小组讨论，讨论完毕后，教师会选择一个问题的编号，每个小组相同编号的组员各自代表自己所处小组对该问题进行发言。

三、运用合作式教学法应注意的问题

(一)正确定位“教”与“学”的关系

“教为主导，学为主体”是对合作式教学法的基本定位。合作教学法应着重从学生的角度设计学习的形式与方法，但这并不意味着教师的角色可以有任何的弱化，也不代表让学生完全“自主放任”。在合作式教学法中教师仅仅是由“台前”向“幕后”转化，学生由“被动”向“主动”迈进，因而教师的职责也由“监督、执行”向“筹划、指导”转化。学生的学习形式由“记忆、理解”向“求索、应用”升华。因此，“教”与“学”的内涵也不能仅仅用“给予”与“接受”来定义。一般而言，教师主要是担负合作教学的宏观设计、学习指导、成果评估等职责。宏观设计也可称之为教学设计，主要是对教学任务和学习任务的规划计划；学习指导是指为学生的学习提供启发性指导和经验性帮助；成果评估主要是评定学习成果与学习成效。学生在教师的设计、指导和帮助下，自主、自由地探索未知。这里需要确立一个认识：合作教学中学生学什么？(其实也就是教师教什么的问题)传统观念下学得“好”与“坏”我们都是用“对”与“错”来评定的，也就是学生给出答案与标准答案相符就是学得好，与标准答案不相符就是学得不好。1+1一定要等于2，否则就是错。至于2是如何得来的就无关紧要了，记住就行了。合作教学不在于要教给学生 1+1 等于几，在于为什么等于一个数，而这个“为什么”也不是学生唯一和必须知道的。更重要的是让学生在求索过程中获得认知和得到锻炼。

(二)制定规范的合作式教学制度

任何的教学形式，都应当具备完备的教学制度和组织形式。合作式教学法作为一种科学的教学方法必然有自身的组织规范，这是合作式教学取得效果的必要条件[①]。合作式教学是基于“以学生为主体”这一原则提出的，其所有的制度和规范都应当体现这一原则，并为此服务。优秀的学习小组，至少应具备六个条件：

1.明确的学习宗旨。学习小组不是基于帮扶的需要，而是教学的必需。其宗旨是通过小组的合作完成学习任务，在过程中教育、锻炼学生，使每个组员都取得各自的学习成果，实现各自的发展目标。

2.明确的职责分工和协作机制。首先要保证每个组员功能必要性，不能使任何一个组员无事可做或则可有可无；其次是要保证组员间能充分合作，分开不分离。

3.定期而有效的集体学习活动。合作式教学毕竟是一种教学和学习活动，尽可能的集体活动是非常必要的。广泛的讨论交流，有利于学生间的互动和学习任务的完成；共同的调研、讨论便于学生间更好地融合；集体读书、信息检索和研究能更好地促进对课题的理解。总之，集体活动是合作式教学的灵魂，是规范的重点。

4.明确的研究型学习任务。合作式教学主要适用于对应用性知识的教学，重在能力培养。学习小组围绕这一任务梳理思路、搜集资料、研究提纲、撰写法律文书、交流成果。在过程中深化对知识的理解和运用、培养能力。

5.规范的交流平台。如期刊、讲座、网络等，以供学生交流体会、拓展视野、共享成果。

6.固定的指导教师和广泛的学习资源。合作式学习不应局限于教材或书本，只有拓展至更广泛的领域，才能实现探索式学习，才能更深入地培养发现、认知、思辨、操作等能力。

(三)准确及时评定学生的学习成效

由于合作式教学的形式往往是开放式的，因此合理的评定是维持合作教学的正确方向和高效率所必需的。学生学习成效的评定，主要看学生学得怎么样，能力素质有多大提升。这是核心，也是主要的。为此，合作式教学对学生学习成效的评定包括以下内容：一是学习成果，如学生拟定的法律意见书、案件的代理意见等；二是基本能力，如协同能力、研究能力、人际沟通能力、表达能力等；三是特定能力，主要是指证据的分析判断能力、法律思辨能力、法律文书撰写能力等。评定的对象包括：成果质量、学习效益、进步幅度、自主性、创新度等。评定的方式则侧重于过程评定。

---

① 周虹:《大学教师团队合作教学的理念和实践》,《高等工程教育研究》2010 年第 1 期。

第四章　模拟法庭的教学目标与教学内容

第一节　模拟法庭的教学目标

教学目标是指教学活动实施的方向和预期达成的结果，是一切教学活动的出发点和最终归宿，它是师生通过教学活动预期达到的结果或者标准，是对学习者通过学习以后将能做什么的一种明确的具体的表述，是对学生通过教学所能达到状态的提前确认，是教师进行教学活动设计的定向指标，具有指导与选择教学策略的功能，它是指导、实施和评价教学的基本依据。是衡量教学质量的标准。

教学目标在教学过程中的作用是不言自明的，它既是教学的出发点，也是归宿，或者说，它是教学的灵魂，支配着教学的全过程，并规定教与学的方向。教学内容是指课堂上传授给学生的知识、方法和技能等。

《基础教育课程改革纲要（试行）》提出："国家课程标准是教材编写、教学、评估和考试命题的依据，是国家管理和评价课程的基础，应体现国家对不同阶段的学生在知识与技能、过程与方法、情感态度与价值观等方面的基本要求，规定各门课程的性质、目标、内容框架，提出教学和评价建议。"依据《纲要》的要求，每门具体的学科目标都应包括三个方面的内容：

第一，知识与技能：即每门学科的基本知识和基本技能。

第二，过程与方法：即让学生了解学科知识形成的过程、"亲历"探究知识的过程；学会发现问题、思考问题、解决问题的方法，学会学习，形成创新精神和实践能力等。

第三，情感、态度和价值观：即让学生形成积极的学习态度、健康向上的人生态度，具有科学精神和正确的世界观、人生观、价值观，成为有社会责任感和使命感的社会公民等。具体而言，情感：不仅指学习兴趣、学习热情、学习动机，更是指内心体验和心灵世界的丰富。态度：不仅指学习态度、学习责任，更是指乐观的生活态度，求实的科学态度和宽容的人生态度。价值观：不仅强调个人价值，更强调个人价值与社会价值的统一；不仅强调科学价值，更强调科学价值与人文价值的统一；不仅强调人类价值，更强调人类价值与自然价值的统一，从而使学生从内心确立起对真善美的价值追求以及人与自然和谐、可持续发展的理念。

模拟法庭的教学目的就是通过审判实务的模拟，培养学生的法律职业技能。模拟法庭课程教学以其实践性和综合性的教学优势，弥补了我国现行法律职业教育存在的空白、不足或误区，是将法学通识教育与法律职业教育相结合的有效手段，在实现培养基础扎实、知识深厚、具有创新精神和实践能力的新型法律人才的高等法学教育目标中有着十分重要的作用。模拟法庭课程教学目标包括三方面：知识目标、能力目标、情感目标（思想教育目标）。

一、模拟法庭教学的知识目标

模拟法庭教学的知识目标是融合专业知识，强化法律知识的理解和运用，提升学生的综合能力。

首先，从认知目标来看，通过模拟法庭教学让学生掌握一些其他专业课程中没有涉及的，或者在法律实务中广为运用的内容，例如：庭审中审判员、公诉人、代理人、辩护人等的行为规范要求，庭审基本流程等，这些知识内容虽然比较零散、理论性不深，但是具有很强的实践性，让学生掌握这些实务知识，对将来从事法律实务却是相当重要的。模拟法庭教学，不仅仅限于知识的运用，更不能局限于书本知识的再强化，学生通过参与模拟法庭的教学活动，可以亲身经历法律审判程序，使之对法律审判程序的理解显性化、感性化，从而达到巩固所学知识的目的。

强化法律知识的理解和运用，将书面的法律知识活化为自身的知识体系。模拟法庭教学实践教学主要功能之一就是通过理论与实践的结合，对法学理论知识进行必要的验证，加深学生对所学知识的理解和掌握，便于今后工作中灵活运用。模拟法庭为学生提供了一个集中的模拟法律实践场所和机会，让学生走出其原已熟悉的格式化法律条文和理论知识圈，在模拟的诉讼环境中熟悉、掌握具体的审判过程，较直接地面对法律实践问题的考验，促进理论化、系统化的书本知识转化为具有可感性、实用性、操作性的知识，让书本中的理念在实践工作中得到检验。让学生从分析真实个案入手，从中发掘和了解法律的基本理念，巩固学生所学得的法学知识和理论，启发学生将所学的法学理论知识运用于司法实践，扩大学生的知识面，做到法学理论同司法实践的有机紧密结合。

其次，从技能目标的培养来看，通过模拟法庭教学培养学生综合的实务操作运用能力、提高学生的法律综合能力，法律综合能力包括：(1)正确理解法律法规的能力。法律规定一般来说都比较抽象，而案件则是形形色色、纷繁复杂的。正确理解法律法规是将其正确适用于案件的前提。(2)运用法学原理分析案件的能力。在法律法规规定抽象（在个别案件中，甚至出现法律空白）的情况下，应当运用有关法学基本理念来分析、解释、处理案件。此种能力既包括运用理论分析案件的能力，也包括从案件中归纳理论的能力。(3)收集、判断、运用证据的能力。任何案件处理的基础是认定案件事实，而认定案件事实的基础是确实充分的证据，因此，证据的收集、分析能力是任何法律人业务素养的重要内容。(4)归纳概括案件事实的能力。任何一个案件的事实可以说都是无穷无尽的，哪些事实是案件的核心事实，只有查清这些案件事实，才可能正确处理案件，也是学生的基本能力。这种能力的培养，不仅要求学生有实践经验，还要求学生掌握法律要义和相应的法学理论知识。(5)法庭应变能力、口头表达能力、法律文书制作能力等。

一次成功的模拟法庭演练，从最初的案例选择到最后宣判除了需要进行大量的组织工作以外，还需要通过各种途径收集、整理资料，在整个庭审过程中，参与演练的学生都必须运用相关的实体法知识分析案情，运用相关的程序法知识运作模拟法庭，还要自主进行同现实司法实务过程中相同的阅卷、调查、诉讼文书写作和庭审抗辩的工作。这些工作，对学生的组织协调能力、收集和整理资料的能力以及全面分析问题和解决问题的能力都是一种极好的锻炼。通过模拟法庭教学，参与庭审的学生的法律语言表达、文书写作、阅卷等基本法律技能也得到提高，这些都是其他法学课程都无法达到的效果，模拟法庭教学注重学生综合能力的培养，并将这种综合能力的培养贯穿于模拟法庭活动的整个过程，从而真正做到了变应试教育为素质教育，将学生培养成为应用型的复合人才。

二、模拟法庭教学的能力目标：通过法庭课程教学培养和锻炼学生的法律思维能力

法律思维是人们运用法律概念、法律判断、法律推理去思考问题、表达和阐释法和法律现象的复杂的心理过程。法律思维能力主体体现在：探知法律事实过程中的观察、发现和认知能力；证据的收集、分析、判断和采信能力；归纳、概括案件争执焦点的能力；确定案件性质和认定案件事实的能力；正确阐释法理和适用法律的能力；严谨的法律推理和论证能力。[①] 对于“法律人”来说，法律思维能力是其最为核心的素质。钱伟长教授在谈到21世纪人才时的话语令人深思：“不是学好一门课就能像这门课所教的那样工作就是了。因为这门课的知识隔几年或几十年就可能没用。如果我们重视培养学生逻辑思维能力，那么学生通过这门课所尝到的逻辑思维能力永远是有用的。”[②]

法科生教育是一项通过传授法律知识、训练法律思维，以培养合格“法律人”为目标的教育活动，法学教育所传授的“法律”不仅包括结构化的系统法律知识，更应当包

---

① 彭水兰、邓江英：《谈高职院校法律类专业学生法律思维能力的培养》，《教育与职业》2010年第9期。

② 曹文标：《钱伟长与上海大学》，《每周文摘》1996年1月5日。

括法律思维能力。法律思维的培养是一项系统工程，训练学生按照法律的思维规则、推理技术来观察、思考并解决问题，并非短时间内可以成就。但是，法律思维方式的培养是法学教育环节中最重要的一环，因此，模拟法庭教学的一项重要而基本的任务就是法律思维能力的训练和养成。通过模拟法庭的教学使学生在接受法律的系统知识、原理和制度的基础上，获得法律职业者必备的技能和素质，从而形成法律职业者所独特的批判性和创新性的法律思维。

法律思维能力的培养还有赖于相关学科知识的学习，“现在的法学家，决不能再像以前一样各守其门户在牛角尖里做功夫了，我们研究法律的学生，至少于法律学以外的各种学科，都有些相当的涉猎。其中比较重要的有心理学、社会学、政治学等几门”。[①] 由于我们的学生往往过多地沉湎于专业知识的汲取上，而在平时的学习很少去涉猎其余学科知识，造成这种局面的很大原因就是众多的法科学生没有意识到其余学科对法律人的价值和作用，而在模拟法庭教学中，特别是法庭抗辩教学，不仅是学生法律专业能力的比拼，更重要的是学生综合素质的对抗，比如：语言学、逻辑学、经济学知识等，这些在平时学习中不为学生重视的其他学科知识显示出重要的价值，从而激发出学生对其他学科知识学习的兴趣。

三、模拟法庭教学的情感目标（思想教育目标）：树立法律信仰，培育学生法律意识

模拟法庭将教学置于一定的情境之中，让学生自己面对实际问题，实际运用法学知识和理论来分析、解决问题以获得对概念和原理的更深认识，训练和培养解决实际问题的能力，法学教育的重点从教给学生法律知识或者法律理论，转变为让学生体验如何使用法律，培养职业兴趣和素质，接受职业道德和社会责任教育。[②] 模拟法庭的教学目标除了要求教师向学生传授基本法律知识和实务技能之外，更重要的是要培养学生的公正理念、法律信仰和法律精神，培养学生的法律信仰和法律人格。

法律信仰是指社会主体通过对法律现象的感受而形成的内心对法律价值的认同，对法律的坚定信念和尊重，是公众自觉守法的升华。伯尔曼的至理名言“法律必须被信仰，不然它将形同虚设”。[③]

学生通过模拟案例的演练把握法律职业伦理，确立自己作为法律人所应有的行为操守，培养学生具备法治信念和法律精神，具有法律信仰和法律人格。认同法律，树立

---

① 孙晓楼：《法律教育》，中国政法大学出版社 1997 版，第 10 页。

② 赵江涛：《模拟法庭——法学教育从理论走向实践》，《濮阳职业技术学院学报》2006 年第 1 期。

③ 哈罗德·J.伯尔曼：《法律与宗教》，三联书店出版社 1991 年版，第 28 页。

法律至上的权威，以法律权威塑造法律信仰。增强重叠法律为行为准则，将法的价值及对法的尊重和信仰自然地转化为内心的认同感，帮助学生塑造良好的人格，提高法律职业素养。不仅要让学生基于法律本身的严谨、冷峻、威严自觉自发地产生崇敬的情感，基于外在的强制、制裁而产生畏惧、服从的情感，而且要让学生基于对法律的价值、作用的信任、信心、认同而产生发自内心的真诚尊重。这样，法律才能内化为学生精神品格的一部分，才能获得真正的、有普遍社会感召力的权威性，融入到血液里，落实到行动中。

第二节　模拟法庭的教学内容

近年来模拟法庭教学已经引起我国法学教育界和教育行政管理部门的高度重视和关注。模拟法庭的教材建设近年来也取得了长足的进步和发展，迄今为止，涉及模拟法庭教学的教材已有十余种，在教学实践中，比较常用的有：湘潭大学申君贵教授的《模拟法庭教科书》[①]，对外经济贸易大学陈学权教授的《模拟法庭实验教材》[②]，廖永安、唐东楚的《模拟审判——原理、剧本与技巧》[③]，刘晓霞的《模拟法庭》[④]。这些教材内容各异、特点鲜明，填补了我国模拟法庭教材建设的空白，促进了我国的模拟法庭教学的广泛开展。但是客观地说，我国模拟法庭教材建设远远不能满足模拟法庭实践教学的需要，从现有教材的体系和内容来看，还存在着不少的问题。问题之一是对模拟法庭的教学理论、教学方法缺乏系统的研究和探索，近年来，模拟法庭教学中的“热点”不断，模拟法庭的具体教学活动越来越受到重视和关注，但是“盲点”“冷门”却不少，许多模拟法庭教学所涉及的重要因素和环节无人关注，缺少研究，例如，模拟法庭的教学理论、调和设计理论、模拟法庭教学评估等严重缺位。问题之二是教学内容偏重于熟悉法庭的运作程序，庭审、庭辩技巧的锻炼，忽视实体法的具体适用，产生重程序、轻实体的现象。问题之三是现有的模拟法庭教材普遍采用大量的教学案例，从所选择的案例来看，大都选择于网络或者各种已经出版的案例汇编，这些教学案例存在的普遍问题就是案例资料不够具体、全面、完整，起不到真正锻炼学生能力的目的。近年来，有不少同仁已经意识到这个问题，并且在案例的选择上更加体现出真实性和完整性，但随之产生的新问题就是，案例的运用对学生专业技能训练的目的性、针对性不强，即仅停留和注意案例的完整性，没有很好地研究和分析所使用的案例与训练学生专业能力

---

① 申君贵：《模拟法庭教科书》，高等教育出版社 2007 年版。

② 陈学权：《模拟法庭实验教材》，高等教育出版社 2009 年版。

③ 廖永安、唐东楚：《模拟审判——原理、剧本与技巧》，北京大学出版社 2009 年版。

④ 刘晓霞：《模拟法庭》，科学出版社 2010 年版。

的关联度。问题之四是教学内容往往偏重追求“大而全”,比如一些法学院校提出:“要求学生能全面、系统地掌握刑法、民法、经济法、合同法、婚姻法、行政法、继承法等实体法和刑事诉讼法、民事诉讼法、行政诉讼法等程序法理论知识,并能综合运用律师实务、证据理论、法律文书等知识分析、解决实际案例。”这样的教学内容往往超越了模拟法庭课程本身的承载能力,过犹不及,没有很好地体现模拟法庭教学的特色。问题之五是现有的模拟法庭教材往往偏重于对学生法律技能的训练与掌握,普遍缺乏司法职业道德和司法礼仪等教学内容,忽视了模拟法庭教学在培养学生法律职业道德方面的独特作用。

我们认为:模拟法庭是通过学生亲身体验刑事审判、民事审判和行政审判的基本程序,使学生掌握并能熟练运用刑事审判、民事审判和行政审判的基本技巧与方法,锻炼其实际操作能力;通过学生的亲身体验和实践,提高学生运用所学法律知识,分析案件和解决案件问题的能力。结合模拟法庭教学开展的现实情况,我们对模拟法庭教学的内容做出以下几方面的选择:

一、增加司法职业道德与司法礼仪,强化学生的法律职业意识

“法律职业道德的教育一直为我国的法学教育所忽视,我们只是依据于一般的政治和德育教育。当今中国法学教育中最缺乏的不是一般法学知识的教育,而是法律职业道德的教育。”[①]高等院校是法律人才的培养基地,担负着为我国的法治发展输送德才兼备的法律职业后备的重任。然而,综观目前我国高等院校的法学本科教育,历来仅重视学生法律知识的教育,对其职业技能的培训也只是在近年来才开始受到重视,但是对于法科学生的德育即职业道德教育始终未能有效地展开。

众所周知,青少年时代是个人生理、心理逐渐走向成熟的关键时期,也是塑造其人生观、世界观和价值观的关键时期,对法学院学生来讲是进行法律职业道德教育的黄金时期,但直至目前,在我国的法学教育体制中,还没有体现出对法律职业伦理教育应有的重视。一是对法律职业道德教育的重视程度不够,这种现象直接反映在相关学科建设方面。截至 1999 年,我国高等法学教育的本科、硕士和博士的培养方案中都没有把“法律伦理”或者“司法伦理”作为培养要求,并列出相关课程。虽然 1999 年教育部修订的《法律硕士专业学位培养方案》首次明确地把“法律职业伦理”作为一门课程来设置,但从法学本科教育的课程设置来看,法律职业道德教育课程还是缺失的。长期以来,我国高校重视法学教育中的理论知识的传授与教育,而法律职业道德教育却很少有人问津,认为只要学好法律技术就可以解决一切法律问题,法律职业道德教育可

---

① 牟文义:《我国高校法学本科教育中加强法律职业道德教育的思考》,《天水师范学院学报》2012 年第 1 期。

有可无，这就造成了法学教育与法律职业的脱节，法学教育无法满足法律职业对人才的基本素质要求。二是法律道职业道德教学方法僵化、滞后，大多停留在空洞机械的说教上。“目前，这种内容空泛、相似的教材，以及说教式的教育方法，很难达到培养法律职业道德的目的”。[①]“在不久之前，职业道德教育（包括更广泛地与法律职业相关的道德原则）不仅是法学教育中的薄弱环节，而且更像是一场闹剧”。[②]“在学生眼中，职业道德课就是一则笑话，对更多人来说，它充其量是可有可无的，即使逃课也不会产生负罪感”。[③]

法律职业道德教育从根本上说是一种态度或情感教育，它以职业伦理道德知识的传授为基础，通过运用不同于一般知识传授和技能培养的教育方式，将职业道德教育知识内化为学生的道德自觉。法律职业道德教育的主旨不是要求学生理解和记忆法律职业道德原则与规范的内容，而是要将法律职业道德的内容内化为法律人的品德，内化为法律人的自觉意识，只有这样，法律人才会有稳定的行为，做到观念与行为的统一，言行一致。而这种法律职业道德的内化不可能通过教师的说教来实现的，空洞的说教只会引起学生的反感，使法律职业道德不能真正地在学生中“入脑”“入心”。

因此，高校法学教育必须正视现实，法律知识技能传授和法律职业道德教育两手都要抓，将法律职业道德规范内化为学生的道德自觉，以培养真正合格的法律人才。

法律职业道德涉及的是法律职业活动中的人与人的关系，即法官、检察官、律师和当事人等不同角色的伦理关系，大量的职业道德规范需要法律从业人员通过亲身经历而形成，法律职业道德教育的这种独特性决定了法学教育必须寻求一种不同角色交往的教学方法，为学生提供情感体验的场所，使学生将道德认知内化为首先判断和推理能力，并最终促进学生道德人格的养成。只有将受教育者置于真实的法律职业活动中，在特定的情景中，学生才能真正用整个身心去感悟法律职业的价值、意义和法律职业道德的力量。

模拟法庭教学进行法律职业道德教育和司法礼仪教育，能够将法律职业道德教育与实践教学环节相结合，在一定程度上，可以弥补法律职业道德教育的不足。模拟法庭教学可以为学生提供角色体验的机会，例如民事诉讼案件的模拟训练，参加审判庭的学生通过法官的角色体验，从法官的角度来审视司法公平、司法正义的真实含义。参加原、被告代理人的学生，可以得到诉讼代理人的角色体验，置身于对当事人复位的忠诚和对法律忠诚的道德两难境地，使学生在解决道德两难问题中，领悟法律职业中的伦理关系，形成谨慎和热心公益又保持正当限度对当事人忠诚的法律职业道德品格。

---

① 孙笑侠：《法律家的技能与伦理》，《法学研究》2001年第4期。

②③ 黄娟：《我国法律职道德教育教育模式的创新》，《当代教育论坛》2010年第11期。

二、强化法律知识的系统化、实用化，突出专项诉讼技能的训练

模拟法庭课程的教学目标包括培养学生的程序意识和程序操作能力、用实体法分析案件的能力、证据意识和证据运用能力、庭审语言表达能力、法律文书的写作能力等等①。客观地说，模拟法庭是一门课时比较少的课程，受益面狭窄，现行的模拟法庭往往选择一个完整、详尽的案例，按照教师的角色分配，由学生扮演不同的角色，这种全景剧的演练固然对学生的综合能力、组织协调能力、应变能力等有一定的帮助和促进作用，但其弊端也是显而易见的，这种大范围的"全景剧式"的模拟法庭受场地和时间限制，其演练的次数不可能太多，受益范围往往局限于少数学生，学生参与的积极性受到影响，更为重要的是这种大型的"全景剧式"的模拟法庭，对学生专业技能训练的目的性、针对性不强，对学生具体诉讼技能的训练重点无法突出。众所周知，一场精彩的排球比赛令人目不暇接，流连忘返，殊不知，排球运动员在场上的精彩表现凝聚着无数次的拦、发、接、垫、传等专项技能训练，同样道理，学生在模拟法庭综合演练中所表现出来的严谨的逻辑思维、精准的法律表述、清晰的辩论观点往往来自于学生各项具体的专项诉讼技能的掌握。目前的模拟法庭教学往往存在着"只练不教"，只强调学生的综合演练表现，不关注学生专业技能的传授和训练。这样就类似于体育比赛中只注重比赛成绩的好坏，忽略平时各专项能力的训练与提高。各项诉讼专项技能的理解和掌握程度决定了学生在综合演练中的实际水平，甚至决定了学生未来的法律职业能力，重视诉讼专项技能的训练是模拟法庭实际教学中不能回避的重点之一。我们结合我国司法实践，将影响学生的职业能力的专项技能分解为：阅读案卷的能力、证据的收集与分析能力、法律信息的检索能力、分析与论证能力、法庭举证与质证能力、法庭询问能力、法律文书的写作能力、法庭审理的掌控能力、庭审抗辩能力、法律语言的表述能力等等。本书第八章"法庭举证与质证"、第九章"法庭询问"、第十章"法庭辩论"、第十一章"法律语言"辩论就是模拟法庭进行专项演练的尝试与实践，我们之所以选择其中的 4 种专项技能在模拟法庭教学进行专门训练，一是考虑到相关课程的内容衔接，比如法律文书的写作能力，往往在实践中已经在法律文书或者司法文书课程得到了专门的训练，故不在模拟法庭中重复训练；二是考虑到模拟法庭设施、空间和时间的限制，阅读案卷的能力、证据的收集与分析能力往往受制于教学条件和教学课时的限制无法在课堂中实现。因此，我们将众多的专项技能中提炼出能够集中反映模拟法庭教学特色、符合模拟法庭专业训练的 4 项专业技能，即法庭举证与质证能力、法律询问能力、法律辩护(辩论)能力、法律语言的表述能力。在专项技能训练的基础上，从不同的学习小组中选择学生扮演不同的模拟角色，进行完整的、系统的、综合性的民事、刑事、行

① 陈学权:《模拟法庭试验课程建设基本问题研究》,《黑龙江高教研究》2007 年第 11 期。

政庭审的综合训练，这样做的好处是不仅能够吸引更多学生参与模拟法律的技能训练，激发学生之间竞争意识；同时又能够将只注重综合技能的培养转化为专项技能的训练与综合能力培养并重，突出专项技能的培养和训练。

三、注重实体法与程序法的融会贯通，打破部门法的人为藩篱

现有的模拟法庭往往过多地关注模拟法庭中的程序问题，导致对实体法的运用、庭审技能训练等重视不够，片面注重庭审程序的流畅，而忽视实体法的具体适用，产生重程序、轻实体的现象，从而使模拟法庭沦为程序化的表演。甚至有些模拟法庭更多地着眼于穿上各种制服跑跑龙套，成了某种形式的“大专辩论赛”，或者以模拟法庭为名，大量充斥着民事诉讼法、刑事诉讼法和行政诉讼法三大诉讼法诉讼原理、程序的介绍、各种法律文书的堆积，俨然成为证据法、诉讼法和法律文书的点缀和附属。模拟法庭教学是一种系统的、全过程的技能训练，学生必须从提供的零散案件材料入手，经历分析事实情况、找出有关的法律要点、寻找适用的法律依据、形成自己的辩护或者代理意见、书写有关的法律文书、出庭辩护等全部环节，因此学生能够了解案件进展的全过程，并通过亲身参与，在一定程序上把握案件的进程和结局，打破了传统法学课程设置按部门法为标准所划分的人为藩篱，要求学生同时对实体法和程序法进行综合的考虑。本书的第十二章“刑事案件综合演练”、第十三章“民事案件综合演练”和第十四章“行政诉讼案件综合演练”，努力地打破实体法与诉讼程序法的界限，既强调法庭的运作程序，庭审、庭辩技巧的锻炼，又注重实体法律的解读、运用。锻炼学生分析解决法律问题的能力。努力实现模拟法庭教学的多元化目标。

第五章　模拟法庭教学评价

第一节　模拟法庭教学评价概述

一、模拟法庭教学评价界定

（一）模拟法庭教学评价的界定

教学评价历来是教育研究领域的重要课题。简单地说，教学评价是指评价主体依据一定的教学目标，对教学过程和教学结果进行价值判断以求改进的活动。教学评价可以包括对教学过程中的教师、学生、教学内容、教学方法、教学环境和教学管理等方面的评价，但主要是对学生的学习情况和教师的教学过程的评价。

本书所讨论的模拟法庭教学评价，是指评价主体（包括教学管理人员、教师、学生和外聘专家等）在教学过程中，根据模拟法庭课程的教学目标，对教师的教学活动和学生的学习情况（包括学习过程和学习结果）进行价值判断并作出评定的活动。

（二）模拟法庭教学评价与法学专业培养目标和教学目标的关系

在很大程度上，教学评价驱动着课程及其教学，甚至整个教育。评价什么、怎么评价反映着教育工作者在学生身上追求何种教育结果；反之，追求何种教育结果又决定着教育工作者将评价什么和怎么评价。因而，教学评价是一项复杂且非常重要的教学活动，不仅直接关系着课程教学目标的实现，更影响着培养目标的有效达成。

法学专业的培养目标指的是法学院校为社会培养什么样的法律人才，它应当明确三个方面的内容，首先，法学院校所培养人才应具备的基本知识和基本技能；其次，法学院校所培养人才的毕业服务方向；再次，法学院校所培养人才的类型，即，是培养应用型人才、理论型人才，还是复合型人才。关于我国法学专业的人才培养目标，一直存有很大争议，这并非本章讨论的重点。但是，目前有一种共识基本达成：作为应用型学科，法学专业在注重法学理论知识传授的同时，要加强学生法律技能的训练和养成。大多数的法学院校现在都把培养高素质的应用型法律人才作为培养目标。与这一基本共识相伴随，很多法学院校调整了课程设置，包括模拟法庭在内的旨在培养、训练学生法律职业技能的课程(如法律诊所、法律实务、法律技能实训等)或全新开设或得到进一步的重视和强化。

教学目标,是指教师和学生通过教学活动预期达到的结果或标准,是对学习者通过教学以后将能做什么的一种明确的、具体的描述。作为一门法律实践课程,模拟法庭的教学目标旨在培养和训练学生对不同类型诉讼案件的全面办案能力和职业素养。教学目标应该描述学生通过该门课程学习后预期产生的行为变化。整个教学过程都受教学目标的指导和支配,整个教学过程也是为了教学目标而展开。因而,制定科学、可行、符合专业人才培养目标和课程性质的教学目标就显得非常重要。

可见,课程教学评价与专业培养目标和课程教学目标联系十分密切。专业培养目标主导着课程设置及其课程教学的方向,而课程教学能否真正为人才培养目标服务,则取决于课程教学目标的设计及其落实。而教学评价则是检验、评定学生学习情况、判断教学目标是否达成的重要手段。

二、模拟法庭的教学目标

教学评价是评价主体基于教学目标对学生学习情况进行评定、价值判断的过程,因而教学评价的成效直接取决于教学目标本身的科学与可行。教学目标的科学性,强调该课程教学目标的设计要符合模拟法庭课程的性质,符合法律人才培养的整体目标。教学目标的可行性,即教学目标的操作性,评价主体根据预先设定的评价的内容和标准,对学生学习之后的知识和能力等方面的变化可以通过观察和测量加以评定。教学目标的描述必须具体、清楚、明确。一般地,教学目标规定在课程教学大纲或教学计划之中。

(一)模拟法庭教学目标

正如在第四章中所讨论的,模拟法庭教学目标定位为三个方面:知识目标、能力目标和情感目标,具体而言,通过模拟法庭课程的学习,学生应掌握和强化以下技能:

1.能将所学法学理论知识运用于给定的具体案件、解决纠纷,并进一步拓展和深化理论知识。

2.能基于案件情况进行有效的调查和研究,并拟定切实可行的辩护或代理方案。

3.能有效运用诉讼程序和证据规则,并明白其对案件处理和法律纠纷解决的影响。

4.为当事人撰写具有说服力、符合规范的法律文书。

5.为当事人呈现具有说服力的口头法庭辩论(代理)。

6.与团队其他队员协力、合作完成案情讨论、文书写作和开庭等任务。

7.养成作为法律职业人的司法职业道德和基本专业素养。

（二）模拟法庭教学目标的功能

科学而可行的教学目标，是教学取得成功的关键。教学目标一旦确定，整个教学活动将围绕其而展开，也是教学评价的主要依据。模拟法庭教学目标具有指导、激励和测度三大功能。

1. 模拟法庭教学目标的指导功能。模拟法庭的教学活动受教学目标的指导和支配。从教学材料（教材、供模拟的案例及其他辅助材料）的编写或选择、教学内容的组织与安排、教学资源的开发与利用等环节都围绕教学目标而展开，都为能最大限度地实现预定教学目标而服务。

2. 模拟法庭教学目标的激励功能。教学目标明确了学生的课程学习目标和方向，可以让学生有目标地学习，有利于激发其学习动力和要达到目标的学习欲望和兴趣，使得教学效果"事半功倍"。

3. 模拟法庭教学目标的测度功能。教学目标作为预先设定的教学结果，是测量、检查和评价模拟法庭教学活动是否成功、有效的尺度和标准。在模拟法庭教学过程中及结束时，评价主体将对学生学习目标是否达成，采取不同的方法进行考核与评价。

三、模拟法庭教学评价的目的

（一）检测、评定学生学习情况，促进学生学习

模拟法庭课程通过采取形成性和总结性的评价方式（将在本章第三节阐述），对学生在学习过程中的表现、各项庭审实务技能的掌握、运用情况等进行观察，及时反馈相应信息并作出评价。模拟法庭教学对学生进行评价，不是简单地要分出优劣、判定成绩的高低，也不仅仅是在学期结束对教学效果作评价，而是贯穿于整个教学过程中，既对学生学习过程中的优点和进步加以肯定，以进一步激发学生学习的兴趣和动力，同时，还注重对学生的不足之处和努力的方向进行点评、分析，激励和促进学生学习。

（二）检验、评定教师教学效果，促进教学方法的改进

检验教学效果是教学评价的重要目的之一。通过对教师教学活动、学生学习表现和学习结果的评价，教师可以获取客观、真实的信息和资料，并分析教学方法在帮助学生达成教学目标方面的得失，促使教师不断改进教学方法，提高教学效果。

（三）检验教与学，促进教与学的互动，提高模拟法庭教学质量

教师与学生是课堂教学的两大基本要素。作为教学活动的一部分，模拟法庭教学中对学生学习的评价尤其是形成性评价，为学生与教师提供了直接和间接对话的机会，让教师全面了解个体学生的个性和需求，学生也有机会展示自己的长处并及时发现不足之处，从而使得教学评价更具有针对性、有效性，促进教与学的互动，提高教学质量，切实实现教学目标。

第二节　模拟法庭教学评价内容

教学评价的内容解决的是"评价什么"的问题。笼统地说，模拟法庭教学评价的内容应当根据该课程的性质、教学内容和教学目标进行确定。模拟法庭作为实践性法律课程，其基本的教学模式为：围绕课程教学目标，教师提供模拟的案件材料（一般为真实的案件或由真实案件材料改编而成），学生（或学生团队）扮演法官、检察官、书记员、当事人（原告、被告、第三人）、证人等不同角色，学生在仿真的业务操作实践过程中熟悉法庭工作流程、诉讼程序和证据规则，运用法学理论知识解决纠纷，掌握法庭实务的各项基本技能，养成基本的法律职业素养。因而，模拟法庭教学评价，无论是对教师的教学的评价还是对学生学习的评价，都旨在检验和促进模拟法庭教学目标的达成。不过，由于教师和学生在模拟法庭教学过程中承担不同的角色，对教师的评价内容和对学生的评价内容也就有所差异。

一、模拟法庭教学评价中对教师评价的内容

教师在模拟法庭教学中，不仅是庭审技能的讲授者，更是整个教学活动的组织者和推动者，对教师在模拟法庭教学实施阶段的评价，目的在于为教师改进教学方法、提高教学效果提供及时、有效的反馈，以促进教师全面发展和课程不断完善。对教师的评价可以分解为两个方面：一是教师综合教学能力和素养的评价；二是模拟演练实施情况的评价。

（一）教师综合教学能力和素养的评价

教师综合教学能力和素养的评价包括：教学内容、教学过程、教学方法、教师师德素养和教学成果。

1. 教学内容方面

（1）课程教学目标和阶段性教学目的（如每一项模拟演练活动的教学目的）是否明确；

（2）是否有清晰的、可行的教学大纲、授课计划，教材、教学参考书和其他教学辅助材料选用是否得当；

（3）教学重点、难点是否明确；

（4）教学内容是否充实，课堂讲授与模拟演练比例是否适当，等等。

2. 教学过程方面

（1）教学进度是否按照教学计划实施；

（2）教学情境是否具有"教、学、练、评"一体化特征，是否符合司法实践中真实案件的法庭审理实际；

(3)教学过程是否体现了"在实践中学习"法律技能的理念;

(4)教学过程是否体现了学生的主体地位,是否注重学生参与并鼓励、促使学生思考、提问和养成批判性思维;

(5)课堂气氛是否生动、民主,教与学是否有充分的互动;

(6)学生分组是否合理,模拟演练时间是否安排合理;

(7)模拟演练案例材料选择是否合适、是否有利于学生学习、掌握特定技能;

(8)课堂讲授与模拟演练比例安排是否恰当;

(9)教师的点评是否及时,对学生的提问是否及时予以解答,等等。

3. 教学方法与手段的评价

(1)教学方法是否多样化,是否能够根据教学内容灵活运用课堂讲授、演示、分组讨论、角色扮演、反馈和点评等多种教学方法;

(2)课堂气氛是否活跃、和谐,是否注重启发、引导学生,注重培养学生的综合能力,因材施教;

(3)是否能够运用不同的教学方法激发、鼓励学生的创造性思维;

(4)是否能够合理运用多媒体、影像资料等辅助教学手段,等等。

4. 教师教学素养评价

(1)教师是否爱岗敬业,备课是否充分,授课是否认真、投入,对教学内容是否熟悉;

(2)语言表达是否清晰,声音是否洪亮、生动、富有感染力;

(3)教师是否关心、尊重学生,是否公平、公正,言传身教;

(4)教师的教态是否自然,仪表是否整洁、大方,精神是否饱满,等等。

5. 教学成果方面的评价

(1)学生到课率是否高,学生课堂表现是否积极,参加模拟演练是否积极、兴趣浓厚;

(2)学生是否能够掌握学习方法,并能融会贯通地运用于课堂学习和演练中,是否有利于学生知识的更新、拓展和能力的提高;

(3)是否能够有效实现教学目标和阶段性教学目的,学生模拟演练的收获是否明显,各种技能掌握情况是否良好,等等。

(二)教师模拟演练设计、实施情况的评价

在模拟法庭教学过程中,学生的模拟演练环节非常重要。教师通过设计、组织、实施和评价学生模拟演练活动,使学生对每一项具体庭审技能的学习、掌握和运用落到实处,真正实现学生"在实践中学习(learning by doing)"的教学理念,突出学生在教学中的主体地位。模拟演练既是模拟法庭教学中一项重要的教学方法,又是该课程不可分割的重要组成部分。而模拟演练能否达到预期效果,直接取决于教师对模拟演练活动的设计是否科学、合理和可行,以及在教学过程中是否切实实施了模拟演练计划或方案。对教师就模拟演练的设计、组织和实施情况进行评价,有助于教师及时、有效掌握学生学

习情况并审视、反思模拟演练活动，及时发现问题、寻找对策解决问题，以真正达成模拟法庭教学目标。因此，这里将模拟演练设计、实施情况的评价单独进行讨论。

对教师模拟演练设计和实施情况的评价可以从以下三方面展开，而每个方面的评价可以细化为具体的评价指标进行：

1. 模拟演练的设计方面

评价主体在对教师模拟演练的设计进行评价时，可以考虑以下因素：

(1)每一项模拟演练活动的目的是否明确、具体，是否与课程教学目标相一致；

(2)教学(模拟演练)内容是否适合课堂演练；

(3)模拟演练素材的选择是否能充分实现模拟演练的目的；

(4)模拟演练的设计是否有针对性和可行性，是否能有效解决学生学习、掌握具体庭审技能中存在的问题或不足，学生能否通过模拟演练掌握、提高庭审技能，是否有其他更好的方法；

(5)模拟演练教学中使用什么教学方法，这些方法是否能有效实现教学目的；

(6)模拟演练的场地、时间和指导教师的安排是否合理，是否能够满足教学要求；

(7)模拟演练小组分组是否合理、可行；

(8)模拟演练实施方案的设计是否经济；

(9)模拟演练设计方案是否存有不足及如何改进，等等。

2. 教师模拟演练实施情况的评价

(1)模拟演练是否按照设计方案实施；

(2)模拟演练是否达到了预定的教学目的；

(3)各个模拟演练是否按照教学计划中的进度执行；

(4)教师对模拟演练的主导和引导情况如何，是否能根据学生演练的情况作适时、恰当的调整；

(5)教师和每个指导老师对学生的模拟演练是否能及时给予反馈与点评，反馈和点评意见是否明确、具体，是否指出了学生的不足和改进方向；

(6)学生通过模拟演练是否学习、掌握了庭审技能，学习、掌握了哪些庭审技能；

(7)学生对哪些庭审技能容易掌握，并分析原因；

(8)学生对哪些庭审技能不宜掌握，是否有具体对策帮助学生掌握，等等。

3. 教师模拟演练教学成果/效果的评价

(1)模拟演练的安排是否符合模拟法庭的教学目标和阶段性教学目的；

(2)模拟演练的内容安排是否符合司法实践的实际，是否具有关联性；

(3)模拟演练的素材的选择和编排能否满足学生从事实务工作的需求；

(4)模拟演练的内容是否能够提供新的观念与知识；

(5)模拟演练能否激励学生的学习兴趣和热情；

(6)模拟演练时间安排是否充足；

(7)参与模拟演练的学生人数是否足够，占到学生总数的比例是否足够；

(8)模拟演练中教师讲解和点评能否引起学生的兴趣和关注，是否具有针对性；

(9)模拟演练场地的选择是否满足学习的要求；

(10)学生模拟演练成绩考核、评价方式是否能有效测量学生的学习成果，等等。

二、模拟法庭教学评价中对学生评价的内容

模拟法庭教学过程中对学生学习情况进行评价的内容是多方面的，既包括学生法学理论知识的掌握程度，也包括将法学理论知识运用于具体的案件事实、解决纠纷的实务能力，还应当包括学生是否具备基本的法律职业素养。①

(一)法学理论知识掌握程度和知识拓展能力的评价

一般地，模拟法庭课程不具体讲授实体法和诉讼法理论知识，它要求学生已经全面、系统地学习和掌握了刑法、民法、经济法、合同法、婚姻法、行政法、继承法等实体法和刑事诉讼法、民事诉讼法、行政诉讼法、证据法等程序法理论知识，在很多情况下，学生还学习、掌握了律师实务、法律文书等知识和基本技能；在教师指导下，学生将理论知识、实务知识和技能综合运用到具体案件，分析案件、解决纠纷、完成案件审判。因而，有扎实的法学理论知识是学生顺利、出色地完成模拟案件审判任务的前提。对学生法学理论知识进行评价，主要考查两个方面：一是学生对法学基础理论和有关部门法的基本概念、原理、原则的掌握程度，以及对各学科理论研究前沿和研究动态的关注程度和了解程度；二是对相关法律规范及条文的了解、理解程度。同时，模拟法庭教师还可以在教学过程中指导学生运用已有知识去获取新知识，并加强这方面知识拓展能力的培养和考查，以适应法学理论和立法不断变化的特点。

(二)综合法律实务能力的评价

模拟法庭综合实践能力的评价，主要考查学生将实体法和诉讼法理论知识运用于个案，分析问题、依照现行法律解决纠纷的综合性法律实务能力。

1. 分析问题能力和法律研究能力的评价

为了能够准确、有效地运用法律解决纠纷，学生必须具备法律分析和法律研究的

---

① 一些学者对模拟法庭教学评价的内容作了阐述。如认为对学生的评价主要包括两方面的内容：一是平时成绩，主要由出勤、训练的积极性等构成；二是综合成绩，是对学生在最后一次训练或表演时的综合素质的整体评价，包括：适用诉讼程序或法律文书是否规范；实体法运用是否准确，说理是否透彻；表达是否通顺流畅，用词是否贴切；是否具有较强的应变能力；团结合作的精神等(参见田建强：《模拟法庭教学的程序及评价体系》，《社会与法制》2011 年第 1 期下)。杨萍则认为模拟法庭教学评价内容包括知识、能力和职业素养三个方面。其中实践能力包括：程序意识和程序操作能力、用实体法解决争议的能力、证据意识和证据运用能力、语言表达和运用能力及法律文书写作能力等(参见杨萍：《模拟法庭教学评价内容和方法的探索与思考》，《江苏教育学院学报(社会科学版)》2009 年第 5 期)。

能力。首先，学生必须具备分析问题的能力。在模拟法庭教学中，一般不提供完整的案情介绍，只有基本的证据材料，学生必须基于零散的证据材料，抽丝剥茧，对事实材料进行识别、归纳、筛选、分析和构建，分析案件所涉及的法律关系，从中提取案件的争议焦点。其次是法律研究能力，在分析案件事实、提炼案件争议点的基础上，学生需要查找并研究相关法律规则的各种渊源，包括相关的实体法、程序法及司法解释，有关的部门性或地方性法规，还要阅读相关法律问题的理论性论著和文章，查阅审判案例，特别需要关注和研究最高人民法院所公布的同类案件审判的指导案例。最后，在事实分析、法律研究的基础上，讨论、制定诉讼策略，拟定初步的代理/辩护思路和方案。

2. 证据意识及证据运用能力的评价

诉讼证据是能够证明案件真实情况的材料，它是诉讼当事人赢得有利于自己诉讼结果的利器，也是人民法院裁判案件、解决纠纷的根据。作为法律实践课程的模拟法庭，培养和训练学生的证据意识和证据运用能力是其主要的教学任务之一。相应地，学生的证据意识和证据运用能力也就成了教学评价内容的一个方面。

所谓证据意识，即“人们在社会生活和交往中对证据作用和价值的一种觉醒和知晓的心理状态，是人们在面对纠纷或处理争议时重视证据并自觉运用证据的心理觉悟”。① 证据乃“诉讼之王”，所有的诉讼都是围绕着证据的收集、审查和认定而展开的。通过模拟法庭课程的学习，学生对证据在案件事实的认定、纠纷的解决和案件的裁判中的作用有较为直接的、感性的认识，从而树立起初步的证据意识，养成作为法律职业人必备的重视证据、积极收集和保全证据、自觉运用证据来为当事人维护合法权益、解决纠纷的基本素质。

证据运用能力的评价，则是考查学生能否把证据的基本理念、原则、知识和证据法规则运用到不同案件的证据处理中，具体表现为证据的整理、甄别、举证、质证和认证等方面的能力。对学生证据运用能力可以分散在不同阶段且每个阶段着重不同的内容进行评价：

(1)庭前准备、讨论阶段：着重考查学生围绕案件争议点，能否理清各类证据的来源、运用次序和证明目的并制作证据清单；能否甄别利于己方的证据和不利于己方的证据；能否评估不利证据对己方诉讼主张的影响及如何减轻该不利影响；能否在庭审前就庭审中证据的质证、认证作充分准备，如列出需要在庭审调查阶段质证的证据及质证内容，准备质证时提问的问题等。

(2)庭审阶段，主要考查学生的质证、认证能力。比如，庭审前是否准备充分；质证时，能否围绕证据的真实性、关联性、合法性，针对证据证明力有无以及证明力大小，进行质疑、说明与辩驳；质证、认证能否围绕案件争议点展开，质证思路是否清晰。

(3)法庭辩论阶段，主要考查学生运用经法庭调查核实的证据支持其辩护意见或代理意见的能力。

---

① 何家弘：《证据意识漫谈》，《法学杂志》1998 年第 3 期。

3. 诉讼程序操作能力和诉讼技巧的评价

司法是公正的最后一道屏障。而公正的结果须以看得见的方式即公正的程序去实现，没有公正的程序很难得出公正的结果。[①] 在模拟法庭课程教学中，学生通过案件的模拟审判，在尽可能仿真的诉讼环境中，亲历起诉、受理、庭审前的准备、庭审、判决等环节，将所学的诉讼法知识运用于具体案件的处理中，强化其掌握的与审判有关的知识，尤其是诉讼程序规则和法庭审判规程，切身了解、体会诉讼程序对于人民法院审理案件和当事人实现诉权的意义及重要性，树立程序意识，基本掌握在诉讼不同阶段处理重要程序问题的能力，了解、掌握各种诉讼技巧。相应地，诉讼程序操作能力及诉讼技巧的评价可以围绕以下两个方面：

(1)诉讼程序相关问题的处理能力。主要考查学生能否遵守诉讼法程序规则，基于案件具体事实，在诉讼过程的不同阶段、环节，及时、有效地处理好程序相关问题，如递交诉状、提交答辩状、提出管辖权异议、提出回避申请、诉讼文书的送达、证据和财产的保全、按时举证，等等，以切实维护当事人合法权益。

(2)在法庭审理阶段程序操作能力的评价。程序操作能力的评价，会因不同的诉讼角色而有所侧重。例如，对于辩护人或代理人，主要考查学生能否遵守诉讼法程序规则和法庭审判规程，听从审判长指挥，在法庭调查阶段按照规定进行举证、质证，在法庭辩论阶段基于事实和法律适用等开展辩论。如果由学生担任审判长主持审判，则需强调程序的中立性和平等性的意识，具体地说，第一，审判人员在诉讼过程中要保持中立立场，不偏袒任何一方当事人；第二，审判要充分保障双方当事人享有平等的诉讼权利，给予各方当事人平等参与的机会，对各方的主张、意见和证据给予同等的尊重和关注，不得以言语和行为表现出任何歧视，不得赋予任何一方法外特权。程序的及时性和公开性的运用和把握可能会受到有限教学时间和课堂教学的局限，但是，学生通过课程学习，必须树立起及时、公开的诉讼程序意识。

4. 诉讼技巧的掌握与运用

仅靠模拟法庭课程并不能使学生成为老练的律师，但可以让学生了解法庭审理过程中代理或辩护的基本技能和学会运用这类技能，包括对案件的陈述、对权利的主张、举证和质证、法庭询问(证人/对方当事人)、法庭辩论等诉讼技巧。比如，法庭辩论与法庭调查、证据质证是不可分割的；两者或环环相扣，或前后呼应。在法庭调查中，主要是举证和质证，事先一定要有一个举证、质证的基本思路，并拟好质证、提问大纲，在庭上则要不失时机地寻找对己方当事人有利的线索和机会，同时要善于发现对方举证中的漏洞甚至矛盾。在法庭辩论中，则要围绕案件争议点，运用证据，抓住重点，击中要害，进行有针对性的辩论。

---

① 王大人、曾粤兴：《正义的诉求——辛普森案和中国杜培武案的比较》，法律出版社 2003 年版，第 7 页。

5. 口头表达和说服能力

诉讼的事实是过去的事件或事务在法庭上的重构，由于角度和利益的不同，通常案件当事人会形成不同的事实描述，对法律的适用也会各持己见，且任何一方都坚持己方是正确的，并试图影响、说服法官作出有利于自己的诉讼判决。这就要求代理律师或辩护人具备良好的口头表达能力和说服能力。在模拟法庭教学过程中，教师就学生的口头表达和说服能力，尤其是法庭辩论的技巧和能力，应该着重从以下几个方面进行训练，相应地，就口头表达和说服能力的评价也可就此展开：

(1)要敢于表达。作为律师，要敢于面对公众表达自己的思想、观点，无论案情多么重大复杂，不管旁听人员是否众多，都要把辩护和代理意见充分表达，不能因为任何原因，特别是不能因为胆怯不敢说出自己应该说的话，不敢履行自己应尽的职责。

(2)要说得明白。能说明白的前提是充分细致地研读案件材料、相关法律规范和学理著述，对整个案件有准确、清晰、全面的认识。在此基础上，整理出一个清晰的辩护或代理思路，制作书面辩护或代理材料，然后用准确、简洁的语言(简洁易懂的"法言法语")发表辩护或代理意见。要做到深入浅出，让法庭和听众能够明白你的辩护依据是确实充分的，辩护结论是可信可靠的。

(3)要辩得精彩。缜密的逻辑思维是法庭辩论精彩与成功的一个重要因素。法庭辩论实际上是律师向法庭和全体诉讼参加人陈述己方立场并反驳对方观点所发表的公开演说，律师首先必须根据案件事实和有关法律法规来阐明观点，始终围绕案件争议焦点，掌握论辩的"主攻"方向，做到有理有据。

(4)要养成良好的谈吐和得体的举止。一个具有良好的谈吐素质和得体举止的律师，在发表辩护或代理意见时，要充满自信，表达流利，节奏得当，抑扬顿挫，不卑不亢。在辩论得势时，不忘乎所以，轻视对方；在失利时，不惊慌失措，手忙脚乱。同时辩论中不要对对方进行人身攻击。

(三)法律文书写作能力的评价

法律文书写作是法律职业人最基本的技能之一。在模拟法庭教学过程中，教师一般只是提供案例的基本情况和各方主要证据，并不将所有案卷材料尤其是法律文书资料交予学生，以避免学生模仿照抄从而无法完成预定的教学目标的现象。因而，在整个模拟法庭教学过程中，模拟案件的处理使得学生获得一个良好的写作训练过程，学生需要在教师指导下独立完成一系列的法律文书的写作任务，法律文书写作贯穿整个模拟法庭的教学过程，对学生在文书写作中表现出来的能力评价自然也成了模拟法庭教学评价的一个重要方面。

法律文书的具体种类因案件的性质不同而有所差异。民事、行政案件需准备的法律文书包括：起诉状、答辩状、代理词、授权委托书、法定代表人身份证明、判决书等；刑事案件中主要的法律文书则有：起诉书、公诉词、辩护词、判决书等。各类法律文书的内容、侧重点、写作规范与要求也有所不同。比如，就民事起诉状而言，应当至少载明下列事项:(1)当事人的基本信息;(2)诉讼请求所依据的事实及理由;(3)以案情资料为限,运用证据证明所主张的事实,指出援引的法律根据,并进行深入的法律分析;分析中可引用学理观点,但须注明出处。而就民事答辩状而言,应当至少载明:(1)当事人的基本信息;(2)答辩意见所依据的事实及理由;(3)以案情资料为限,运用证据证明所主张的事实,指出援引的法律根据,并进行深入的法律分析;(4)对原告主张的事实、证据及法律根据提出反驳意见,并阐明理由和根据;若引用学理观点的,须注明出处。

不同法律文书写作内容和要求固然有差异,然而,对学生法律文书写作能力的总体评价可以着重三个方面:分析与说理、归纳和总结及文字表达能力。

(四)法律职业素养和团队合作精神的评价

1. 法律职业基本素养

模拟法庭虽然并非真实案件的审判,但为学生提供了不同类型案件审理、判决的"仿真情境",教师应注重对学生作为法律职业人的职业素养和行为操守的培养和强化,并将其作为学生学习评价的一个重要方面贯穿于教学过程的始终。法律职业基本素养的评价内容主要包括:尊重事实、尊重法律;积极为当事人维护合法权益,恪尽职守;遵守诉讼程序规则和法庭工作规程;尊重他人(法官、检察官、各方当事人及其律师和其他诉讼参与人员);保守国家秘密、商业秘密和他人个人隐私,等等。

2. 团队合作精神

模拟法庭教学往往是把学生分成若干组、每个组扮演不同的角色,共同完成教学任务。相应地,会有审判组,原告及其代理人组(或公诉组),被告组(或被告人及其辩护人组)和第三人及其代理人组,被害人、证人、鉴定人等也可以单独分组,或插入以上几组。每个组一般由2—3人或以上组成(视学生总数而定)。为了顺利完成教学任务,圆满完成各组的预定任务,组员之间的团结合作、齐心协力就显得尤为重要。团队合作精神评价的具体内容包括:(1)整个团队的管理能力,包括任务的分解、分配,工作时间表的制定,小组讨论的组织、引导和事后总结、整理。(2)各个成员的团结合作意识和能力,包括组员各自能否按时保质完成所分配到的任务,是否积极、认真参加小组的讨论、训练等各项活动及其表现,是否及时、认真地对其他组员展开点评/评价,等等。

第二节 模拟法庭教学评价模式与方法

一、模拟法庭教学评价的模式选择

教学评价需要借助一定的方式、方法来完成。教学评价方法的选择和运用,可能会因教育理念和课程性质等的不同而有所不同。模拟法庭教师在选择和运用教学评价方法时，应当基于以下两方面的基本认识：首先，不存在最好的教学评价方式，只有最合适的评价方式；而教学评价方式适合与否取决于评价方式与评价目的、教学目标的匹配程度；其次，教学评价旨在推动课程与教学，只有将评价方式与教学内容紧密结合并渗透到教学过程的相应环节，才能建立起一个有效的提升教与学的评价体系，从而促进学生的学习。长期以来，传统的纸笔测验/考试是法学院校评价学生学习的主要方式，无论是实体法课程还是程序法课程，纸笔测验/考试都占据了主导地位。然而，对于模拟法庭这一实践性法律课程而言，这种单一的评价方式无法真正检验、评定学生在课程中许多重要的学习情况和学习结果，尤其无法客观、准确、有效地判断和评价学生在办理案件过程中所需的各种法律技能的掌握和动态运用情况，以及应该具备的法律职业素养。因此，模拟法庭教师需要构建一个科学完善的评价体系，选择和运用最适合于实现课程教学目标的评价方式，以便能检测、判断、评定教学过程中复杂的学习情况，促进教与学，推动课程的良性发展。

基于模拟法庭课程的性质与特点，尤其是基于课程教学目标，模拟法庭教师应当采取评价主体多元、评价内容全面和评价方法多样的形成性评价，同时辅之以总结性评价的评价模式。

（一）形成性评价与总结性评价的区分

形成性教学评价（formative evaluation）和总结性教学评价（summative evaluation）是教育学上根据评价的目的所做的区分，这两个概念是由美国著名教育学家和心理学家斯克里文（Scriven M.）在其1967年所著的《评价方法论》中首先提出来的。[①] 按照斯克里文的观点，形成性评价是通过诊断教育方案或计划、教育过程与活动中存在的问题，为正在进行的教育活动提供反馈信息，以提高实践中正在进行的教育活动质量的评价。而总结性评价是在教育活动发生后关于教育效果的判断。

形成性评价与总结性评价的以下主要不同点值得关注：

1. 目的不同

美国著名的教育心理学家布卢姆（Bloom B. S.）对形成性评价的目的有很精彩的阐述，他认为，形成性和总结性评价相区别的“明显的特征在于目的（期望的用途）”，具体说来，“形成性观察的主要目的是决定给定的学习任务被掌握的程度、未掌握的程度”“它的目的不是为了对学习者分等或鉴定，而是帮助学生和教师把注意力集中在为进一步提高所必需的学习上”。[②] 总结性评价“指向更一般的等级评定”。它的直接目的是作出教育效果的判断，从而区别优劣、分出等级或鉴定合格。

2. 发生的时间段不同

形成性评价直接指向正在进行的教学活动，其宗旨是在教学过程中通过对学生学

---

① 陈玉锟：《教育评价学》，人民教育出版社2005年版，第130页。

② 同①，第134页。

习情况的观察、检测和评判，发现不足之处，以改进教学及促进学生更好地学习，因此，形成性评价只能发生于教学过程中，因而有些学者又将形成性评价称为“过程性评价”。总结性评价则考察最终效果，是对教学活动全过程的检验，一般在教学过程结束后进行。传统的纸笔期终测验/考试是典型的总结性评价方式。

3. 评价结果的概括化程度的要求不同

由于形成性评价是尽可能真实、全面地检验、评判学生在教学过程中的学习、表现情况，对学生就学习内容的掌握程度和未掌握程度所做的尽可能客观的评价，目的在于为学生进一步学习和改进提供方向和指导，因而，形成性评价主要是分析性的，教师或其他评价主体可以根据评价标准描述学生的表现和努力的方向，属于“质化”评价，而不是简单用分数或等级概括地评价学生的学习情况。而总结性评价是综合性的，评价结果往往有较高的概括化程度。①

（二）形成性评价为主、总结性评价为辅的模拟法庭教学评价模式

模拟法庭教学模式的核心是学生边学习、边实践、边提高。在模拟法庭教学过程中，评价的目的不是分出优劣，而是客观、全面和有效地观察、检测、判断和评定学生的学习情况，鼓励和强化学生学习中的长处或优势，及时跟踪、发现学生在学习中的不足之处并提出改进的方向和具体建议，促进学生学习和提高，总结性评价单一的评价方式显然是无法胜任的。模拟法庭教师应当采用形成性评价为主、总结性评价为辅的评价模式，注重教学过程中的评价，充分发挥学生在教学评价中的作用，最大限度地发挥教学评价的作用。

1. 模拟法庭应采取形成性评价的主评价方式，注重过程评价

形成性评价方式的优势在于，在教学过程中，评价主体通过观察、检测、评断学生学习情况，及时反馈学生学习成功与不足的信息，注重强化学生学习的成功之处。模拟法庭教学，旨在培养、训练和强化学生办理案件的各项实务技能，养成法律职业的基本素养，是对学生综合能力和专业素质的训练和培养，形成性评价能很好地适应模拟法庭教学的需要，在教学过程中，在不同的教学环节，针对学生对不同技能的学习和掌握情况及时提出反馈、评定意见，以便其进一步肯定优点和提高能力，改进不足和缺点，有效实现教学目标。

模拟法庭教学评价应当贯穿于教学过程中，针对教学内容，可以将教学过程加以分割、分解，对不同过程、环节学生的学习情况进行评价。一般地，模拟法庭教学及其评价可以主要分成四个阶段或环节，对学生在这四个阶段或环节不同技能的学习、掌握情况进行评价：

（1）庭前准备阶段。该阶段着重培养学生将法学理论知识运用于具体案件、分析

---

① 参见陈玉锟：《教育评价学》，人民教育出版社2005年版，第134页。

问题（如案件争议点的归纳、有利于或不利于当事人诉讼主张的事实和证据的甄别等）并解决纠纷的能力，基于案情的调查与法律研究的能力，组织能力，等等。

（2）开庭审理训练阶段。该阶段是指学生表演完整的“庭审”之前的教学过程，着重培养和训练学生的表达能力、思辨能力和口头辩论能力。如，法庭调查中询问证人和质证其他证据的能力、辩论的能力和应变能力等。还应该根据学生所扮演的不同角色突出对其相应能力的培养和训练，如作为法官尤其审判长，应当具备对庭审的组织和指挥能力；对辩护人或代理人，则应当着重训练法庭辩论、询问当事人或证人及质证其他证据的能力。

（3）法律文书写作环节。法律文书写作主要培养学生的文字表达能力和总结能力，同时掌握不同文书的写作规范和要求。

（4）正式开庭审理阶段。该阶段主要是指学生经过一个学期的学习后呈现的一台完整的“仿真”法庭审理。

对学生法学理论知识掌握情况的评价可以贯穿于以上四个阶段或环节之中。而且，在对各种法庭实务技能进行培养、训练的同时，模拟法庭教学还应在各个阶段或环节注重对学生法律职业素养方面的培养并进行相应的评价。法律职业素养包括：团队合作的精神，积极为当事人维护合法权益，尊重事实与法律，遵守诉讼程序规则，尊重他人，保守国家秘密、商业秘密和个人隐私，等等。

2. 模拟法庭可以采取总结性评价方式，评价课程学习效果

除了形成性评价，模拟法庭教学还应当运用总结性评价方式评价课程教学效果。模拟法庭教学的总结性评价是对学生学习掌握情况和教师教学效果的综合评价，一般发生在模拟法庭教学最后阶段，由评价主体观摩学生呈现的完整的庭审之后，基于教学目标并根据评价标准，对学生在庭审中的表现及庭审的整体情况所做的评价。

3. 模拟法庭教学评价主体应当多元化，教师、学生和外聘专家共同参与评价

传统上，教学评价往往由教师独掌，主体比较单一，尤其是忽略了学生在教学评价中的地位。这一现象与长期以来把学生当成被动的学习者、知识的被动接受者有很大关系。现代教学理论强调学生在教学中的主体地位，学生是学习的主体，是知识的探索者，而教师则是学习的引导者、鼓励者和推动者。与此相适应，模拟法庭教师应当充分发挥学生在教学评价中的作用，积极开展学生自我评价和学生相互评价，并将评价活动作为其学习的一部分，学会观察、反省、剖析和客观评判自身和同伴在学习中的长处与不足，这对于学生的今后职业发展也非常有利。除了教师和学生评价，模拟法庭还应吸收富有经验并有志于投身法律教育的校外专家（如资深法官、检察官、律师及其他专家学者）到教学活动及其评价中来，为学生的学习进步提供支持。

二、模拟法庭教学评价主体及评价方法

(一)教师教学情况的评价主体及评价方法

1. 教师自我评价

教师自我评价主要是教师通过观察、记录教学实践中教与学的动态情况和经验,在反思的基础上,进行批判性和总结性分析,发现在教学设计、实施等环节的长处和不足,以达到改进教学的目的。因此,教师的自我评价也应当贯穿于教学过程的各个环节。

2. 学生

学生是教学活动的主体,因而学生应当是教师评价的主导完成者。学生对教学活动的评价意见和反馈意见,有助于教师及时调整实践教学策略和方案,提高教学效果。对教师的评价内容可以按照上一节讨论的对教师的评价内容展开,可以主要由学生填写评价表格或由教师及教学管理部门向学生开展问卷调查等方式来进行。

(1)教师综合教学能力和素养评价

对教师综合教学能力和素养的评价,可以按照评价的内容和应当考虑的因素或指标,制作评价表(参见表 5.1),通过发放给学生和其他评价主体进行评价。

表 5.1 教师综合教学能力和素养评价表

评价层次	评价指标		分值	评价等级					评价主体
	一级指标	二级指标		A (1.0)	B (0.8)	C (0.6)	D (0.4)	E (0.2)	
课程实施阶段	教学内容(15 分)	有明确的课程教学目标和阶段性教学目的	4						
		明确的课堂教学大纲、授课计划,教材、参考书选用适当	3						
		教学重点、难点明确	4						
		教学内容充实,精讲多练,讲授与演练模拟比例适当	4						
	教学过程评价(35 分)	能够设计“教、学、练、评”一体化的教学情境,符合司法实践中真实案件的法庭审理情景	4						
		能够体现“在实践中学习”的理念	4						
		能够体现学生为主体,注重学生参与,鼓励学生思考、质疑	4						

续　表

评价层次	评价指标：一级指标	评价指标：二级指标	分值	评价等级：A（1.0）	评价等级：B（0.8）	评价等级：C（0.6）	评价等级：D（0.4）	评价等级：E（0.2）	评价主体
课程实施阶段	教学过程评价（35分）	课堂气氛和谐民主，教与学有充分的互动	4						
		学生分组合理，训练时间安排合理	3						
		模拟演练案例选择合适	4						
		教学环节完整，课堂教学与模拟演练活动组织有序	4						
		教学内容切实按照教学目标实施	4						
		教师的点评及时、恰当，积极答疑	4						
课程结束阶段	教学方法与手段（20分）	教学方法多样化，能够灵活地运用课堂讲授、演示、分组讨论、角色扮演、反馈等多种教学方法	5						
		课堂气氛活跃，注重启发引导，培养综合能力，因材施教	5						
		能够鼓励学生的创造性思维	5						
		能够合理运用多媒体、影像资料等辅助教学手段	5						
	教师教学素养评价（20分）	热心教学，备课充分、授课认真投入	5						
		语言清晰，声音洪亮，生动、富有感染力	5						
		教师仪表整洁，教态自然，精神饱满	5						
		教师尊重、关心学生，公平公正，言传身教	5						
	教学成果（10分）	学生课堂表现积极性高，到课率高，参加演练兴趣浓	2						
		学生掌握学习方法，并能融会贯通地进行应用，不断更新知识	4						
		有效实现教学目标，学生学习演练收获大	4						

（2）模拟演练的设计、实施和效果评价

模拟演练是否有效开展，直接关系到模拟法庭课程教学目标的达成，直接影响到学生各种庭审技能的掌握和提高。而模拟演练的设计、实施及其效果如何，学生具有主要发言权。对模拟演练的评价，可以在每一项技能的模拟演练结束之后由学生进行评价，还可以在课程结束之后对全部技能的模拟演练及整台模拟法庭审判的情况进行评价。

上一节我们详细讨论了对于模拟演练的设计、实施及其效果三方面的评价内容及其因素，这些评价的内容及其因素或指标可以制成表格并分配不同的分值，由学生或其他评价主体进行评价。比如，在模拟法庭课堂教学结束以及学生完成了最后的完整的模拟法庭审判任务后，教师可以向学生发放以下表格用以评估、评价学生对自己在学习了模拟法庭课程后的收获进行评价（参见表 5.2），供参考。

表 5.2 模拟演练的设计、实施和效果评价表

评价内容	很强（10 分）	较强（8 分）	一般（5 分）	不好（3 分）	理由简要说明
模拟演练的内容安排与司法实践的关联度					
模拟演练的内容能够提供新的观念与知识					
模拟演练的内容可以适用于实际工作					
模拟演练素材的编排能满足学生的实务需求					
模拟演练所选择的素材能激励学生的学习兴趣					
模拟演练成绩考核评价方式可以有效测量学生的学习成果					
模拟演练时间安排充足					
参与模拟演练的学生人数足够					
模拟演练的安排符合模拟法庭的教学目标					
模拟演练中教师讲解方法和点评方法能引起学生的兴趣和关注					
模拟演练场地的选择能满足学习的要求					

3. 教学督导或同行

教学督导或同行（其他从事法律实践教学的教师）也是对教师综合能力和素养及模拟演练等其他教学活动进行评价的重要主体。

此外，学校或学院教学管理人员也可以对模拟法庭课程的教学进行评价。

（二）学生学习情况的评价主体及评价方法

1. 学生自我评价

学生自我评价的主体是学生自己，评价的客体是其自身的学习行为与学习结果，即学生在学习过程中，对自身学习的表现、理论知识的运用情况、法律技能的掌握情况及预定的学习目标（教学目标）是否达成等方面做的评价。学生自我评价的具体方法可以多样化，但以形成性评价为主：

（1）叙述式自我评价和表格式自我评价。就叙述式评价而言，比如有条件的法学院校可以将学生在模拟法庭教学中的训练场景以及最后的模拟法庭庭审过程录像，要求学生事后观看，并对自身表现作出 1—2 页的书面评价。评价内容包括学生对自身表现的优点、不足及改进方面的思考。没有条件录像的，教师也可以要求学生结合课中或训练中其他同学和老师的反馈在课后及时回顾、反省和评价自身的表现。而表格式评价，是学生利用课程进程中教师提供的就整个课程学习、某一教学环节或事项预先设计的表格，就每一项评价指标根据自身表现、体会和收获所做出的反馈、评价。①

(2)模拟法庭教师可以要求学生建立课程学习档案袋(portfolio)。在学期初，教师要求学生建立课程学习档案，记录模拟法庭学习过程，收录自我评价和同学、教师对自身的评价资料。教师还可以要求学生定期(如一个月)对自身的学习状态和进展做一个动态记录。具体地说，在课程学习之初，由学生评估自身的优势和弱势，明确学习目标和努力方向；一段时间(如两周或一个月之后)，反省过去的时间做了什么，有什么收获，学习中有什么问题，哪些方面还需加强，下一阶段的努力方向等；以此类推，直至学期结束。这些动态记录也应该收录于学习档案袋之中。课程学习档案袋的主要作用在于培养学生自我管理、自主学习的能力，促进学生不断检查、反省自身学习情况，监测学习过程，明确努力方向，从而提高学习效果。

学生的自我评价和课程学习档案袋应该成为教师评价的内容之一，评价学生对待自我评价的态度、是否按要求完成相应任务及完成的情况。

2. 学生相互评价

模拟法庭教学往往将学生分成若干组进行，因而组员之间的评价是学生相互评价的主要形式。当然，学生相互评价还可以在更大范围内进行，如模拟法庭旁听学生对模拟法庭中“表演”的个体学生进行评价，以及对整台模拟法庭审判的开展情况进行评价。学生相互评价可以包括学生对其他学生在模拟法庭各训练、准备阶段中的表现和法律文书的写作等。值得强调的是，教师应当为学生相互评价提供评价规则和标准，以保证评价的客观、有效。

3. 教师评价

模拟法庭任课教师对学生的评价应该是全方位并贯穿于教学始终的。教师不但应当对学生个体在各阶段或环节的表现进行评价，还应当以小组为单位进行集体评价(如小组的团队管理能力和团结合作情况的评价)；既重视学期最后的模拟法庭审判活动的总结性评价，更要注重教学过程中在不同阶段和环节对学生学习情况的形成性评价。即使在对模拟法庭审判活动进行总结性评价、对整个庭审活动进行全面总结时，还要针对学生在模拟法庭活动中的出色表现进行表扬和肯定，就所表现出来的知识、能力和素质等方面的不足之处，分别提出切实有效的改进措施，切实帮助学生逐步完善法学知识，提高综合能力和职业素质。同时，对案件处理中的疑难问题、焦点问题，

---

① 本教材提供了一些可供学生、教师和其他评价主体使用的表格，具体请见相应章节。

教师要进行解释、分析，引导、鼓励学生进一步思考，以便于将学生学习的兴趣从庭内/课堂内继续延伸到庭外/课堂外，真正实现模拟法庭的教学目标。

4. 外聘专家评价

参与模拟法庭教学评价的校外专家应该是具备较为扎实的理论功底，丰富的司法实践经验，并热爱法学教育的法官、检察官和律师等。外聘专家可以作为外聘教师参与到教学过程中，在教学各个阶段或环节或某个阶段或环节对学生的学习情况和表现进行评价，也可以在课程结束阶段对模拟庭审活动进行评价。

第二编
模拟法庭知识篇

本编结合我国司法审判实践，集中介绍审判人员、公诉人员、辩护人（代理人）在案件审理中应当遵守的职业道德和基本司法礼仪；试图通过模拟法庭这种独特而生动的教学形式，传播公平、正义的理念；播种忠诚、文明和善良的种子。

第六章 法庭审判中的司法职业道德教育

司法职业道德是一种特殊的社会意识形态。它是从事司法工作的人们在特定的司法实践中形成的道德观念、道德规范和道德品质的总和。加强法学院校学生司法职业道德教育，是“依法治国”的社会主义民主与法制建设目标实现过程中的重要一环，是培养“四有”司法人才的基础。

目前，我国司法职业工作者主要依靠法律院校的培养，法律院校的学生是司法队伍的后备资源，他们的职业道德修养直接关系到司法工作的未来。司法职业伦理道德教育贯彻于法学教育的全过程，运用正确的行之有效的手段和方法，使法学院校学生的司法职业道德真正地提高，是将法学院校学生司法职业道德教育的内容转化为被教育者个人道德的关键和重要的环节。尽管传统上我国法学本科教育中也开有思想道德教育课，但其内容多集中于公众道德和政治素质的要求，法律职业伦理的特定性和特殊性被无声地淹没了，而且由于教育方法不当，思想道德教育的效果也是十分有限的。①

法律职业道德教育从根本上说是一种态度或情感教育，它以职业伦理道德知识的传授为基础，通过运用不同于一般知识传授和技能培养的教育方式，将伦理道德知识内化为学生的道德自觉。法律职业道德涉及的是法律职业活动中的人与人的关系，即法官、律师和当事人等不同角色的伦理关系。大量的职业道德规范需要法律职业人员通过亲身经历的关系形成。法律职业道德教育的这种独特性决定了法学教育必须寻求一种不同角色交往的教学方法，为学生提供情感体验的场所，使学生将道德认知内化为道德判断和推理能力，并最终促进学生道德人格养成。

司法职业道德的养成途径与知识、技能的传授完全不同，司法职业道德教育的主旨不是要求学生理解和记忆司法职业道德原则与规范的内容，而是要将司法职业道德的内容内化为法律职业者的品德，内化为法律职业者的自觉意识，他才会有稳定的行为，做到观念与行为的统一。而这种司法职业道德的内化不可能通过教师的说教而达到，空洞的说教只会引起学生的反感，使司法职业道德课程成为一个“空洞”和“笑话”，最终适得其反。因此只有把受教育者置于真实的法律职业活动中，在特定的情景中，

① 房绍坤、房文翠：《法学教育对法律职业道德意义的探讨》，《中国大学教学》2004年第10期。

他才能真正用整个身心去感悟法律职业的性质、意义，法律职业道德的力量。这种特定的体验式法律职业道德内化过程是必不可少的，其效果是课堂上的说教所难以比拟的。因此，对于法学专业学生的职业道德教育应该结合专业知识的教学进行体验式的教育。从这个意义上说，模拟法庭教学对培养法科学生的司法职业道德具有独特的价值和意义。模拟法庭教学通过图文声像并茂的多媒体手段，让学生在一种几乎真实的法律环境中，学习像法官、检察官或律师那样来阅读案例、从中寻找依据、进行逻辑推理、最终得出结论。这种学习方式接近法律实务，能充分感受因职业特色带给自己的职业责任感和职业道德感。从而有效地将忠诚、公正、清廉、文明的职业道德让学生通过多样化的法律实践去感知领悟并形成内心信念，从而实现道德养成的培养目标。

模拟法庭中的司法职业道德教学内容虽然具有职业道德课的性质，但它终归不是一般意义上专门的法律职业道德课程，而是针对法科学生专门开设的、旨在培养具有良好司法职业道德的法律人才的专业实践课程。如果在教学过程中忽视了庭审庭辩技能教学这一主线，过于偏重纯粹的司法职业道德的一般原理、一般规则的讲解，学生必然会认为该课程太抽象枯燥、脱离教学主题，教师讲授的内容与其所学专业和未来的工作性质相去甚远，学生的学习积极性和主动性就会大打折扣，教学效果可想而知。认识到这点，在模拟法庭教学中要十分注意处处围绕庭审庭辩技能教学这一主线展开，从促进司法公正的高度说明司法职业道德的重要性，紧紧围绕法律执业技能与司法职业道德之间的相互关系，教会学生用法律的眼光审视法律职业中的道德问题，以增强模拟法庭教学的现实性，激发学生学习的热情。

第一节　法庭审判中的审判员职业道德

从世界各国的实践来看，各个国家都通过各种途径对法官的行为和职业道德给予一定的约束和监督。总的来看，约束法官行为的基本方式主要有三个方面：一是刑事责任；二是纪律责任；三是职业道德责任。法官在执行职务中涉嫌犯罪所应当承担的刑事责任，在我国《刑法》有明确的规定；对于法官违反工作纪律所应当承担的纪律责任，我国《法官法》中也规定了相应的惩戒措施。所以，法官的职业道德是指基于法官职业特性，在长期司法实践中形成的对全体法官具有普遍约束力的道德观念、行为规范和习俗的总称。法官职业道德是调节法院内部法官之间的关系以及法官与社会各方面的行为准则，是评价法官职业行为的善恶、荣辱的标准，对法官具有特殊的约束力。世界上已有不少国家制定了法官的职业道德准则，即使没有制定成文的职业道德准则的国家，也在长期的司法实践中形成了严密的职业道德评价和约束机制。我国最高人民法院于 1995 年制定并于 2001 年 10 月修订后颁布的《中华人民共和国法官职业道德基本准则》，对于加强法官职业道德教育，提高法官队伍的素质，维护法官和人民法院的良好形象提供了制度保证。

对于法官职业道德的内容主要集中在公正、忠于宪法和法律、廉洁、文明、严谨方面。但是其中最为核心的当属司法公正。保障司法公正，就是要求法官在履行职责时，应当公平地对待当事人及其利益，公正地裁决案件，并以公正的态度处理一切与审判工作相关的司法事务，保持公正的形象。在诉讼中，公正包括两层意思，一是法官不能自己审理自己，不得审理与自己有利害关系的案件，审判人员应当是公正无私的。二是应当平等地通知当事人各方，让他们准备陈述和答辩，允许被告为自己辩护，给当事人以同等的权利和机会来接受审判。①

为了保证法官能够公正裁决，根据我国《法官职业道德基本准则》第一条至第十七条的规定，法官应当自觉遵守以下原则：

一、自觉地维护法院的独立审判权

法院独立行使审判权是保障司法公正的重要措施。我国宪法规定：人民法院独立进行审判，只服从法律。这就是我国的审判独立原则。法官必须认识司法独立原则对人民权利和社会正义的重要性，独立履行司法职责，采取一切适当措施维护审判独立，抵制不正当干扰，树立司法公信力，促进司法职能在民主和法治中的积极作用。法官应当做到：

第一，自觉抵制案件当事人及其代理人、辩护人或者案外人利用各种社会关系的说情，坚持按照法律规定处理案件。

第二，在审判活动中，应当独立思考、自主判断，敢于坚持正确的意见。法官在审理案件过程中，应当避免受到行政机关、各种团体以及新闻媒体、公众舆论的不当影响。

第三，除了自觉坚持独立审判，法官还应当自觉尊重其他法官独立的权利并做到：

首先，除非基于履行审判职责或者通过适当的程序，不得对其他法官正在审理的案件发表评论，不得对与自己有利害关系的案件提出处理意见和建议。

其次，不得擅自过问或者干预下级人民法院正在审理的案件。

再次，不得向上级法院就二审案件提出个人的处理意见和建议。

最后，法官除了履行审批职责或者管理职责外，不得探询其他法官承办案件的审理情况和有关信息。不得向当事人或者代理人、辩护人泄露或者提供有关案件的审理情况、承办案件法官的联系方式和其他有关信息；不得为当事人或者代理人、辩护人联系和介绍承办案件的法官。

---

① 杨一平：《司法正义论》，法律出版社 1999 年版，第 30 页。

二、切实做到实体公正和程序公正

实体公正要求法官在认定案件的性质、对案件事实及证据的认定和实体法的适用方面，应当客观并严格按照法律的规定判决，杜绝主观臆断。

实体公正是司法公正的重要核心内容，具体要求包括：

第一，坚持以事实为依据，以法律为准绳的原则。法官审判案件时，在证据的认定、案件性质的认定、法律责任的确定等各个环节都必须以事实为依据，以法律为准绳，秉公办案，不得徇私枉法。

第二，法官必须维护法律的权威，正确对待自由裁量。法官应当遵守宪法与法律，忠于职守，树立高度的责任感，正确行使审判权，正确认定案件事实，法官的自由裁量权必须在法律规定的范围内行使，杜绝滥用法律和有法不依的情况。坚持适用法律一律平等的原则，杜绝特权和歧视现象的存在。

第三，耐心地说服教育，及时与当事人进行必要的沟通。法官针对当事人实体权利和诉讼权利所采取的有关措施和裁决应当依法说明理由，特别是有关判决结论的推理说明，避免主观、片面地作出结论或者采取措施。

法官不得违背当事人意愿，以不正当手段迫使当事人撤诉或者接受调解。这是因为在民事案件的审理中，法官可以通过判决终结案件，也可以通过调解的方式终结案件，所不同的是，法院判决实行两审终审制，而调解的案件，调解书自双方当事人签收后，即发生法律效力。依据《民事诉讼法》的规定，对于生效的调解书，当事人不得上诉。因此，调解是尽快结束案件审理的最佳方法，但是，调解应完全建立在当事人自愿的基础上。撤诉，也是当事人的合法权利，如果法官违背当事人意愿，以不正当手段迫使或者诱导当事人接受调解或者撤诉，意味着法官限制了当事人的权利，最终可能影响司法公正。

程序公正要求法官平等对待诉讼当事人，严格按照法律规定的程序进行审判。程序公正是司法公正的重要内容。坚持程序公正是尊重诉讼当事人的人格尊严、权利主体的地位以及保障诉讼当事人合法权益的必然要求，同时坚持程序公正有助于使所有案件的利害关系人接受和尊重法院的裁决结果，可以有效降低当事人不满和抵触情绪，最终使社会公众信任和尊重整个裁决的过程和结论，具体要求包括以下几个方面：

第一，严格按照程序法的规定，审理各种案件。无论是刑事诉讼法还是民事诉讼法、行政诉讼法，其制度设计的主要价值在于保障司法公正，保障相关的实体法得到严格的实施。所以，严格按照程序法规审理案件，就是保障司法公正的具体表现。

第二，法官审理案件应当保持中立。在宣判前，不得通过言语、表情或者行为流露自己对裁决结果的观点或者态度。调解案件应当依法进行，并注意言行审慎，避免当事人和其他诉讼参与人对其公正性产生合理的怀疑。坚持中立是保证公正裁决的最佳选择，只有在立场上保持中立，才能在认定事实、适用法律方面做到客观、不偏不倚。

第三，坚持审判公开。审判公开，是现代诉讼的基本原则之一。我国民事诉讼法和刑事诉讼法均规定：除法定情形外，法院审判应当公开。所谓审判公开，是指法院的审判向社会公开，向当事人公开，允许公民旁听，允许新闻媒体采访；法院开庭审判前必须依法公告。只有涉及国家秘密，当事人隐私和商业秘密，以及法律规定的特定情形才可以不公开审判。坚持审判公开制度，使人民法院的审判活动置于公众的监督之下，有利于增强审判人员依法办案的意识，加强审判人员的责任感，促使他们正确地行使审判权。

保证平等对待双方当事人。平等地对待诉讼当事人最基本的要求是：人民法院审理案件，对所有的诉讼当事人，在适用法律上一律平等；任何诉讼当事人的正当权利和合法权益受到分割，都应当受到法律保护，任何违法行为，都应当受到法律制裁；诉讼当事人享有对等的诉讼权利，也承担对等的诉讼义务；法官不能剥夺或限制一方当事人的诉讼权利，而容忍另一方当事人滥用诉讼权利或享有法定权利以外的某些特权。更高一层的要求是：法官在履行职务过程中，应当平等对待当事人和其他诉讼参与人，不得以言语和行为表示出任何歧视，并有义务制止和纠正诉讼参与人和其他人员的任何歧视性言行。当然，在坚持平等对待双方当事人的同时，还应当充分注意到由于诉讼参与人和当事人的民族、种族、性别、职业、宗教信仰、教育程度、健康状况和居住地等因素而可能产生的差别，保障诉讼各方平等地位，充分地行使诉讼权利。特别是对待弱势群体，不能有明显的忽视和歧视。在审判活动中，不得私自单独会见一方当事人及其代理人。

第四，自觉遵守回避制度，排除一切可能影响公正裁决的因素。

所谓回避是指审判人员或有关人员，遇有法律规定的情况，不得参加案件的审理或不得参与有关诉讼活动的制度。任何案件的公正审理，一个重要的条件是审判人员必须做到公正审判。但事实上，审判人员并不生活在真空中，他们除了具有审判人员的身份外，还存在各种各样的社会关系，如亲属、同学、朋友等，这些关系的存在决定他们有可能与他们所要审理的案件发生某种联系，这种联系有可能导致他们对案件审理的不公正，或者在客观上容易使当事人对审判的公正性产生怀疑。因此，回避制度是为了保证案件公正审判而设立的。当出现法定的回避情形时，法官应当主动提出回避的申请。根据我国民事诉讼法和刑事诉讼法的规定，存在下列三种情形时，法官必须主动提出回避申请：(1)法官是本案的当事人或者当事人、诉讼代理人的近亲属；(2)法官与本案有利害关系；(3)法官与本案的当事人有其他关系，可能影响案件公正审理的。

一个追求公正审判的法官，除了具备法定情形主动回避以外，如果还存在其他一些情形，法官认为自己审理案件时可能引起公众对该案件公正裁决产生合理怀疑的，也应当提出不宜审理案件的请求。法官主动提出回避，是消除当事人疑虑，获得当事人信任的最佳措施。

三、自觉维护司法公正

法官在公众场合和新闻媒体上，不得发布有损生效判决的严肃性和权威性的评论，如果认为生效裁决或者审判工作中存在问题的，可以向本院院长报告或者向有关法院反映。如果法官根据获得的情况确信，其他法官有可能或已经违反法官职业道德，或者其他法律工作者有可能或已经违反职业道德，影响司法公正的，应当采取适当的措施向有关部门或者机关反映。

四、提高司法效率

提高司法效率，是指法官应当勤勉敬业，全身心地致力于履行职责，不得因个人的事务、日程安排或者其他行为影响职责的正常履行，西方有句法律格言："迟到的正义乃非正义。"所以，法官应当迅速、便捷、高效地履行司法职责，消除拖拉作风，严守审判时限的规定，积极探索提高审判效率的途径，节约司法资源，减低司法成本。

司法效率低，既有主观上的原因，也有客观上的原因，无论什么原因，司法效率低的直接后果是：增加当事人的诉讼成本，损害当事人的利益，浪费司法资源，增加国家财税负担。造成司法效率低的主要原因包括：效率观念淡薄；法官怠于履行职责，办事拖拉；面对冲突激烈、复杂的案件，不愿通过积极的努力化解矛盾，果断裁决，而是希望通过拖延的方法，使得当事人身心疲惫不得不草率了事；协调组织能力差，不能在规定时间查清事实；工作技能落后，不能利用先进的技术手段进行工作，等等。提高司法效率的具体要求包括：

第一，树立效率意识：法官应当树立强烈的司法效率意识和诉讼经济意识，即每位法官应当充分、合理利用制度设计，通过其自身行为与其他法官、诉讼参与人、法院乃至全社会的共同行为，尽可能地缩短诉讼周期、简化诉讼程序、降低诉讼费用，在维护司法公正的同时，实现诉讼成本最小化。这可以避免给当事人以及诉讼参与人带来不必要的诉讼负担，也避免国家司法资源的不必要浪费。

第二，法官严格遵守法律规定的诉讼期限，在法定期限内尽快地立案、审理、判决。

效率与经济是相互关联的，诉讼经济原则是现代诉讼追求的价值目标之一，实现诉讼的高质量和高效率一直是各国诉讼制度改革的重点内容之一。

注重司法效率，就要求法官应当努力做到：

首先，符合立案条件的案件应及时立案；

其次，案件受理后，法官应按照诉讼法规定的诉讼程序，及时、准确地进入案件的审理程序中，开庭时，注重庭审职权的发挥，限制不必要的提问和重复，以提高庭审效率，并应当在法定期限内作出裁决；

最后，必须遵守相应的案件审理期限。

遇有特别情况不能在法定审理期限内结案的，应当按照法定程序办理延长审理的手续，不得未经批准而超期审理。

法官必须杜绝粗心大意、无故拖延、贻误工作的行为，认真、及时、有效地完成本职工作，并做到合理地安排各项审判事务，提高诉讼效率。对于各项司法职责的履行都给予足够的重视，对于所承办的案件都给予同样审慎的关注，并且投入合理的、足够的时间；在保证审判质量的前提下，注意节省当事人及其代理人辩护的时间，注重与其他法官和其他工作人员共事的有效性；法官在审判活动中应当监督当事人遵守诉讼程序和各种时限规定，避免因诉讼参与人的原因导致不合理或者不必要的延误。法官在执行生效法律文书时，应当依法采取有效措施，尽快予以执行完毕。

需要指出的是，法官应当意识到：提高司法效率的前提是保障司法公正，没有效率的公正不是真正的公正，但没有公正的效率只能是机械的速度而已，减损司法公正而追求司法效率，无疑是本末倒置。无论在工作态度上还是工作制度上，效率绝不意味着法官可以粗心大意，草率行事，如果提高审判效率的结果是审判案件质量的严重减低，这种情况并非司法效率的本意，司法工作的效率最终要服从司法公正。

五、保持清正廉洁

法官在职业道德上的清正廉洁义务是指法官保持在物质利益和精神生活方面的纯洁与清廉，合理地处理公职与私利之间的关系，正确对待外部的不当利益，保持生活上的简朴，维护司法尊严和公信力。

要求法官保持清正廉洁，是因为法官的权力可以直接影响当事人的重要利益，当事人为了获得更多的利益，必然会利用各种手段谋求法官的支持，同样，法官如果背弃职业规范，也可以利用司法权力谋取不当的利益。而法官违反清正廉洁义务所造成的直接后果是损害法官的形象，严重影响司法公正性和公信力，因此，法官清正廉洁是保持司法公正和公信力的必然要求。

《法官基本道德准则》第 23 条至 30 条规定，法官应当自觉遵守以下几个方面的规则：

1. 不得主动利用职权获取不正当利益

具体包括法官在履行职责时，不得直接或者间接地利用职务和地位谋取任何不当利益；法官应当妥善处理个人事务，不得为了获取特殊照顾而有意披露自己的法官身份，不得利用法官的声誉和影响为了自己、亲属或者他人谋取利益。

2. 不得接受任何不正当的利益

包括法官不得接受当事人及其代理人、辩护人的现金和财物；不得接受当事人的宴请或参加当事人支付费用的娱乐活动；不得无偿使用当事人及其代理人、律师提供的交通工具、通讯工具等个人物品;不得接受当事人在购买商品、住房等方面比一般人更多的优惠;不得为当事人推荐、介绍代理人或者律师而从中获得任何利益。

3. 不得参加任何有损于法官廉洁形象的活动

包括法官不得参与可能导致公众对其个人廉洁形象产生不信任感的商业活动或者其他经济活动;不得兼任律师、企事业单位或者个人的法律顾问等职务;不得就未决案件给当事人及其代理人、辩护人提供咨询意见和法律意见。

4. 自觉执行保证法官清正廉洁的重要措施

包括法官必须向其家庭成员告知法官行为守则和职业道德要求,并督促家庭成员不得违反有关规定;法官应当按照国家有关规定如实申报财产;法官及其家庭成员的生活方式和水准,应当与他们的职位和收入相符并接受公众的监督;法官之间有夫妻关系、直系血亲关系、三代以内旁系血亲以及姻亲关系的,不得寻求同时担任同一人民法院或者上下相邻两级法院的某些法官职务。

第二节 法庭审判中的检察官职业道德

检察官职业道德是指检察官在其职务活动中必须遵守的道德规范和行为准则。我国历来都非常重视检察官的职业道德建设。1988 年最高人民检察院确定了“从严治检”方针,随后相继出台了“八要八不要”“九条硬性规定”等检察人员职业纪律。2002 年,最高人民检察院制定《检察官职业规范》,提出了“忠诚、公正、清廉、严明”四个规范,对规范检察人员职业行为,检察队伍建设发挥了重要作用。2009 年出台了《中华人民共和国检察官职业道德基本准则(试行)》,在总结以往检察官职业教育道德建设成果的基础上,重新确定检察官职业道德新的内涵——“忠诚、公正、清廉、文明”,进一步完善了社会主义道德体系,对弘扬秉公执法、清正廉明的正气,促进检察队伍整体素质的提高,全面推进人民检察事业,具有重要意义。

忠诚是检察官职业道德的基本要求,是检察官必备的政治品格。忠诚要求检察官必须忠诚于党,忠诚于国家,忠诚于人民,忠诚于宪法和法律。忠诚于党和国家就是要绝对服从党的领导,维护国家大局利益;忠诚于人民就是要恪尽职守,乐于奉献,全心全意为人民服务;忠诚于宪法和法律就是要自觉维护宪法和法律的尊严,始终坚持“以事实为依据,以法律为准绳”的基本原则。

公正是检察官职业道德的核心内容,是检察官根本的价值追求,公正要求检察官必须公正无私,严格执法,秉公办案,坚持以事实为依据,以法律为准绳,适用法律不偏不倚,不枉不纵,坚持法律面前人人平等,切实维护程序公正和实体公正,提高司法效率,增强监督效能,注重法律效果和社会效果的统一,为党和国家工作大局提供优质高效的服务,做公平正义的守护者。

廉洁是检察官职业道德的内在规定，是检察官应有的人格操守。清廉要求检察官清正廉洁，淡泊名利，不徇私情，自尊自重，做廉洁自律的表率。因为只有清廉、无私，才能正确对待和运用手中的权力，才能做到一身正气、两袖清风，才能维护检察机关的整体形象和检察公信力，实现个案的公正和社会的公平正义。

文明是检察官职业道德的应有之义，是检察官重要的纪律要求。此前，“严明”要求检察官严格执法，敢于监督，勇于纠错，体现出司法者高高在上、铁面无私的一面；而“文明”则要求检察官在办案中弘扬人文精神、体现人性关怀，做到执法理念、执法行为、执法作风和执法语言的文明，杜绝粗暴、野蛮的办案方式，体现了我国执法观念的进步，是时代发展的必需。

根据我国检察的实际业务，结合模拟法庭教学的实际需要，我们将检察官职业道德教学集中体现以下几个主要方面。

一、公平正义

公平正义是司法工作的灵魂和最高价值追求，也是检察工作的永恒主题。公平正义是检察官职业道德规范的核心内容，崇尚法治要求检察官在处理所有检察事务时，唯法不唯人，只遵照法律，排除一切法律以外因素的干扰，严格遵循有法可依，有法必依，执法必严，违法必究的法治原则，决不在法律之外，另立标准，决不姑息任何有法不依的行为。

检察官在履行职责中应保持客观公正是基于我国检察机关法律监督的性质以及检察官对法律的公正负责的“法律守护人”的定位。检察机关、检察官是站在法律监督者的立场，以保障法律的正确统一实施为目的的、客观公正的立场，对维护公平正义具有重要的意义。

保持客观公正，要求检察官做到以下方面：

首先，加强客观公正办案的自觉性。随着审判方式的改革，控辩双方在庭审中的对抗性不断加强，很容易导致检察官在片面追求胜诉的同时产生忽视客观公正的倾向。应当认识到，检察机关是法律监督机关，检察官应当以追求事实真相和公正司法作为基本目标。检察官在进行诉讼活动中不能从主观臆断出发，更不能从追诉犯罪的主观意向和追诉方的诉讼利益出发，而必须按照法定程序，客观、全面收集能够证明犯罪嫌疑人、被告人有罪或者无罪、犯罪情节轻重的各种证据，特别是对无罪证据、罪轻证据不能隐瞒。

其次，客观公正，杜绝检察官个人情绪。在侦查、起诉中检察官应具有客观态度，既注意维护被追诉人不利的方面，又注意对被追诉人有利的方面；既注意维护被害人的合法权益，又不能简单地站在被害人的立场进行诉讼活动。

最后，检察官必须正确处理与辩护方的关系，检察官有义务向辩护律师全面展示自己掌握的证据材料，尤其是对被告人有利的材料必须向辩护方披露和展示。

二、秉公执法办案

秉公执法办案是对检察官履行职责的最基本的要求，检察官履行职责主要是通过办案来实现的，可以说执法办案是检察工作的基本内容和实施法律监督的基本形式。

做到秉公执法办案，要求检察官做到以下几方面：

第一，秉持公心，维护公益。检察官在执法办案中必须以人民利益、国家利益、社会利益为最高利益，以维护公平正义为己任，保证统一、正确实施，维护法律的权威与尊严。

公益，即公共利益，包括人民利益、国家利益、社会利益。在现代法治国家，检察机关被称为"公共利益的代表"，维护公共利益是检察机关和检察官的立身之本。[①] 惩恶扬善，伸张正义。《检察官职业道德准则（试行）》第 14 条规定："坚守惩恶扬善，伸张正义的良知。"这一规定要求检察官具有：蓬勃向上的朝气、刚正不阿的锐气、惩恶扬善的正气，依法惩治破坏社会秩序、侵犯公民权利的违法犯罪行为，使正义得以彰显。

第二，不徇私情，排除私利。《检察官职业道德准则（试行）》第 15 条要求检察官"不为金钱所诱惑，不为人情所动摇，不为权势所屈服"。不徇私情、排除私利要求检察官在执法办案中杜绝金钱案、人情案、关系案。首先，检察官要秉承法律职业人的职业思维，正确处理情与法的关系。"法不容情"，法律职业的思维首先是服从规则，而不是听从情感。检察官同样拥有情感并捍卫情感，但必须在法律规则的范围内。其次，从执法公信力的角度正确认识规范执法的意义，正确处理公与私、义与利的关系，在办案中杜绝违法违纪的行为。其次，必须树立正确的执法观，始终坚持"立检为公、执法为民"，从思想解决"为谁执法、为谁服务"的问题。检察官执法一为公、二为民，只有这样，才能正确行使手中的权力。最后，要自觉遵守法定回避制度，对法定回避事由以外可能引起公众对办案公正产生合理怀疑的，应当主动请求回避。

三、强化程序观念

在现代社会，程序法是否完备并得到严格的遵守已成为衡量一个国家诉讼民主、司法公正、人权保障、法制文明的重要标志。在我国，司法机关受传统司法文化的影响，长期存在着"重实体轻程序"的观念和做法，严重影响了检察机关维护公正职能的发挥。《检察官职业道德准则（试行）》第 19 条规定："树立程序意识，坚持程序公正与实体公正并重，严格遵守法定程序，维护程序正义。"这一规定对检察官树立程序意识，强化程序观念提出了明确要求。检察官必须做到：

---

① 孙谦主编：《中国特色社会主义检察制度》，中国检察出版社 2009 年版，第 245 页。

第一，坚持程序公正与实体公正并重。检察官既要坚持以事实为依据，以法律为准绳，严把案件的事实关、证据关、法律适用关，又要严格按照法律程序办事，保证当事人的程序权利以看得见的方式得到实现；既要依法加强对违反实体法的监督，又要注重纠正违反程序法的行为；坚决反对重实体、轻程序，片面追求事实真相和结果公正，违反法定程序，忽视当事人程序权利的错误倾向，也要反对重程序轻实体，利用程序玩弄法律，把程序公正绝对化甚至为了程序否定实体的错误做法[①]。

第二，严格遵守法定程序。首先，严格遵守我国刑事诉讼法的规定。其次，依法保障犯罪嫌疑人、被告人、被害人的诉讼权利。再次，严格按照法律规定的期限办案、结案。最后，贯彻"检务公开"，保持和增强工作的透明度。

四、树立证据意识

证据是法律上的事实，执法与司法必须以证据为根据。从证据的角度看，侦查阶段的核心任务是发现收集犯罪嫌疑人有罪或者无罪的证据。公诉阶段则主要是和认定侦查阶段收集的证据。《检察官职业道德准则(试行)》第 18 条明确规定："树立证据意识，依法客观全面地收集、审查证据，不伪造、隐瞒、毁损证据，不先入为主、主观臆断，严格把好事实关、证据关。"对此，要求检察官做到以下方面：

第一，正确认识证据在司法活动中的地位。司法活动是根据证据认定案件事实，再依据案件事实适用法律的过程。案件中所有事实，包括犯罪人员、时间、地点、动机、手段、犯罪过程、犯罪后果以及罪名、情节等的认定，都需要法律所认可的证据来证明。同时，证据是认定案件事实的根据和基础，其不仅是制约诉讼发生、发展和终结的主要因素，也为诉讼各方提供了一个统一、明确的"参与规则"，从而有利于控制司法人员的主观随意性及个人偏私，并借此达到对正当程序的维护。应当说，在对犯罪嫌疑人的立案、采取强制措施以及侦查终结、法庭判决等整个诉讼过程中，证据都具有决定性作用。

第二，树立证明案件事实的意识，从查明事实的办案观向证明事实的办案观转变，坚持证据为本。"以事实为根据，以法律为准绳"中的"事实"并非纯粹意义上的客观事实，而是指证据证实的事实。因为客观事实往往无法再现，所以定案所依据的事实只能是证据所证明的事实。追求事实真相要求检察官在维护国家利益时，在审查、认定证据时，坚持客观、实事求是的态度和标准，既不夸大犯罪行为的危害性，也不忽视犯罪行为的危害结果；既不放纵任何犯罪行为，也不冤枉任何一个守法的公民。

第三，实现证据观念的转变，即从依赖人证的证明观向重视物证的证明观转变，坚持物证为主；从偏重证明力的证据观向强调可采信的证据观转变。证据的合法性是可

① 慕平主编：《检察改革的新探索》，法律出版社 2007 版，第 20 页。

采信的核心，证据必须依法收集和运用，即收集、运用证据的主体要合法，证据收集的程序也要合法。

五、切实保障人权

检察机关的性质决定了检察机关肩负着追诉犯罪和保障人权的双重使命，检察机关既要通过侦查、公诉追诉犯罪，又要通过诉讼监督保障人权。应该说，尊重和保障人权是检察机关和检察官的宪法义务，也是检察官的道德责任。保障人权是贯穿法律监督职能始终的重要目标。《检察官职业道德准则(试行)》第 20 条规定："树立人权保护意识，尊重诉讼当事人、参与人及其他有关人员的人格，保障和维护其合法权益。"切实保障人权，要求检察官在刑事诉讼的各个阶段充分发挥人权保护的作用。在刑事审判阶段，检察机关对人民法院的审判行使监督，其既包括对人民法院刑事审判活动是否违反法律规定的诉讼程序的监督，也包括对法院刑事判决、裁定是否正确的监督。首先，检察官通过依法履行监督职责，保障及时准确地惩罚犯罪分子，保障无罪的人不受刑事追究。其次，监督人民法院在审判活动中尊重和保护诉讼参与人的诉讼权利，对人民法院侵犯诉讼参与人诉讼权利和其他合法权利的行为，及时提出纠正意见，保障诉讼参与的人诉讼权利。最后，通过对确有错误的判决行使抗辩权，保障被告人和被害人的人权。

第三节　法庭审判中的律师职业道德

律师是国家法制建设的重要参与者，律师通过为社会提供法律服务，维护法律的尊严和正确实施，维护社会的公平与公正。由于律师在国家政治、经济生活中发挥着重要作用，其行为对各种权利义务关系有着重要影响，因而律师的职业行为受到了严格的规范。

上世纪 90 年代，由于律师队伍重建初期法律人才匮乏，供求矛盾突出，多渠道发展的律师队伍难免良莠混杂，而各级司法行政机关的管理工作也没能跟上，配套措施在改革中也难以及时出台，中国律师的职业道德在上世纪 90 年代面临着许多挑战，针对这种情况，司法部于 1990 年 11 月 12 日印发了《律师十要十不准》。《律师十要十不准》共十条，以宣言的形式对律师在政治方向、处理与当事人的关系、处理与同行的关系等方面提出了要求。但是，由于《律师十要十不准》过于原则，无法实现律师职业道德规范的体系化，忽视了律师职业道德规范内部的技术性和逻辑完整性。为此，司法部于 1993 年 12 月 27 日正式发布实施了我国第一部比较完整、具体的律师职业道德规范——《律师职业道德和执业纪律规范》(以下简称司法部《规范》)，共 4 章 21 条，基本上实现了律师职业道德建设的法律化、制度化和规范化。1996 年 5 月 15 日，八届全国人大常委会通过的《律师法》确立了司法行政机关监督与律师行业相结合的管理体制。根据新的管理体制，中华全国律师协会常务理事会第五次会议于 1996 年 10 月 6 日又通过了律师自律性组织——律师协会制定的《律师职业道德和执业纪律规范》(以下简称律协《规范》)，共 7 章 40 条。与司法部《规范》相比，律协《规范》在许多方面取得了进步。但是，律协《规范》没有摆脱对《律师法》的依附状态，其大多数的内容并未突破《律师法》的基本框架。2004 年 3 月 20 日，全国律师协会常务理事会通过了《律师执业行为规范(试行)》。无论是从数量上还是从涉及问题的广度上，该规范都达到了一个新高度。从数量上来看，该规范共有条文 190 条，条文的技术含量得到了显著的提高；从质量上看，该规范吸收借鉴了国外成熟律师道德规范的诸多内容，对于律师的保密、律师附条件收费、利益冲突、委托人信托账户等事项作出了比较明确的规定。

律师虽然接受当事人的委托维护当事人的合法权益，但律师必须在法律允许的范围内从事工作，忠于宪法法律。坚持以事实为依据，以法律为准绳是法律对律师执业的基本要求，也是律师从业必须遵守的职业道德。其次，律师的业务活动是基于当事人的委托而参与诉讼或从事其他代理活动。没有当事人的委托，就没有律师的事业，而当事人委托律师是基于维护自身权益的需要以及对律师的充分信任才产生的。所以，诚实守信，勤勉尽责，依照事实和法律，维护委托人利益，维护法律尊严，维护社会公平正义，是律师应当遵守的另一项重要的职业道德的基本原则。其三，律师应当注重职业修养，珍视和维护律师职业声誉，以法律法规以及社会公认的道德规范约束自己的业内言行，以影响、加强公众对于法律权威的信服和遵守。除了上述三项基本的律师职业道德原则，律师在具体庭审业务的具体职业道德又有如下具体的规定。

一、律师在搜集证据的过程中，应当遵循职业道德规则

1. 以客观求实的态度对待证据材料，不得伪造证据，不能为了诉讼意图或目的，非法改变证据的内容、形式或者属性。

2. 律师不得以自己对案件相关人员的好恶选择证据，不得以自己的主观想象去改变证据原有的形态及内容。律师不得威胁、利诱他人提供虚假证据。

3. 律师不得利用他人的隐私及违法行为，胁迫他人提供与实际情况不符的证据材料，不得利用物质或各种非物质利益引诱他人提供虚假证据。

4. 律师不得向司法机关和仲裁机构提交已明知是他人提供的虚假证据。

5. 律师在已了解事实真相的情况下，不得为获得支持委托人诉讼主张或否定对方诉讼主张的司法规则和仲裁规则而暗示委托人或有关人员出具无事实依据的证据。

6. 律师作为必要证人出庭作证的，不得再接受委托担任该案的辩护人或代理人出庭。

二、在诉讼程序中，律师应当严格遵守下列行为规范

1.遵守法庭、仲裁庭纪律，遵守出庭时间、举证时限、提交法律文书期限等其他程序性规定；在开庭审理过程中，律师应当尊重法律、仲裁庭，服从审判长、仲裁员主持，不能当庭评论（包括批评和颂扬）审判人员、仲裁人员。对于庭审中存在的问题，律师可以在休庭后向法官、仲裁员个人或主管部门口头或书面提出。在执业过程中，律师因对事实真假，证据真伪及法律适用是否正确而与诉讼相对方意见不一的，或为了向案件承办人提交新证据的，可以与案件承办人在司法内指定场所接触和交换意见。

2.在处理与当事人的关系方面，律师不得与犯罪嫌疑人、被告人的亲属或者其他人会见在押犯罪嫌疑人、被告人或者借职务之便违反规定为被告人传递信件钱物或与案有关的信息。

3.在仪表方面，律师担任辩护人、代理人参加法庭审理，必须按照规定穿着律师出庭服装，注重律师职业形象。律师出庭服装应当保持洁净、平整，不破损。在出庭时，男律师不留披肩长发，女律师不施浓妆，面容清洁，头发齐整，不佩戴过分醒目的饰物。

4.在法庭陈述过程中，律师的庭审发言用语应当文明、得体，表达意见应当选用规范语言，尽可能使用普通话，不得使用黑话、脏话等不规范语言。律师庭审发言时应当举止庄重大方，可以辅以必要的手势，避免过于强烈的形体动作。律师不得在公众场合或向传媒散布、提供与司法人员及仲裁人员的任职资格和品行有关的轻率言论。在诉讼或仲裁案件终审前，承办律师不得通过传媒或在公开场合发布任何可能被合理地认为损害司法公正的言论。

5.律师在诉讼或仲裁活动中不得实施下列行为。

（1）不得以影响案件审理和裁决为目的，与本案审判人员、检察人员、仲裁人员在非办公场所接触，不得向上述人员馈赠钱物，也不得以许诺、回报或提供其他所得等方式，与承办案件的执法人员进行交易。

（2）在代理案件之前及代理案件过程中，不得向当事人宣传自己与有管辖权的执法机关及有关执法人员有亲朋关系，也不得利用这种关系。

（3）律师及其辅助人员不得泄露委托人的商业秘密或隐私，以及通过委托人法律事务所了解的委托人的其他信息。但是律师认为保密可能会导致无法及时阻止发生人身伤亡等犯罪及可能导致国家利益受到严重损害的除外。

6.尊重同业。律师和律师事务所不得在公众及传媒上发表贬低、诋毁、损害同行声誉的言论。在庭审或谈判过程中各方律师应互相尊重，不得使用挖苦、讽刺或者侮辱性的语言。

第七章　法庭审判的司法礼仪

第一节　法庭审判的司法礼仪概述

司法礼仪是司法活动中礼貌、礼节、仪表、仪式的统称，是对他人尊重、友善、文明的表现，也是司法活动主体内在修养和素质的外在表现。在当今社会，司法礼仪已经发展成为世界各国对司法职业人的普遍要求，成为司法人员从事司法活动的一种行为规范和准则。庭审司法礼仪是司法礼仪中最核心的礼仪。在法庭上，法官、检察官、律师和其他诉讼参与人都应当遵守司法礼仪，仪表庄重，语言文明，态度平和，行为规范，树立良好的职业形象。

法官是庭审活动的组织者、指挥者，是最重要的司法礼仪主体。本章着重介绍法官在庭审中的司法礼仪。

一、法庭审判司法礼仪的概念

法庭审判司法礼仪是指法官、检察官、律师和其他诉讼参与人在庭审中应当遵守的敬人、文明、律己的行为态度、行为方式和行为准则。

法庭是法官查清事实、理清法律关系的重要舞台，庭审是法官在法庭化解矛盾纠纷、说服当事人服判息诉的重要环节。庭审司法礼仪有利于传递司法理念，弘扬司法文明，提高法官等司法活动主体良好的职业形象；庭审司法礼仪也有助于庭审活动的规范化，影响和保障诉讼参与人的诉讼权利乃至审判结果的公平和公正；庭审司法礼仪还有益于唤起每个诉讼参与人对法律、法院、法官的尊重、信赖，相信并愿意服从法院的判决，提高司法公信力。“司法礼仪是可以直接被观察到的司法活动中的行为模式和规范”，[①]是看得见的公正。

二、法庭审判司法礼仪的特征

法庭审判司法礼仪在所有司法礼仪中居于核心地位。庭审司法礼仪意蕴社会公

① 吕芳：《中国法院文化研究》，人民法院出版社 2008 年版，第 45 页。

平与正义，蕴含法制文化和司法活动的文明，具有鲜明的司法职业色彩。庭审司法礼仪不同于政务礼仪、商务礼仪、外交礼仪、交际礼仪、服务礼仪、生活礼仪等礼仪，也不同于司法活动中的接诉接访礼仪、执行工作礼仪等礼仪。庭审司法礼仪的主要特征有：

1. 庄严性

庄严性是庭审司法礼仪的首要特征。法庭上，庄严性体现在严格的法律仪式上。这种严格的仪式化程序不仅使法官，也使所有参与庭审活动的人员自觉遵从法律程序的要求，强化了法庭的庄严性和神圣性。庄严性还体现为器物，其最典型的代表符号是法官袍和法槌。“由于审判使命的重大与特殊而使庄严性成为法庭空间的一般特性。这种庄严性表现在法庭建筑的庄严肃穆、法庭设置的秩序明确以及法庭器具的意蕴严肃。再配以仪式化的程序进行，使国家审判权威得到了充分的尊重和体现。”①美国大法官安东宁·斯卡利亚说：“如果我们不穿法袍，只穿一般正装甚至短袖背心办公，其实也并无不可，只不过，这可能不符合人们心目中最高法院的形象。法袍传达给人们的信息，就是最高法院的庄严性和重要性。”②庄严性也体现在法庭空间的设置上。法庭空间设置方式具有重要的象征意义，彰显审判中心和审判至上的理念。我国法庭设置方式是，法庭正面悬挂国徽，法官居中同时其位置高于诉讼两边，以示相对于两边的“居于其间、踞于其上”，控辩双方相对设置，体现出诉讼民主平等和合理化观念。刑事法庭的审判区正中前方设审判台，高 20 至 60 厘米，审判长的座位在国徽下正中处，审判员或者人民陪审员分坐两边；书记员的座位设置在审判台前面正中处；审判台前方右侧设公诉台，左侧设辩护台，都面对被告人；证人座位设在公诉台右下方。民事、行政法庭的审判区正中前方设审判台，高 20 至 60 厘米，审判长的座位在国徽下正中处，审判员或者人民陪审员分坐两边；审判台前面正中处为书记员座位；审判台前方设原、被告及其诉讼代理人座位，分两侧相对而坐，右边为原告及其诉讼代理人座位，左边为被告及其诉讼代理人座位。

2. 规范性

规范性是庭审司法礼仪的重要特征。礼仪是表达敬意的一种方式方法，是把尊敬规范地表达出来。规范性也即法定性、标准化、程序式。庭审司法礼仪一旦上升到工作标准、行为规范、行为准则，便是一种更规范、更高程度的礼仪。庭审司法礼仪旨在通过对语言、文字、法器、举止等规范性符号、媒介的准确规定，指导和约束法官、检察官、律师和其他诉讼参与人的一言一行、一举一动，对庭审中所有人员的行为态度、行为方式和行为准则具有约束、规范作用，并使每一个角色的行为符合关系对方对自己的要求，是庭审中的一种“法规”。庭审司法礼仪反映了司法活动的规范和文明程度，

① 龙宗智：《刑事庭审制度研究》，中国政法大学出版社 2001 年版，第 12 页。

② 何帆编译：《美国最高法院大法官谈司法文化》，《人民法院报》2012 年 6 月 8 日。

影响和制约庭审活动的规范有序进行。如对诉讼参与人的称谓，法庭上就不好随便称呼诉讼参与人同志或者职务等，也不得直呼其名，要按照诉讼法的规定，称呼原告、被告、被告人等，如果有多个原告、被告、被告人的，应当称呼原告某某某、被告某某某、被告人某某某，给诉讼参与人文明、平等的良好形象。

3. 文化性

司法礼仪植根于司法文化。司法活动在人类文明发展中深受礼仪文化的影响并不断汲取其丰富的营养，经过长期的积淀和内化，形成了具有独特价值的司法礼仪。司法礼仪是法院文化的要素之一，保留着法院作为一个社会系统自身的历史记忆，是一种精神的约束力，调节着每个人的行为，推进司法文明和进步。形式是行业的特征，我国审判法庭上法槌和法官袍的出现，不仅仅是形式上的变化，更是法官精神的物化。法槌是法官在庭审中执法的工具。法庭上使用法槌有历史传统渊源，我国古代官员一般使用惊堂木体现大堂或衙门的权威，而法槌则体现现代司法理念，也是国际上很多法院的通常做法。法官手持法槌，创造了司法程序的礼仪性，体现了法官的客观中立地位，营造了一种庄严的气氛，起着一种震慑、警示的作用。西方法院中的法官穿黑色的法官袍，有的国家法官还戴假发，强化了法官的"角色扮演"意识。在我国，法官袍代表着中国的法律文化，具有形式上的很多象征意义，体现了法律、法官的尊严。法官穿法官袍审理案件，象征着法官自身思想的成熟和具有独立的理性判断力，象征着司法审判权的独特性、权威性和神圣性。法官在法官袍这种装饰下开庭，给人一种非常礼仪化和正义性的感觉。正如伯尔曼所说的："法官法袍、法庭布置、尊敬的词令……这类符号应当不仅使法官本人，而且也使审判过程的所有其他参与者、实际上是整个社会都铭记不忘，肩负审判重任者必得摒弃其个人癖好、个人偏见，以及先入为主的判断。"①

4. 惩戒性

司法礼仪不是一只没有牙齿的老虎。庭审司法礼仪是一种职业准则、行为模式，是司法"剧场化"的需要，要求法官、检察官和律师等自觉约束自己的举止，共同遵守这种"表演性"的模式。如果违反了规范的礼仪，将是对法庭的不尊重，情节严重的将会受到一定的惩戒。法官违反庭审司法礼仪要求的，根据情节和后果，分别给予批评教育、诫勉谈话、责令书面检查、通报批评、调离岗位、追究纪律责任、免除或者提请免除法官职务等处理。2008 年 1 月 3 日，某县人民法院行政审判庭审理一起行政处罚案件，女审判员未着法官制服而身穿一件红色的羽绒衣并在庭审中打手机；书记员身着便服还在法庭上吸烟；原告正在陈述时，审判长的手机响了，他掏出手机打了近 1 分钟的电话。这一情况于第二天被媒体配发照片报道后，在社会上造成了极其恶劣的影响。1 月 8 日，该县人民法院作出决定，给予审判长、女审判员记过处分，同时提请县

---

① [美]伯尔曼：《法律与宗教》，梁治平译，中国政法大学出版社 2003 年版，第 21 页。

人大常委会免去审判长的行政审判庭庭长职务，书记员被调离法院。同样，诉讼参与人不遵守庭审司法礼仪要求，违反法庭规则，审判长或者独任审判员可以根据人民法院法庭规则对其口头警告、训诫，也可以没收录音、录像和摄影器材，责令退出法庭或者经院长批准予以罚款、拘留；对哄闹、冲击法庭，侮辱、诽谤、威胁、殴打审判人员等严重扰乱法庭秩序的人，依法追究刑事责任；情节较轻的，予以罚款、拘留。

三、法庭审判司法礼仪的核心价值

世界各国普遍把司法核心价值观作为司法文明的基本构成部分。“礼，身之干也。敬，身之基也。”表明古代人将为人处世的恭敬态度视为安身立命的灵魂和基石。礼在人的本性中表现为内心深处的情感和仁爱，源于人运用理性对自身情感、欲望的调节和控制。[①] 在司法礼仪诸价值中，尊重是核心价值，是礼仪的灵魂和根本精神，具有根本性、稳定性和恒久性，直接影响着价值选择、价值创造和价值实现。司法礼仪的核心价值就是将尊重的要求内化为全体诉讼活动主体的自觉追求，外化为自觉行动，转化为全体诉讼活动主体普遍遵循、具体可行的道德规范和行为准则，成为引领公正文明司法的精神指南和价值取向。亚当·斯密认为：“对那些普遍的行为准则的尊重，恰当地说，即所谓的义务感，是人类生活的一项最重要的原则，是大多数人可以借以指导其行为的唯一原则。”[②]司法活动在逻辑上必须处理好法官、检察官、诉讼参与人之间的关系。庭审司法礼仪的核心价值主要表现在法官对检察官、律师和其他诉讼参与人的尊重，检察官、律师和其他诉讼参与人对法庭、法官的尊重，检察官与律师和其他诉讼参与人之间的尊重，以及诉讼参与人之间的尊重。

法官组织庭审表面上看是审理案件，实质是法官与检察官、律师和其他诉讼参与人之间的沟通交流活动，法官应当带头遵守庭审司法礼仪，充分尊重并保障诉讼参与人的诉讼权利。“礼者，敬人也。”法官应当弘扬司法文明，尊重不尊重你的人，避免盛气凌人、冷硬横推等不良作风，不得嘲讽、挖苦、训斥、辱骂诉讼参与人，以对诉讼参与人的尊重赢得尊重。一名案件当事人对一位全国模范法官说：“法官把我放在眼里，我就把他放在心里；法官把我放在心里，我就把他高高举起。”法官应当文明礼貌，讲道理，就是对无礼的人也要彬彬有礼，保持理智和理性，“不失足于人，不失色于人，不失口于人”。法官应当礼貌谦恭地对待法庭上的所有人，不能因为是非法而拒绝给予尊重，让当事人进来时感到温馨，回去时有尊严，即使是败诉也一样体面有尊严。法庭上，尤其是对刑事案件的被告人，法官应当以其中立的立场、文明的举止，给予同等程度的尊重，体现出对被告人的人性关怀、人格尊重和合法权益的保障。要充分保障被告人

---

① 张自慧：《礼文化的价值与反思》，学林出版社2008年版，第3页。

② [英]亚当·斯密：《道德情操论》，蒋自强译，中国社会科学出版社2003年版，第174页。

享有申请回避、辩护、提出新的证据、最后陈述等诉讼权利。要充分尊重并保障律师在庭审中依法辩护、辩论的诉讼权利，不得无故驱逐律师出庭。如果个别律师严重违反法庭秩序，可依据人民法院法庭规则依法处理，并可以建议司法行政部门给予处理。

法律是冷酷的，但我们可以用温暖的方式来处理它，融人性的温情于冰冷的法律规则之中，达到法律与情理的完美结合。法庭内，法官应该营造既庄严又温馨的氛围，处处体现亲民、利民、便民，免费向有需要的诉讼参与人提供老花镜、助听器、轮椅、拐杖等设施，完善助残设施方便残疾人诉讼，让残疾人诉讼无障碍，以人性化细节使残疾人亲身体悟司法的人文关怀。近年来，一些法院出于人性化考虑和对犯罪嫌疑人人格的尊重，提出犯罪嫌疑人法庭上着便装、卸除手铐、脚镣受审的规定。四川省高级人民法院提出："被告人着号衣、戴手铐、脚镣受审的，法警应让其在法庭外脱去号衣。被告人戴手铐、脚镣到庭的，审判长可以根据被告人是否有暴力倾向、情绪是否可能失控、有无安全危险等具体情况，决定是否指令法警为其卸除手铐、脚镣。"可以说，司法礼仪在司法活动中具有最富关怀、情理和温馨的特点。

法官在法庭上享有较高的法律权威是世界各国的通例。检察官、律师和其他诉讼参与人都应当自觉遵守法庭规则，尊重法官权威，依法履行公诉和辩护、代理职责。尊重也是现代礼仪修养的首要原则。人与人之间相互尊重是至高礼仪，敬人者人恒敬之，爱人者人恒爱之。检察官、律师和其他诉讼参与人应当明白，赠人玫瑰、手有余香；朝天空吐唾沫的人，唾沫也会落在他自己的脸上。礼貌可以替代最高贵的感情，司法礼仪就是最大限度地发挥尊重、友好的人际关系，通过合乎职业规范的文明的言行举止，减少抵触、抵抗情绪，把相互间的不信任和摩擦减少到最低程度，让彼此尊重、情感愉悦。法庭上，司法礼仪是司法活动主体间沟通交流的润滑剂和矛盾的缓冲器，正如《谁动了我的奶酪》一书所说的："礼貌像一只气垫，里面可能什么都没有，但是却能奇妙地减少颠簸。"

第二节　法庭审判的司法礼仪符号

符号是人们共同约定用来指称一定对象的标志物，是人们理解和沟通的媒介，既有被感知的客观形式，又有精神意义。任何符号，都代表着相应的事物，意味着某种规范。司法礼仪中的符号是经过长期专业浸润、约定俗成的庭审交流工具，是心领神会的不言之言、无意之意，具有很强的艺术魅力。法庭上，一些类似行头般的饰物，如法官袍、法槌，它们以符号化的效果，在法律职业共同体内，准确传达信息，起到很强的指代功能和交流功能。法官、检察官、律师和其他诉讼参与人的言行举止，受制于司法礼仪符号的规范，应当自觉、不自觉地在约定的前提下使用某种符号。法庭内，司法礼仪的符号主要有：仪表、法槌、语言和举止。

一、仪表

仪表是一个人的外在形象，包括仪容、仪态、风度等内容，能够直面感知，一定程度上反映出一个人的教育程度、性格修养、文明素质等。端庄的仪表既是对他人的尊重，也是自尊、自重、自爱以及让他人尊重自己的表现。法庭上，法官、检察官、律师等应当共同遵守庭审司法礼仪，执行着装规定，不浓妆艳抹，不佩戴与身份不相称的饰物。

1. 制服

制服不仅仅是个人穿着的服饰，还是组织形象的标志，具有明显的标志性、识别性和时代感，体现了法庭的庄重严肃和司法的尊严文明，也给人艺术美的享受。法庭上的制服主要有法官制服、检察制服和律师制服。

(1)法官制服

法官制服经历了干部服、军警式制服、西服式制服和新式夏服 4 个阶段。第一阶段为干部服。新中国成立以后一段时间，我国法官一直没有统一的制服。当时人们普遍身穿稍加改良的中山装，称为“干部服”。第二阶段为军警式制服。从 1984 年 5 月 1 日开始，主要标志为肩章和大檐帽，与军警制服颇为类似。第三阶段为西服式制服。从 2000 年 7 月 1 日开始，采用胸徽作为审判人员的司法标志，最大的特点就是取消了肩章和大檐帽。后来，又增发了法官袍。第四阶段为新式夏服。从 2008 年 5 月 1 日开始，这款审判夏服为月白色、立领、明袋挖兜短袖上衣，黑色西裤，上衣缀钉标有天平图案的专用纽扣。女装还增配黑色西服裙。

法官袍是正义的外衣，是法官代表国家行使审判权时而穿着的标志性统一制服，衬托了法官的庄重严谨，创造了法官审理案件的礼仪性和神圣感。2002 年 1 月 24 日，最高人民法院印发了《人民法院法官袍穿着规定》，规定全国各级人民法院法官统一着新式法官袍审理案件。法官袍为黑色散袖口式长袍，红色前襟配有 4 颗金黄色的纽扣。黑色代表庄重严肃；前襟与国旗的配色一致，体现了人民法院代表国家行使审判权；4 颗领扣象征审判权由四级人民法院行使，也象征人民法院忠于党、忠于人民、忠于事实、忠于法律。根据《人民法院法官袍穿着规定》，法官在下列场合应当穿着法官袍：(1)审判法庭开庭审判案件；(2)出席法官任命或者授予法官等级仪式。法官在下列场合可以穿着法官袍：(1)出席重大外事活动；(2)出席重大法律纪念、庆典活动。法官袍不得在法庭内当众更换。穿着法官袍时，应当穿着制式裤子，不穿牛仔裤、条格状的裤子和淡颜色的裤子。

(2)检察制服

检察制服是检察人员依法履行法律职务时统一穿着的制式服装。检察人员统一着装，旨在维护国家法治尊严，依法行使检察权。2010 年 12 月 3 日，最高人民检察院检察委员会讨论通过了《人民检察院检察制服着装管理规定》，规定检察人员出席法庭时应当穿着检察制服,佩戴证明检察人员身份专用标识的检察徽章。检察制服分夏装、春秋装、冬装和防寒大衣等,应当按照规范配套穿着,不得与非检察服装混穿。检察制服的色彩,选用藏青色和天蓝色为主体色彩,搭配纯白色衬衫,体现出庄重严谨的职业特点,稳重而亮丽的深红色、深蓝色领带,以及佩戴金色金属徽章点缀整体服装,又体现出和谐大气,给人以亲和力和可信度,具有明显的行业标志性和识别性。

(3)律师制服

法庭上,法官和检察官都有自己的制服,而律师穿着各异,很不协调,缺乏严肃性,显得不庄重。2002 年 3 月 30 日,中华全国律师协会颁布了《律师出庭服装使用管理办法》,规定律师担任辩护人、代理人参加法庭审理,必须穿着律师出庭服装,律师出庭服装由律师袍和领巾组成。律师出庭统一着装时,应当按照规定配套穿着:内着浅色衬衣,佩带领巾,外着律师袍,律师袍上佩戴律师徽章,下着深色西装裤、深色皮鞋,女律师可着深色西装套裙。律师出庭服秉承了庄重的色调、鲜明的标识和大方的款式,有别于法官的黑色长款法官袍和检察官的深色西装,也是我国法制完善的一种体现。律师穿着律师出庭服装时,应当表现出严肃、庄重的精神风貌。律师穿上律师袍,还可以区别其他法律服务者,强化了律师的自律意识,增强了律师的使命感和责任感。

2. 个人仪表

法庭上,个人仪表的总体要求是,体现保持法庭庄严仪式与尊重个人自主性相结合。庭审中,全体诉讼活动主体都应当保持面容整洁、端庄、得体,发型与职业身份相符,长度适当,以体现干练、精神的状态。男性不得留长发、蓄胡须、留大鬓角等,特别是刑事法官、检察官夏季不得图凉快理光头,因为光头有着特殊的象征意义。女性不得披发,头发长度超过肩部的,开庭时将头发移至肩后部,或者将头发束起来。女性法官、女性检察官不应染彩发和浓妆艳抹,与法官、检察官的职业不相适应。法庭内,一般只佩戴那些具有职业象征意义的饰品,不佩戴那些刻意美化个人形体、相貌、张扬自己个性而与身份不相符的暴露性饰品,如不佩戴耳环、项链、手镯、手链等饰品。法官、检察官、律师要穿黑色皮鞋,男性鞋跟一般不高于 3 厘米,配穿深色袜子;女性鞋跟一般不高于 5 厘米,配穿肤色袜子,不得穿拖鞋、拖鞋式凉鞋。

二、法槌

2001 年 12 月 24 日,最高人民法院审判委员会通过了《人民法院法槌使用规定(试行)》,规定从 2002 年 6 月 1 日起,全国法院统一使用法槌,目的在于强调庭审活动的权威性、程序性、中立性,也是为了更好地维护法庭秩序,体现司法的尊严。

我国法槌槌身及其底座取材于名木花梨木,呈红褐色,纹理清晰均匀,质地坚硬而有光泽,抗弯曲耐腐蚀,寓指人民法官刚直廉洁、坚忍不拔的优秀品质。法槌的槌身为圆柱形,槌顶镶嵌着金黄色象征着公平正义的铜制法徽,槌腰嵌套表明法院名称的铜带；底座为矩台形，表面嵌有矩形铜线和我国传统饰纹。底座以矩制形，与法槌方圆相衬，既寓意司法公正，象征法官应当成为智慧和正义的化身，又取智圆行方之意，法律的原则性与灵活性相结合。槌、座相击，声音清澈坚定，烘托出法庭的庄严神圣，同时也有一槌定音、司法终局性之寓意。

法槌是法官的代言人。根据《人民法院法槌使用规定（试行）》，人民法院审判人员在审判法庭开庭审理案件时使用法槌。适用普通程序审理案件时，由审判长使用法槌；适用简易程序审理案件时，由独任审判员使用法槌。有下列情形之一的，应当使用法槌：(1)宣布开庭、继续开庭；(2)宣布休庭、闭庭；(3)宣布判决、裁定。有下列情形之一的，可以使用法槌：(1)诉讼参与人、旁听人员违反人民法院法庭规则，妨害审判活动，扰乱法庭秩序的；(2)诉讼参与人的陈述与本案无关或者重复陈述的；(3)审判长或者独任审判员认为有必要使用法槌的其他情形。法槌应当放置在审判长或者独任审判员的法台前方。法槌一般每次敲击一次，敲击法槌的力度要把握准确，轻重以旁听区能够听见为宜，避免造成惊吓或者导致断裂。

正确使用法槌是法官的一项基本礼仪规范。法槌是司法权威和法庭威严的象征，法槌的庄严性决定了法官应当规范使用法槌，不能过多过频敲击。2002年6月1日，某市第二中级人民法院开庭审理一起劳动争议纠纷案时，整个庭审过程审判长共敲响法槌15次之多。审判长除宣布开庭、休庭、继续开庭、闭庭敲响法槌外，旁听席上有人说听不清楚时，审判长敲响法槌提醒旁听人员不得喧哗；被告发言时原告插话，审判长又敲响法槌提醒原告无权打断对方发言；当胜诉的当事人一时激动得泣不成声时，审判长连敲两下法槌，提醒当事人要遵守法庭纪律，等等。[①] 法官在庭审中随意敲击法槌和无限制连续多次敲击法槌，往往起到适得其反的效果。

三、语言

语言是人类最重要的交际手段和思维表现工具，语言符号是司法活动中最重要、最复杂的符号。庭审语言是法官、检察官、律师内在素质的体现，要遵循法律精神，文明亲和，体现互相尊重和关切。尤其是法官，用语要做到规范、严谨、文明，体现出对检察官、律师和其他诉讼参与人的尊重，展示良好的职业素养和精神风貌。

一要规范。法官要正确、规范地运用语言主持法庭调查、审问、询问、法庭辩论，中立、公正地对待双方当事人，不得使用带有倾向性的语言进行提问，避免随意性，否则就有悖于其居中裁判的角色。法庭上，法官应当使用法言法语，尽量使用普通话，并根据不同对象的实际情况，对当事人不理解的法律名词或者术语，用通俗易懂的语言予以解释，必要时应当将法律语言转换成符合法律规定的群众语言，让诉讼参与人清楚

① 赵日新主编：《庭审驾驭能力培训读本(刑事卷)》，人民法院出版社2005年版，第337页。

明白地参与诉讼。庭审中，法官不得用方言与一方当事人交流，否则将可能遭致不懂方言的另一方当事人的合理怀疑甚至被申请回避。

二要严谨。法官庭审中的语言要符合庭审的性质和特点，严谨准确，不能模棱两可、含糊其辞。庭审时，应当语气庄重、语速适当，吐字清楚、声音响亮。说话时声音与语调要铿锵有力，平时要以中音为主，以平直调为主，以中等语速为主。宣读裁判文书声音要洪亮、清晰、准确无误。不同的声调、语速、语气往往表达不同的情感和愿望，法官要讲究庭审语言表达方式，可针对不同情况，巧妙地调整声调、语速、语气，使庭审气氛庄重而不死板，和谐又不失序。

三要文明。文明是道德的华表。庭审中，法官应当尊重检察官、律师和其他诉讼参与人的人格尊严，用语文明礼貌，禁止直呼其名。法庭询问时应当语气平和，态度公允，明白易懂，富有亲和力，便于诉讼参与人理解和接受，不使用倾向性、诱导性或者威胁性语言，不得有任何不公的训诫和不恰当的言辞，避免盛气凌人、语言生硬、态度粗暴，严禁言辞粗鲁、庸俗或者使用侮辱、讥讽、谩骂等伤害当事人感情、可能激化矛盾的语言，防止因用语不当对司法公信力产生不良影响。

正确称谓是法官庭审中一项基本的礼仪规范。称谓通常也叫称呼，大致上可以分为尊称、平称、爱称、谦称等四种。每一种称谓都有强烈的感情色彩，对诉讼参与人的称谓，要做到庄重、规范。法庭上，不恰当的称谓，往往会引起检察官、律师和其他诉讼参与人的反感，使一方感到亲近、另一方感到疏远，进而产生合理怀疑。庭审中，法官对诉讼参与人的称谓一般使用平称，平称不表示尊卑，平等自然，也不得直呼姓名、不得称呼教授、医生、经理、局长等职务，应当在当事人姓名、名称前加上原告、被告、第三人、上诉人、被上诉人等身份。尊称是对别人恭敬的称呼，以表示敬重的感情，一般用于称呼上级、长者等。“您”字是表示尊敬的称谓，是语言礼仪中常用的敬语。法庭上，法官一般不宜使用“您”的尊称。但法庭上调解时，可以根据时间、地点、对象，审慎使用“您”字以及职务等称谓。“请”字是语言礼仪中最常用的礼貌性用语。庭审中，法官应当根据具体情况参考使用下列带“请”字的文明用语：(1)请你围绕诉讼请求陈述案件事实和相关理由，正面回答法庭提出的问题；(2)这些事情刚才你陈述过了，法庭已经认真听取并记录在案，由于时间关系，请不要再作重复；(3)请根据你的诉讼请求(答辩意见)，向法庭提供相关证据材料；(4)请注意法庭秩序，遵守法庭纪律，让对方把话说完。未经法庭许可，请不要向对方发问；(5)旁听人员请遵守法庭纪律，保持肃静；(6)这是法庭审理笔录，请你认真阅看，如有遗漏或者错误，可以申请补正；如无异议，请在笔录上签名、捺印；(7)你的证言法庭已经记录在案，谢谢你的配合。休庭后将请你阅看庭审笔录中的证言部分，现在请你到庭外休息；(8)请你保持冷静。法庭已充分注意到你反映的情况，判决是根据事实、依照法律慎重作出的。如果你对本判决不服，可以在法定期限内向上级法院提起上诉。

四、举止

举止是一个人在社会活动中姿态和动作的总称，是人体静态与动态的造型。举止像一面折射透视镜，是一种不说话却又是情感极为丰富的“语言”。它能弥补有声语言表达的不足，并可帮助受话人深刻、准确地把握言事意旨，具有不可低估的特殊价值。正如美国心理学家爱德华·霍尔曼所说的：“无声语言所显示的意义要比有声语言显示多得多。”举止和表情是密不可分的统一体，要注意表情、语言和行为的一致性。法庭上，法官举止规范文明与否，直接影响到检察官、律师和其他诉讼参与人对自己的印象和评价。法官的举止要符合约定俗成的规范，做到坐姿端庄文雅、站姿挺拔大方、行姿自然稳重。此外，眼神、微笑、手势、头部姿势等表情和肢体动作也要符合司法礼仪规范，做到敬人、文明、得体、优雅。

1. 眼神

眼神是指人们在交往中，双方通过目光的对接来实现传递信息的无声语言。眼睛是心灵的窗户，眼神是最富有表现力的体态语言，能传递出说话者丰富的信息和内心情感。

美国心理学家艾伯特通过实验把人的感情表达效果总结了一个公式：感情的表达＝7％的语言＋38％的声音＋55％的表情。评判表情，主要看人的眼神和脸部表情。眼神的总体要求是：亲切的、有神的、友善的、和蔼的和宽容的。法庭上，法官对检察官、律师和其他诉讼参与人应当始终亲切友善，善于营造和谐氛围，缓解紧张情绪。注视的时间，最好为全部说话时间的 2/3 左右，表示重视和友好；不到 1/3 的，则表示瞧不起对方或者对对方没兴趣，轻视他，成语“不屑一顾”说明了这个道理；如超过了2/3，尤其是目不转睛、盯住不放，表明你可能对对方有敌意，敌视他，就像成语“虎视眈眈”一样，是不文明不礼貌的。另外 1/3 左右的时间，则注视对方当事人或旁听人员。注视的角度有平视、斜视、仰视、俯视等。庭审中注视的角度，通常采用平视，表示平等。一般来说，庭审中注视的部位主要有 3 个：一是当事人双眼，表示自己正在全神贯注地倾听，重视、关注对方，在乎他们的感受；二是当事人额头，表示严肃认真、公事公办、公平公正；三是当事人双手，可以判断其下一步行为走向。

2. 微笑

微笑是最完美的礼仪。微笑是人的各种表情中，最富吸引力、最令人愉悦，也是最有价值的表情语言。微笑的基本做法是不发声，不露齿，肌肉放松，嘴角两端向上略微提起，面含笑意。庭审中，真诚的微笑，是对别人的尊重、理解和同情，也将会赢得别人的尊重和合作。

微笑作为一种礼仪，在人际交往中具有润滑剂的作用。微笑让人觉得和蔼可亲，值得信赖，也能使法庭内诉讼参与人紧张的心理得以放松，打破僵局，解除人的心理戒备；它还是一种说服人的心理武器，温暖人心，化解冷漠，使交往变得轻松愉快和谐。俗话说，"伸手不打笑脸人"，足以说明微笑的巨大作用。现代礼仪中，微笑除了表示友好、愉悦、欢迎、尊重、欣赏、领略之外，也表示歉意、拒绝、否定。在难以用语言表达心境的情况下，微笑是最有效的交流工具。有一项调查认为，法官在庭审中会心的微笑是表达情感最得体、最受欢迎的举止。会心的微笑是指领会、明白别人没有明确表示出来的意思的微笑。法官庭审时要不苟言笑，但对开庭前后、休庭期间检察官、律师和其他诉讼参与人正常的问候，应当表现出会心的微笑，既保持了中立，增强了交流效果，又不失礼貌，展示了良好的职业形象。

3. 手势

庭审中，审判长或者独任审判员示意检察官、律师和其他诉讼参与人发言时，应当使用礼貌的表情或者动作，让他们感受到法官举止的文明。手势在举止中是富有表现力的体态语言。得体、优雅的手势能够增强表情达意的感染力，给职业形象增辉。

规范的手势应当手掌自然伸直向前，掌心向内向上，手指并拢，手腕伸直，关节自然弯曲，目光、手势方向一致。使用手势时，应当讲究自然、规范、协调、优美，同时还要配合眼神、表情和其他姿态，这样才能显得得体、大方、优雅。庭审中，法官端坐在审判椅上，双手放在审判台上、膝盖上或者审判椅扶手上，手势不宜过多，动作不宜过大。递接证据材料时，要面带微笑，注视对方，宜双手递接或者右手递接，不能面无表情，要体现出对对方的尊重。审判长或者独任审判员起立宣判时，要双手执拿裁判文书；合议庭其他成员、检察官和全体诉讼参与人起立，双手伸直下垂，掌心向内，分别贴放于大腿外侧，不能抱胸、叉腰、背手身后或者相握于腹前，也不能将手摆放在桌子上。

法庭上，法官要示意检察官、律师和其他诉讼参与人发言，能用语言讲清的尽量使用语言，而不使用手势，杜绝用手指指人，因为手指指人往往表现为对某人某事责怪之意和咄咄逼人的感觉，有失温和稳重的形象。

4. 头部姿势

头部最主要的姿势是点头和摇头，分别表示肯定、同意和否定、反对。一般来说，交谈中对所听到的内容感兴趣、同意、肯定、满意时，将会表情专注或者面带微笑点头；对所听到的内容持否定、反对意见时，往往会表现出摇头姿势。庭审中，法官面对检察官、律师和其他诉讼参与人要谨慎使用点头、摇头等体态语言，不能过多过频，否则会引起检察官、律师和其他诉讼参与人的合理怀疑或者误解。前几年，某地法院一位法官庭审时对双方当事人的发言，习惯性地拼命点头，结果一方当事人提出控告，理由是法官对自己的点头次数比对方的少。

第三节　法庭审判的司法礼仪基本要求

法庭是司法礼仪表现最充分的地方，司法礼仪是法庭上的通行证。“德辉动于内，礼发诸外。”法官应当秉承以人为本的理念，关注诉讼参与人感受，尊重法庭上的所有人员。庭审中，法官的一言一行关乎文明，一举一止关乎形象。有的诉讼参与人不仅仅十分关切法官的言行举止，甚至会察言观色，把法官的言行举止当作揣度官司胜败的“晴雨表”。法官在庭审中失言、失态，将直接影响到庭审的有序进行，影响到法官的职业形象。因此，法官要自觉把尊重贯穿于庭审全过程，体现到公诉人、辩护人、代理人、当事人身上，成为文明公正的化身。公诉人、辩护人、代理人、当事人庭审中都应当服从法庭的指挥，遵守庭审礼仪规范。公诉人、辩护人、代理人、当事人都应该明白，受到粗言恶语对待的人也不会和颜悦色地对待别人。因此，要时时处处为对方着想，尊重对方的人格尊严和合法权益，以对对方的尊重赢得对方对自己的尊重。

一、法官庭审司法礼仪基本要求

（一）公允中立

公允中立是司法公正的前提和保证，也是法官职业道德、司法礼仪的重要内容。法庭内，法官一旦穿上法官袍，手持法槌，他就不再是一个平常的人，而变成了一个居中裁判的中立者，只能做预定规则要求做的事，保持公允中立的立场审理案件。美国大法官艾琳娜·卡根说：“法袍象征着法律客观公正、不偏不倚。穿上法袍，你就不再是平时的你。你将不带个人好恶地公正适用法律。”公允中立，要求法官在庭审中保持立场中立、态度中立、语言中立、行为中立，在那些利益处于冲突状态的各方参与者之间保持一种客观超然和不偏不倚的态度和地位，不轻易流露自己的喜怒哀乐，不能让一方当事人感觉到法官是在替另一方当事人说话，避免有任何言辞或者行为使当事人对法官中立地位产生合理怀疑。法官庭审中如先入为主，戴上有色眼镜，偏袒或者歧视任何一方当事人，不但解决不了矛盾纠纷，也将自己卷入矛盾纠纷之中，势必造成司法权威在当事人中丧失殆尽。

公允中立要求法官在庭审中做到：

1.庭审中，法官除了应当自觉遵守法定回避制度外，发现自己审理该案件可能引起公众对该案件公正裁判产生合理怀疑的，应当主动提出不宜审理该案件的请求。

2.法官应当在进入法庭前更换好法官袍，在当事人、代理人、辩护人、公诉人等入庭后进入法庭；设有法官通道的，法官应当走法官通道，不与当事人等一同进入法庭。

3.庭审中，法官应当保持居中裁判的立场，不得有歧视任何一方当事人的言行，不得用带有倾向性的语言进行提问，不得与公诉人、辩护人、代理人、当事人发生辩论、争吵。实践中，一些法官在讯问被告人时，居高临下，语气强硬，发现疑点当即反驳，实际上混淆了控、辩、审三方的角色，丧失了法官的中立性。

4.法庭上，审判长要围绕争议焦点组织控辩双方进行举证、质证、陈述和辩论，要杜绝将自己观点强加于任何一方当事人，不得通过言语、表情或者行为流露出自己对裁判结果的观点或者态度，不应存有支持一方、反对另一方的预断或者偏见，驾驭庭审既要合理指挥、引导诉讼双方的发言，又要注重维护中立形象。

5.法官在庭审中，包括休庭、闭庭后，不得与诉讼中的任何一方有问候、握手、说笑等亲近的行为，避免对一方过于热情，给他人造成关系密切的印象。对公诉人、辩护人、代理人、当事人正常的问候，给予礼貌得体的回应，不必过于拘束、冷淡或者不予理睬，既保持法官的威严、中立，又体现法官的文明、亲和。

2007年3月31日，某基层人民法院一位审判长当庭宣判一起房产纠纷案件后，一位胜诉的当事人走向审判台向审判长鞠躬致意，审判长也笑脸走下审判台，两人当众紧紧握手。这明显不符合法官审判案件的中立性的要求。但是，如果法庭上调解成功，法官可以与双方当事人握手，向双方当事人表示祝贺和致意。握手最常见的方式是会面双方各自伸出右手，手掌呈垂直状态，然后五指并用，稍许一握。握手时间不宜太长，一般为3秒，最长不超过5秒。握手时两足立正，上身要略向前倾并可点头致意，双眼注视对方的眼睛，以表示诚意。握手的力度自然、适中即可。对男性法官而言，尤其是与异性之间的握手，要避免“虎钳式”，不能用力过猛、幅度过大，给人粗鲁的感觉；对女性法官而言，要避免“指尖式”或“死鱼式”的握手，漫不经心，蜻蜓点水，软弱无力，给人冷淡不真诚和缺乏生命力的印象。

6.宣判后，对诉讼各方不能赞赏或者指责，并通过法官通道离开法庭。

2007年8月27日，某基层人民法院公开审理了一起以危险方法危害公共安全犯罪案件。有一位叫韩浪的母亲，她儿子被张家儿子掐死，多年来一直没有拿到张家赔偿款，她就用硫酸在公交汽车上泼向张家女儿予以报复，致其毁容，还损及同车的其他乘客，法庭以危险方法危害公共安全罪判处其13年有期徒刑后，张家父亲与这位母亲在法庭内对骂。这时，已经脱下法官袍的主审女法官回到法庭坐到旁听席上，指责张家父亲不履行民事判决致使丧子母亲硫酸泼向张家女儿。张父一听这话，把争吵的矛头对准法官：“你这样说，你是不是偏袒被告？你有本事当庭释放她啊！”许多网络报道这一消息后，有的网友评论说：“这个法官不把自己当个法官。”

（二）平等对待

程序公正和程序的对等性要求法官在整个庭审过程中平等对待公诉人、辩护人、代理人、当事人。平等对待的要求是：严格遵循庭审程序，一视同仁，平等对待诉讼各方，充分尊重并保障诉讼各方平等、充分地行使诉讼权利和实体权利，不因当事人身份、职位、财产、文化、穿着等而区别对待。

法庭上，法官应当注意到由于诉讼参与人的民族、种族、性别、职业、宗教信仰、教育程度、健康状况和居住地等因素而可能产生的差别，给予诉讼各方以平等参与的机会、便利和手段，对各方的利益予以同等的尊重和关注，使诉讼各方都能充分地陈述自己的观点和主张，平等地享有举证、质证、陈述、辩论权利。行政诉讼的被告是政府机关，原告往往是普通百姓，双方地位悬殊。如果被告在庭审时仍以官方身份对原告进行指责或者语言威胁，法官应当及时制止，保障原告享有平等的诉讼权利。

法庭上，法官应当公平合理分配诉讼各方在庭审中的举证、质证、陈述、辩论时间，平等确定诉讼各方的举证期限，避免对诉讼一方的陈述不加时间限制而对另一方予以限制，公平地对待诉讼各方提出的异议。但是，公平合理并不是指时间完全相等、对等，不是搞平均主义，而是要根据案情和审理需要，保证诉讼的每一方都能将自己的观点表达清楚、完整、充分，保障其陈述意见的完整性、准确性。法官在对待诉讼能力悬殊的政府和普通百姓、律师和一般公民时，可以有所区别，对诉讼能力较弱的公民做一些客观的引导和必要的释明，以保障实质意义上的平等。

庭审中，法官在组织、引导公诉人、辩护人、代理人、当事人围绕庭审举证、质证、陈述、辩论的同时，可以适当提醒或者制止其发表与案件事实和法律适用无关或者重复的发言，但不得随意打断其发言。诉讼各方发生指责或者互相进行人身攻击时，法官应当及时制止，对各方均予以批评教育，不得偏袒一方。对不听劝阻的，依照有关规定作出适当处置。

（三）保持耐性

法院是当事人说理的地方，当事人到了法院，就想把自己的意见和想法都倾诉给法官，希望法官能够耐心地听取自己的意见，了解事情的原委。法官应当认真、耐心、平和地听取公诉人、辩护人、代理人、当事人发表意见，如果没有耐心，随意制止、打断他们的发言，往往给人造成偏听偏信、断案不公的印象，甚至会导致当事人的上诉上访。

一项调查表明，法官在庭审中最容易犯的、最大的毛病是急躁。急躁带给法官的将是不讲文明礼貌，多言不慎言，不能公平对待公诉人、辩护人、代理人、当事人。法庭上，法官应当保持理性冷静，制约和控制“灵魂马车”中那匹“受感情和欲望驱使的顽劣、骄横、不听使唤的马”，[①]做到耐心、礼貌、谦让，避免急躁、粗鲁、傲慢，不能大声训斥，更不得与公诉人、辩护人、代理人、当事人辩论、争吵，营造一种有助于司法审判的气氛。尤其是庭审临近结束时，不能训斥公诉人、辩护人、代理人、当事人快点发表意见。

① 向培风:《智慧人生——苏格拉底　柏拉图　亚里士多德》，长江文艺出版社 1996 年版，第 219 页。

司法实践中，一些诉讼参与人由于不具备专业的诉讼知识和技能，法庭上通常语言表达零散、混乱，或者说了一些重复、无关案件甚至某些伤害感情的话。对此，法官仍应充分尊重诉讼参与人，增强忍耐力，表现出足够的礼貌和委婉，耐心地听诉讼参与人把话说完。对当事人的非礼、发泄甚至责难，要提醒自己冷静、冷静、再冷静，耐心地、和善地、显得饶有兴趣地看着他说话，避免急躁情绪，力忌情绪化，巧妙地掩饰自己的不悦，千万不要成为情绪的俘虏、情景的牺牲品。法庭上，法官应当努力做到：再急，也不能发脾气；再烦，也不能没微笑。

法官耐心对待当事人，往往会带来当事人的尊重和信任。全国模范法官、北京市海淀区人民法院宋鱼水法官在审理一起老作家和出版社稿酬纠纷案时，老作家的文笔很好，庭审中，一直用诗一般优美的语言详细阐述自己的观点和意见，但没有准确地讲出法律上争议的焦点，反反复复就同一个问题进行论述，旁听席上有人开始打瞌睡，合议庭成员也有了烦躁表情。但担任审判长的宋鱼水充分尊重老作家，她神情专注，耐心听老作家把话说完，一直没有打断老作家的发言，直到中午 12 点多，庭审辩论才结束。当宋鱼水释明法律规定、劝导双方调解时，这位老作家先是一言不发，半晌，出人意料地说“法官，接受调解方案”。这位老作家随后解释道：“与出版社这事发生后，你是第一个完完整整听完我讲话的人，你对我的尊重让我信任你。我尊重法庭的意见。”双方当事人握手言和，当场达成调解。①

（四）倾听倾诉

法官是居中裁判者，地位中立，不偏不倚。法官在庭审中的任务主要是倾听，听证、听述、听辩。英国丹宁勋爵在他的《法律的正当程序》一书中引用培根的一句话：“听证时的耐心与庄重是司法工作的基本功，而一名说话太多的法官就好比是一只胡敲乱响的铜钹。”我国庭审方式经过改革，已经由过去的纠问式转变为抗辩式，法官由“侧重于问”转变为“侧重于听”。法庭上，法官要言语谨慎，以听为主，以问为辅，保持适度缄默，言所当言，不言所不当言，把话语空间腾出来留给诉辩双方，防止喋喋不休。

外国有一句谚语说得好：“用十秒钟的时间讲，用十分钟的时间听。”倾听有很多好处，可以使说话者感到被尊重，拉近感情上的距离；可以缓和紧张关系，增加沟通，有利于解决矛盾。实践表明，倾听是庭审活动中一名优秀法官应当具备的最至关紧要的素质。在美国，评价法官职业素养有 15 个方面的内容，其中第一点就是“他是一个很好的倾听者吗?”法官主持或者参与庭审，应当坐姿端正，精神饱满，全神贯注，尊重并认真倾听公诉人、辩护人、代理人、当事人的意见，对于各方的发言能够给予平等的关注，表现出中立、平等、平和的态度。一个优秀的倾听者，他关注说话者通过语调、眼神、手势、脸部表情和身体姿势所表达的意思，不急于作出判断，把自己置身于说话者的位置

① 最高人民法院政治部等编写：《时代先锋宋鱼水》，人民法院出版社 2005 年版，第 163 页。

上，感同身受说话者的思想、情感，知道他说的是什么，也知道他心里想的是什么。法官倾听时，可适当将身体前倾，因为身体前倾是积极的身体语言，这表示你尊重对方，愿意与对方交流。倾听中，可通过适当的表情、话语等方式来实现与诉讼各方的交流沟通，而不光是被动地听，还可以偶尔地提问或者提示以澄清谈话内容，但不判断是非、不表明对错。法庭上，出于对公诉人、辩护人、代理人、当事人的尊重和庭审的需要，当他们发言时，对那些关键的话语，法官还要认真作些记录。

总之，倾听倾诉的要求，概括起来就是：法官的任务是倾听而不是倾诉；法官要倾听诉讼各方的倾诉；倾听别人永远比让人倾听自己更重要。

（五）专注庭审

司法礼仪要求法官庭审时必须精神饱满，正襟危坐，全神贯注，专心致志，耐心倾听，自始至终专注于主持或者参与庭审。简单地说，要在乎当事人的感受。法官端坐在审判台上，将受到公诉人、辩护人、代理人、当事人的高度关注，不应出现任何有损法官形象的不雅动作。法官在整个庭审过程中，身体和心理要保持一定的紧张度，神情专注，注意细节，不可松懈，避免表现出不耐烦或者淡漠表情，不得有掏耳朵、挖鼻孔、挠痒痒、梳头发、用手托腮、身体倚靠等不雅举止；不得分心翻阅无关书籍、文件或者做其他与庭审无关的事情；不得使用任何通信工具，不得接打电话，尤其是用手机发短信；不得酒后参加庭审，不得抽烟、闲聊或者打瞌睡；不得中途退庭或者随意离开审判席位，影响参加庭审人员的注意力，如确有急事需要离开，应当宣布休庭。

专注庭审，不光是主审法官，合议庭其他成员也要专心专注庭审，不能分散注意力，陪而不审。前几年，一位网友发表了一篇《法庭上坐着一个稻草人》的文章，说的是某基层人民法院正在审理一起案件，庭审按部就班进行时，突然间，法庭上一位边座法官开始打盹。这位网友注意到，这位边坐的法官沉重的眼皮慢慢地合上，又被努力地睁开，又慢慢地合上，又被努力地睁开——他正在和自己的眼皮作殊死搏斗！最终他失败了，眼皮稳稳地合上，不再睁开——法官大人睡着了，深深地睡着了——法庭上坐着一个稻草人！庭审不专注，不仅仅是对当事人不尊重，也影响了司法形象和司法公正。澳大利亚高等法院曾作出一个裁定，由于法官在法庭上睡着，法院的判决无效，案件必须重审。

（六）宽容大度

宽容大度是一种美德，是法官的一项基本礼仪素养。宽容大度有利于缓解气氛，改善交际环境，既显示出自己良好的礼仪修养，也有利于法庭有序有效审理下去。法庭上，法官要尊重差异性，包容多样化，做到心胸开阔、雍容大度、心平气和、谦逊自爱，要设身处地为诉讼参与人着想，体会诉讼参与人的喜怒哀乐，尤其对不懂繁琐诉讼程序的当事人，做到严于律己，宽以待人，不能以对法官的要求去对待他们，不应求全责备、吹毛求疵、斤斤计较，而应当尊重、宽容、善待他们。在一些非原则性问题上，能够原谅、容忍诉讼参与人的过失，允许其犯一些“合理的错误”。比如，原告或者上诉人因为交通拥挤，开庭迟到，法庭应当真诚地向对方当事人释明，取得谅解，不能简单地按撤诉处理。法庭上，对公诉人、辩护人、代理人、当事人的不当、失礼、冒犯或者过激的言行，要保持宽容大度，不应发脾气、耍威风，动辄训诫。诉讼参与人的小小过失均可以一笑了之，用不着“铁面无私”。总之，法官庭审中对自己要追求完美，对当事人要允许缺陷，当事人可以不懂礼仪，但法官不可以不遵守礼仪。

二、检察官法庭审判司法礼仪基本要求

(一)尊重法庭

公诉人在法庭上应当遵守《人民检察院检察制服着装管理规定》《公诉人出庭行为规范》的要求，遵守各项检察礼仪规范，注重职业礼仪约束，做到着装规范，仪表端庄，精神饱满，表情自然，神态庄重，举止落落大方。公诉人出席庭审时，应当遵守着装礼仪，按规定穿着检察制服，正确佩戴检察徽章。制服要整齐洁净，仪表端庄得体，不得敞怀、披衣、挽袖子、卷裤腿。男性公诉人不得留长发，发长侧面不过耳、后面不过衣领，不得剃光头、蓄胡须；女性公诉人不得披散长发、染指甲、化浓妆，不得佩戴耳环、项链、手镯、手链等暴露性首饰，也不得在外露的裤腰带上系挂钥匙或者饰物。

公诉人出庭支持公诉，除在少数民族聚居或者多民族杂居的地区使用当地通用的语言外，应当使用普通话。法庭上，言行举止庄重，态度公允，礼节规范，使用文明礼貌用语，语速适中，吐字清晰，声音洪亮，表达准确，不说粗话、脏话，维护国家公诉人的良好形象。公诉人应当尊重审判人员，尊重审判长依法进行的诉讼指挥，法庭上出示证据、讯问被告人、发表公诉意见或者辩论意见，要经审判长或者独任审判员许可。公诉人应当遵守出庭时间，不迟到、不早退、不缺席，不得随意离开法庭，确实需要离开法庭的，应当经审判长同意或者提请法庭休庭。宣读起诉书时应当保持姿势端正，充分展示国家公诉人的威仪。合议庭成员进入法庭、宣读裁判时，按照法庭要求，与全体人员一起起立，不能坐在位置上。宣告判决后，公诉人一般不当庭发表意见。公诉人发现法庭审理案件严重违反法律规定的诉讼程序或者严重侵犯诉讼参与人合法权益、影响案件公正审理的，应当在庭后及时向本院检察长报告，并根据需要提出意见。但是如不当庭指出可能严重影响公正审判或者可能造成难以弥补损失的，公诉人可以当庭指出并于庭后及时向本院检察长报告。

(二)尊重诉讼参与人

法庭辩论控辩双方地位平等，不分高低贵贱，公诉人、辩护人各自履行自己的职责，不能有居高临下的身份优势之感。庭审中，要尊重被告人的人格尊严，尊重辩护人、代理人依法行使辩护权、代理权，动之以情，晓之以理，做到语言文明、行为文明、作

风文明，避免盛气凌人、咄咄逼人，不得打断辩护人、代理人正在进行的发言，不得嘲讽、挖苦、侮辱、训斥被告人及其辩护人。法庭上，一个彬彬有礼的公诉人比一个咄咄逼人的公诉人更能获得尊重与信赖。法庭辩论时，要将满腔的激情与冷静的头脑结合为一体，用语规范，理智表达，平心静气，柔中带刚，以礼待人，以理服人，控制好情绪和态度，不能感情用事，不能颐指气使、以势压人，不能以个人好恶论证事理和给人冷酷无情的感觉。要将人性化关怀融入庭审之中，使被告人在受到法律制裁的同时，也感受到公诉人的人格魅力和社会的温暖，最终有利于其认罪服法。对对方激烈交锋、碰撞中出现的一些口误，只要对方不是故意歪曲事实，曲解法律，混淆视听，公诉人一般应当从正面纠正，不可斤斤计较，抓住一点失误就揭人之短，讥讽挖苦，得寸进尺，更不能进行人身攻击。如果个别辩护人出言不逊，应当通过审判长提醒对方注意，或者在适当时机予以正当反击，切不可以谬对谬，以牙还牙，那样就有损公诉人的风度。对辩护人的无罪、罪轻等辩护意见，或者其他自己所反对、反感的意见，都要表现出宽宏大度，不得攻击诋毁，相信法庭会依法采纳正确的意见，充分展示公诉人不骄不怠、不亢不卑的职业操守和风范。

三、律师庭审司法礼仪基本要求

（一）尊重法庭

律师担任辩护人、代理人参加庭审，应当尊重法庭，尊重法官，遵守法庭纪律，保持良好的仪表，注重律师职业形象。出席法庭应当按照规定穿着律师出庭服装，佩戴律师出庭徽章，着装保持洁净、平整、不破损。男律师不留披肩长发；女律师不施浓妆，头发齐整，不佩戴过分张扬醒目的饰物。遵守出庭时间，不迟到、不早退。发言、陈述和辩论，要听从审判长、独任审判员指令，或者征得审判长、独任审判员同意。发言时应当举止庄重大方，可以辅以必要、得体的手势，但要避免过于强烈的形体动作，切忌“手舞足蹈”或者“指手画脚”。合议庭成员进入法庭、宣读裁判时，律师应当与全体人员一起起立。法庭内不得鼓掌。鼓掌是表示欢迎、祝贺、赞许、致谢的礼貌举止。如果辩护人的意见得到采纳，比如判决被告人无罪或者罪轻，辩护人不得在法庭上鼓掌，以体现法庭的庄严肃穆。

（二）尊重公诉人及其他诉讼参与人

法庭上，法官是最终的受话者，律师对法官往往使用文明礼貌用语，但对公诉人、对方当事人及其代理人往往采用针锋相对的策略和言辞。庭审中，律师应当充分尊重公诉人、对方当事人及其代理人，发言时举止庄重大方，用语文明得体，不得使用黑话、脏话等不文明语言。法庭辩论重在斗智，不在斗勇、斗狠。律师在法庭上固然追求辩论的雄辩美，语言需要生动形象、绘声绘色，但官司胜负，最终还是取决于辩论的内容，在于摆事实、重证据、讲道理，防止华而不实、哗众取宠，做到既彰显风采，又不失对公诉人、对方当事人及其代理人的礼貌和尊重。庭审中，因对事实真伪、证据取舍、法律适用、同案被告人地位作用责任大小等而与公诉人、其他诉讼参与人意见不一致的，应当有理有据地发表意见，做到不卑不亢、有礼有节。法庭上，还要尊重其他律师的意见，与其他律师之间要相互尊重，不得使用挖苦、讽刺或者侮辱性的语言，不得发表恶意贬低、诋毁、损害同行声誉的言论，要让社会感受到法律职业共同体的团结与和谐。

第三编

模拟法庭专项技能训练篇

本编对法庭审理中辩护人(代理人)的技能进行精当的概括,对法庭举证质证、法庭询问、法庭辩论(辩护)以及法庭语言的运用等进行分析与概括,总结出一系列实用的技能和有益的心得与体会,并辅之以相关技能的演练素材,努力做到学与练的结合。

第八章　法庭举证与质证

第一节　法庭举证概述

举证，字面上可理解为提供证据，它是诉讼活动中一项重要的诉讼行为，具体是指在法官主持下，由当事人、诉讼代理人向法庭对其提供的证据材料进行说明，展示和论述其证明力的诉讼行为。《中华人民共和国民事诉讼法》第64条第1款规定："当事人对自己提出的主张，有责任提供证据。"《民事诉讼法》的这一规定为辩论式诉讼提供了法律依据。辩论式民事诉讼是指在民事诉讼法的规范下，坚持以诉讼参加人为主体，围绕案件事实证据、争执焦点、是非责任、适用法律等问题，通过双方当事人言辞对抗和在法庭指导下的"当庭陈述""当庭举证""当庭质证""当庭辩论"，当庭裁决，当庭解决讼争的审判方式。辩论式民事审判方式强化了民事举证责任。也就是说，从诉讼体系上，辩论式民事审判方式坚持有证举在法庭、有理讲在法庭、事实查明在法庭、是非责任分清在法庭。在辩论式民事诉讼中，辩论双方对抗的过程，实质上就是庭审举证和质证的过程。①

一、举证的基本步骤

举证不能片面地理解为哑巴行为，一言不发地向法庭提交相关证据材料，不能说是完全的举证行为。简单地说，举证的行为就是要说明两大问题：一是证据的内容是什么；二是运用这些证据想达到什么目的。具体而言，一个完整的举证行为应当由证据的展示、证据的说明、对证据所证明对象的论述三部分组成，简称为举证"三段论"。

第一阶段，证据的展示行为，即举证主体向法庭出示证据的行为。出示的方式大致有陈述发问、宣读、出示和播放。

依据《刑事诉讼法》和《民事诉讼法》的相关规定，刑事诉讼被告人供述、被害人陈述、民事诉讼中的当事人陈述、证人证言等均是法定证据形式，对于这些言词证据的展

① 栗志明、曹春龙：《辩论式民事诉讼的庭审举证与质证》，《辽宁师专学报（社会科学版）》1999年第4期。

示方式，一般由相关的诉讼参加人在法庭陈述其证据的内容，并且法律还规定，控辩双方可以对刑事案件被告人的供述、刑事案件被害人陈述、民事案件原被告的陈述及证人证言等进行发问。通过发问揭示其证据的全面性和真实性。

对于书证的展示方式主要是当庭宣读相关书证的内容，一般而言，对于那些内容相对简短、扼要的书证比如居民身份证、驾驶证等，可以在法庭上全文宣读；对那些内容繁杂的书证材料比如医院的病历证明、伤害鉴定等，一般采用摘要宣读，将最具有证明力的段落和文句在法庭摘要宣读。对当庭宣读的有关证据主要内容，必须忠实原意，不能更改变动。如不宣读证词全文，要向法庭作简要说明，并宣读所需宣读的主要内容，使证据重点突出、简洁、有力，符合证据真实、合法的要求。

对物证等实物证据，一般应以原物向法庭出示。当然，对于一些不易保存的或大宗的物证，可以先采取照片或录像等方法进行固定，其后再用视听方式当庭予以播放，也能取得较好的证明效果。

对于视听资料证据而言，必须在法庭上予以实际播放。

第二阶段，证据的说明行为，即举证主体就当庭所举的证据对其来源、形成过程、证据提供者的身份与能力等进行说明。证据的说明行为的主要目的就是说明证据的真实和可靠程度。

说明证据的来源主要是说明证据是如何形成的，或者说是由谁提供的，从而来说明证据来源的可信程度。而证据提供者的身份、动机特别是与证据内容相关的能力和知识都会不同程度地影响证据可靠性和证明力，因此，在举证时，应当对证据提供者的身份、能力和知识进行适当地说明和介绍。比如视听资料必须有制作视听资料的环境说明，应有必备的证据证明，是谁制作，在什么环境下制作的，以证实其客观性、真实性。

第三阶段，也是举证行为最为重要的阶段，即向法庭说明运用这些证据试图说明或者证明的对象。

法庭的举证目的是让证据起到证明案件相关事实的作用。比如在购销合同货款纠纷中，原告律师在庭审出示了由被告签字并盖章的收货单据，律师在出示该证据的同时，说明该证据用以证明原、被告之间购销合同履行中被告所收到的货物并且进一步说明所收货物应当支付而事实上尚未支付的货款。

证据对证明对象是否具有证明力，或者证据本身具有非常宽泛的内容，而与案件相关的证明对象往往只有一个或两个，这就需要证据提供者进行充分的论述，说明证据中的哪些内容、哪些环节与案件具有关联性。

另外，有些证明对象需要一组证据相互印证之后才能证明，应在此阶段通过论述说明，使相关的几个证据或者几组证据形成一个完整的证据链条。

证据论证的基本方法，一是直接确认，对有直接证据的案件，应以直接证据为开展论证，为法庭确认案件事实提供依据。比如，在交通肇事侵权纠纷中，原告及其代理人向法庭提交了原告的身份证(复印件)、原告的驾驶证(复印件)、处理事故的交警大队的交通事故责任认定书(复印件),这些证据可以直接证明原告方某某是本次交通事故的受害者,其人身权和财产权受到了侵害,是本案适格的当事人。二是间接确认,即"推理",对以间接证据为主证明案件事实,常用这种证明方法进行证据论证,由于间接证据都不能直接证明案件事实,只有众多的间接证据结合起来才能证明案件事实,因此,在使用这一方法时,除了阐明每个证据具有证据的基本特征外,还必须对所有间接证据间的关联性开展分析,从而提出具有唯一性、排他性的结论。比如裴某诉中石化某加油站侵权纠纷一案,因加油站工作人员错将97号汽油加注给柴油版的陆虎轿车,造成原告财产的重大损失。原告律师向法庭提交了如此证据:(1)证人雷某某(司机)证言,证言写明:2011年7月24日下午3时20分,在中石化某加油站为豫A911HD的轿车加注柴油时,被加油站工作人员加注入97号汽油;(2)杭州市世之贸汽车销售有限公司出证明一份:2011年7月24日下午4时10分,接到豫A911HD车主裴某的电话要求派车施救,世之贸公司于下午4时15分派出由司机袁某某驾驶的拖车将豫A911HD从加油站拖到世之贸有限公司进行车辆检修;(3)中石化某加油站出具的燃油销售发票一张;(4)陆虎轿车汽车用户手册一份,第132页明确表明加错燃油可能严重导致车辆故障;(5)杭州世之贸汽车销售有限公司维修结算单一份,证明公司对豫A911HD车辆进行了油路清洗、更换高压油泵,喷油器、喷油嘴、燃油管道等,价格总计为58766元。原告提供的证据证明为豫A911HD更换高压油泵等损失是加注97号汽油所造成的,而且进一步证明是某加油站加注的97号汽油所造成,故某加油站是轿车受损的直接责任者。

无论是相对简单的直接推理还是略显繁杂的间接推理,在庭审中,对举证目的的论述,语言要简练并具有高度的概括性,使人一听就明白,比如,"审判长,请传证人王某某到庭作证,证人王某某可以就某某问题向法庭作证""审判长,原告代理人下面宣读证人李某某的证人证言,该证人证言可以证明某某问题。"

二、举证的基本方法

由于案件的具体情况复杂多样,因此,举证方案也不可能千篇一律,而应当根据案件的具体情况和证据状况,结合案件的性质和当事人的状况等,运用灵活多样的举证方法,以取得良好的效果,达到举证的目的。我们从实践中归纳了几种举证方法。

(一)顺时举证法与逆时举证法

1. 顺时举证法(顺序法)。就是按照案件发生的时间顺序来安排、组织证据。比如刑事案件一般先出示犯罪动机、犯罪预备的证据,然后出示犯罪经过、犯罪后果的证据,最后出示影响量刑的从重、从轻减轻的证据;而在民事侵权案件中,一般先出示侵权纠纷产生原因的证据,然后再出示侵权行为的经过、侵权行为的后果等证据。这种举证方法，条理清楚，层次分明，是司法实践中较为常见的举证方法。

2.逆时举证法（倒序法）。就是先出示案件最基本的违法（或犯罪）行为及违法（犯罪）后果，然后出示该事实行为系被告方所实施的证据，最后再出示被告实施该行为的动机目的以及过错原因。这种举证方法往往比较多地运用于行为实施人、行为动机及过错责任等有争议的案件。

3.交叉举证法。就是总体上按照顺时安排和组织证据，但是具体到某一组证据时，可以视具体案情穿插进行逆时举证。比如，方某某交通肇事损害赔偿案件中，在庭审中，原告代理人先向法庭出示了处理案件的交通警察大队的事故认定书，用事故认定书相对比较权威的证据来倒叙交通事故发生的时间、地点、车辆受损状况及责任方的认定；然后再按照顺序法一一出示医院的诊断证明书、出院记录、医疗医药费用等等。

（二）先易后难法（或者重点举证法）

在法庭审理中，将控、辩双方没有争议或争议不大的事实、情节，分组举证首先予以证明。然后再重点地出示有争议的事实及情节。这样举证方法的好处是可以集中精力重点证明有争议的事实与情节，以提高庭审的效率。比如，方某某的交通肇事损害赔偿案件中，原、被告双方对交通肇事的责任认定及车辆损害范围等没有争议，其争议的焦点在于本案原告是否存在扩大医疗的问题，故在举证时，可以先出示事故认定书、车辆损害的鉴定报告等，最后重点出示原告方某某在医院诊断报告及医疗医药费用等。

（三）法律行为构成法

具体而言，在刑事案件中，可称为犯罪构成法，就是按照犯罪构成的四个构成要件来组织出示证据的方法；而在民事诉讼中，可称为民事法律行为构成法，即按照民事法律行为构成要件来组织出示证据；比如在民事侵权案件中，依照损害行为、损害后果、损害行为与损害后果的因果关系以及侵害人主观过错等四个方面来组织证据。这种举证方法往往适用于那些对行为性质或者定性存有争议的案件。

（四）一事一证法与分组举证

一事一证法即对每一个案件事实出示和宣读有关的物证、书证、证人证言等。这种举证方法仅仅依靠一个证据就说明案件的某一基本事实，比如交通肇事损害赔偿案件中，交警部门的事故认定书在一般情况下能够证明交通事故的责任分担的事实。这种举证方法适用于案件事实相对比较清楚，争议不大的案件。

分组举证的思路是基于孤证难定的基本定律，对案件证据进行分析、取舍、补充、归类和排列，将能够相互印证的证据连成一体，建立环环相扣的证据组合，从不同层面、不同角度共同证实同一内容。数份证据证明方向一致，能够证明某一事实内容，即可划归一组，衔接出示，形成共同证明力和同一指向性。具体而言，可以根据争议事实的构成、争议事实发生的时间顺序以及当事人收集到的证据的种类等标准进行分组。

第二节 法庭举证中的常见问题

一、注意做好庭审前的准备工作

"凡事预则立，不预则废"，圆满完成举证活动，必须在庭审前认真细致地做好组织证据的准备工作，要在吃透案件情况的基础上，对拟当庭出示的证据进行必要的筛选，制定出示证据、询问证人、宣读证言的详细方案，同时设计好证据出示的顺序，使举证工作紧凑而层次分明。由于庭审活动呈现运动状态，随着新证据的出示，案件情节随时有可能会发生变化，所以，除了制定完备的举证方案以外，还要事先预判庭审中可能出现的意外和变化，力求做到有备而无患。

二、抓住关键问题，突出举证重点

在选择向法院提交的主要证据及庭审所出示的证据时，应首先考虑证据的证明力度。就举证策略来说，向法庭出示的证据应当是充分的、确实的、能够形成完整的不相矛盾和排斥的证据体系，但是就具体案件而言，应当因案而异，有选择地确定举证的顺序和方法；不能只追求证据的数量，事无巨细、面面俱到，机械地堆砌罗列证据，而要有针对性地举证，围绕诉讼的目的有重点有选择地组织证据，选择易成为辩论焦点的问题作为举证重点，控制举证的节奏。对于案件的一般事实环节，无争议情节的举证，不必向法庭过细出示，反之，对于复杂疑难案件的证据出示，则最好应当一事一证甚至一事多证。

三、有的放矢地改变庭审言词证据的宣读方式

目前，多数法院考虑到庭审的节奏和庭审的效率，在实际庭审实务中，对言词证据的宣读大量地采取摘要式宣读的方式。所谓摘要式宣读，是指举证方在庭审中根据需要概括性或有选择性地宣读部分有关的言词证据。以刑事案件的证人证言为例，担任控诉职能的公诉人出于胜诉的目的，完全有可能围绕犯罪构成的角度而选择性地宣读被告人有罪供述和证人有罪证言，对于同一证人所作的多份不一致的证言笔录或不同证人所作的不同证言笔录，公诉人有时会选择地宣读其中的一份证言，或者仅仅摘要式宣读其中的一段或一部分，这种举证方式经常会受到辩护人及被告人的质疑。这种"摘要式宣读"言辞证据的举证方式应予以改革，应当逐步限制性地使用。对于被告人认罪的公诉案件或者原被告对案件事实争议不大的民事案件，原则上可以有节制地采

取“摘要式宣读”的举证方式，而对于被告人庭审中翻供的公诉案件或者原被告对事实争议较大的民事案件则应该全面进行宣读卷宗笔录。

而在民事诉讼中，对于类似产品质量等鉴定结论不应只向法庭宣读结论部分，而应将鉴定方法、鉴定步骤及其鉴定的内容等，全面、详细地向法庭宣读。如果涉及专业性较强的医学方面的理论知识等，还应当庭予以适当解释，以达到展示证据的最理想的效果。

四、做好举证说明，提高证据证明效力

《人民检察院刑事诉讼规则》第 340 条规定：“公诉人向法庭出示物证，应当对物证所要证明的内容、获取情况作概括的说明，并向当事人、证人问明物证的主要特征，让其辨认，宣读书证，应当对书证所要证明的内容、获取情况作概括的说明，向当事人、证人问明书证的主要特征，并让其辨认。”可见，对证据进行必要的说明，是举证的基本要求，其主要内容是举证明方向法庭出示、宣读证据时必须对证据的来源、合法性及其证明对象作必要的陈述，其目的是解决两个问题：一是证据的来源及其合法性，包括侦查人员的姓名、职务，取证的时间、地点、方式、程序，证人，被害人，见证人的姓名、性别、年龄文化程度，等等；二是证据的对象及证明作用，如证据要证明什么问题，是直接证明案件事实还是间接证明案件事实，特别是要把零散的、不连贯的证据通过论证有机地联系起来，使所举的证据形成一个完整的证据体系。举证说明要求举证方作不带任何感情色彩，任何主观分析的陈述，语言表述简洁、明确，以有利于合议庭确认证据为原则展开说明。

五、选择证据的最佳出示方式，以达到最佳的证明效果

刑事诉讼法和民事诉讼法均规定：物证、书证、证人证言，被害人陈述、犯罪嫌疑人、被告人供述和辩解、民事诉讼当事人陈述、鉴定结论、勘验检查笔录、视听资料。这些证据以何种方式向法庭出示才能达到证明的最佳效果，须在具体案件中结合证据自身特点灵活运用策略。在刑事诉讼中，若被告人对其犯罪行为供认态度较好，公诉人可以以被告人供述、被害人陈述和证人证言等为最佳举证策略；而对于那些被告人拒绝供认其犯罪事实的案件，则当以被害人陈述、证人证言、物证、书证以及鉴定结论为最佳举证策略。而在民事诉讼中，考虑到当事人的利益关系，在庭审当以出示物证、书证、视听资料为最佳举证策略。

六、强化庭审效果，重视多媒体技术在举证中的运用

将能够直接证明案件事实的询问笔录、证明材料、鉴定结论、照片、图表、单据等文

书、图片类证据输入电脑进行编辑、整理，制作出一系列专项问题证据链，按出示顺序排列、储存在便携式电脑中。间接证据、物证等因无须编辑而直接由实物投影出示，视听资料证据可以采集录入便携式电脑中编辑播放，也可以由播放设备接驳多媒体投影机直接播映。开庭时，举证方依据举证方案操作多媒体投影机将所出示的证据均显示于设置在法庭中的屏幕上，生动、形象、直观、具体，现场感强，完全保持其原始面目，便于当庭质证、认证。整个举证过程节奏紧凑，表述简洁，重点突出，可以提高庭审效率，强化庭审效果。

第三节　法庭质证概述

法庭质证是指辩论双方在人民法院的主持下，在法庭调查阶段对对方向法庭出示的各种证据材料进行的查验、质询、分析、推理、判断并最终作出肯定或者否定对方证据的活动。

法庭质证行为就是对举证方在法庭上出示的证据进行查验、质疑、辨析。全面考察证据的来源、证明内容、证明效力，其目的在于发现破绽、找出矛盾、揭穿虚假，消除证明作用，影响或动摇法官对其证据效力的认定和采信查验，努力排除其作为定案的可能性。

一、法庭质证活动的基本步骤

与举证行为一样，质证行为的基本方法可以分为：查验、质疑和阐释。质证在举证方宣读或者出示某一证据后，经过查验，直接向法庭表明质证方对该证据材料的质疑意见或者否定意见。查验(概念)是对对方出示的证据所进行查看和验证。庭审过程中，当举证方出示证据后，质证方可针对该证据进行仔细地审核、检验，是真实合法的应表示认可，对不符合事实或者有关规定的应立即指出问题之所在。查验是质证活动的一个最基本的方法，以一定的法律知识、经验和事实依据为前提，其对象包括物证、书证、证人证言、鉴定意见、勘验笔录、视听资料等。质疑是对对方出示证据的质疑、异议和否定。

第二步是阐释与论证，即向法庭阐释证据质疑或否定的原因或者依据，对该证据的合法性、真实性和联系性以及证据效力有无、大小等进行论证，向法庭说明质疑或者否认的理由及依据。阐释与论证的内容是对举证方所提交的证据材料的客观性、关联性及合法性进行对质、核实和论证。

二、法庭质证的基本方法

与法庭举证的方法相应，在司法实践比较常用的有一证一质法和综合质证法。

一证一质，即对于法律事实单一，层次清晰，争议不大的简单案件，由法官逐次推进，一事一证，一证一质。实践中，举证方主张某一事实，向法庭出示或宣读某一个或者某一组相应证据，再由对方质证。为避免发生质证方因同时对多个证据质证而混淆并降低质证效果，可将一组证据中每个证据逐一质证。

例如：在李先生诉王女士奥迪 Q5 轿车所有权纠纷一案中，原告李先生诉称：2010 年 12 月 21 日，他因工作需要将购买的一辆奥迪 Q5 车辆的机动车登记证书登记在被告王女士名下，但该车辆实际一直由原告使用。2011 年 11 月，被告王女士擅自将停放在原告单位楼下停车场的涉诉车辆开走，一直未归还。原告故起诉请求判令涉诉奥迪 Q5 归原告所有，被告将该车辆返还给原告。被告王女士答辩：原、被告原是恋爱关系，原告李先生于 2010 年 12 月 21 日所购买的奥迪轿车，系原告给被告的赠与之物，其机动车登记证书登记于被告名下，故诉争车辆的所有权由被告所有。原告所称由于工作需要而将车辆交由原告使用的陈述不符。2011 年 7 月被告将车借给原告使用，而原告一直未归还，被告才于 2011 年 11 月将自己车辆取回，故原告的诉讼请求应被驳回。法庭在审理此案件时，采用了一证一质方法：

审判长：下面进行举证质证，首先由原告出示证据并说明证明目的。

原告代理人：证据 1：提交一份由被告本人所签署的证明，证明车辆是原告出资购买，当时限购政策已经出台，因原告名下已有车辆，故将车辆挂在被告名下。

审判长：被告看一下，发表质证意见。

被告代理人：对这份证据的真实性和合法性不认可。（笔者注：对此证据的否认观点）被告从没有在写有上述内容的纸上签过名，证明上的签名也不是被告所签。在证明上内容在纸的中部而不在正常的上部，而被告的签名也不清楚且没有写日期；另从工作需要的理由也不能与原告所陈述的无业相符；同时如果双方关系不够亲密，原告怎么会将价值这么高的车挂在被告名下。

审判长：原告继续举证。

原告代理人：证据 2：提交机动车的销售原始发票；证据 3：提交车辆购置税的完税证明；证据 4：提交购车时原告的刷卡凭据，上述三份证据均要证明车辆系原告出资购买，因为要挂在被告名下，才会在发票上写被告的名字，但是，购车发票原件一直在原告处保存。购车费用中还包括车辆的保险和上牌的费用;证据5:提交车辆出售方所提供的收据,证明是原告出资购买了涉诉车辆。

审判长:被告看一下,有什么意见?

被告代理人:对4份证据的真实性认可,诉争车辆是原告出资购买。(笔者注:对该证据的主要观点)但在购车就由双方口头约定由原告赠与被告车辆,故双方成立赠与关系。第一期的保险是原告所交纳。之前也赠送过一辆马自达,后已归还原告。

原告代理人:证据6:机动车登记证书,证明机动车的所有权一直是原告,因为该证的原件在原告处保存。

被告代理人:该证据的真实性我方予以认可。(笔者注:对证据的肯定观点)根据登记的记录的信息,车辆的所有人是被告,登记证书原件虽是在原告手中,但这并不能证明原告是所有人,后被告又去车管所补办了登记证。(笔者注:对该证据的阐释与论证)

综合质证法,即在案件庭审时,审判人员引导举证方紧扣诉讼请求进行举证,对举证方出示或者宣读的某一个或某一组证据暂时不进行质证,待举证方将全部证据材料在法庭出示完毕以后,再由质证方对全部证据材料进行质证。

这种质证方法由于举证方的证据材料纷繁、复杂,容易造成混乱,降低质证的效果。因而,这种质证方法必须突出重点,切忌面面俱到,要抓住那些决定案件事实和性质的关键性问题、关键性情节、关键性证据。这种质证方法必须强调质证重点,明确而具体地说明哪组证据中的哪一份证据存在异议或者否认;或者对哪份证据的哪部分内容存在质疑,以使法庭引起注意与重视,从而提升质证的效果。采用综合质证法应特别注意做到引证工作,即质证方概括简洁地引用举证方的相关证据的编号、证据内容及其证明对象,使举证方与质证方对证据的焦点更加集中。例如:原告刘某诉被告韦某某、被告某市油品公司、被告某市平安保险公司机动车事故责任纠纷一案。2011年4月19日,第一被告韦某驾驶第二被告某市油品公司的重型罐式货车,在环西路与高新支路交汇处,将骑自行车的原告刘某撞伤。经交警部门认定,被告韦某承担事故的全部责任。事发后,原告刘某住院治疗,现治疗终结,故提起本案诉讼,要求被告韦某、被告某市油品公司承担全部的损害费用,并要求被告保险公司在交强险的范围内进行理赔。

审判长:下面由原告进行举证。

原告出示:

证据1:电脑咨询单两份,证明被告2、3是适格的诉讼主体。

证据2:某市交警大队的交通事故认定书,证明事故的发生及责任划分。

证据3:人民医院门诊病历、发票、疾病诊断证明书、住院病程记录,证明原告因事故在医院治疗及花费情况,全部住院费用已经由某油品公司支付,所以我们起诉的医疗费仅是我们支付门诊费用，发生于2011年11月1日的，有门诊病历相对应。

证据4：河东村村民委员会的证明、户籍登记卡（原告及其母亲），证明原告的母亲有四个子女，需要子女赡养，原告虽是农业户口，但是住在城镇。

证据5：鉴定费发票、伤残鉴定意见书，证明我们原来申请鉴定的情况。

审判长：原告提供以上证据原件。

原告代理人：好的，我们把鉴定费发票的原件留在法院，因为原来给法院的复印件比较模糊。另村委会的赡养证明是加盖有公章的，原来复印的也比较模糊。

审判长：被告对以上证据进行质证。

被告韦某的代理人黄律师：

证据4中的原告的赡养人户口没有异议（笔者注：引证），但是原告的户籍是农业户口，我们要求按照农村的标准进行计算。

证据3中的88元门诊费（笔者注：引证）在鉴定后发生，没有相关医嘱。

其他的证据都认可真实性，住院的相关票据在我们这里。

被告韦某：同意代理人黄律师的意见。

审判长：保险公司对原告证据进行质证。

被告代理人：对证据1、2（笔者注：引证）没有异议。

证据3中的门诊病历、门诊费用（笔者注：引证）无法证明与交通事故有关联性，且治疗在鉴定之后（笔者注：阐释与论证），所以我们不予认可。（笔者注：观点与意见）

其他证据的真实性我们认可，原告属于农村户口应该按照农村标准计算赔偿金额。

对原告提供的鉴定意见书及鉴定费有异议，因为已经被第二次鉴定否定。

第四节 法庭质证中的常见问题

一、质证须言之有物，言之有据，切忌敷衍了事

《关于民事诉讼证据的若干规定》第50条规定："质证时，当事人应当围绕证据的真实性、关联性、合法性，针对证据证明力有无以及证明力大小，进行质疑、说明与辩驳。"但是，在庭审实践中，质证方对证据的质证内容往往过于简单，只是使用了"这些证据不客观""这些不是事实""这些证据与案件无关"等简单词汇来进行质疑。在庭审

实践中，另一种质证乱象是"找茬式"的质证，这种现象在刑事辩护中相对较多。有的律师在法庭上质证的时候，只要是公诉人提出的任何证据和事实一概反对，"好像我不反对就对不起我辩护人的地位"，所以不管是公诉人提出对的还是错的一律反对，这个证据是合法性的问题、那个是真实性的问题，这个证据与本案无关，等等，所以整个质证过程中不断地跟公诉人冲突，这就是找茬式的质证，实际上起不到任何作用。质证的质疑必须来源于对证据的精心分析，既不能信口开河，为质证而质证，马虎应付，也要避免事无巨细，烦琐论证，偏离诉讼核心。总的一个原则是围绕着证据的"三性"进行。紧紧围绕对证据的合法性、真实性、关联性开展审验和质疑。质证应当向法庭充分论证举证方所出示的证据"不客观""不是事实""与案件无关"的客观依据，做到言之有物、言之有据。

二、质证的观点要鲜明，表述简洁、明确

对于证据的证明效力等的质疑，应简要、明确地表达证据的证明力不能成立或直接否定证据效力的态度，常见的词语表述有："这份材料真实性无法确认""这份材料与本案不具有关联性""这份证据无法达到对方所说的证明目的""这份证据来源不合法"等等，适当运用语言，尽可能直接、简洁和通俗易懂。质证时口齿清晰、语言肯定，论证和阐释组织严密、富有条理性、逻辑性。

三、处理好质证中质辩与法庭辩论的关系

庭审质证中的质辩不同于法庭辩论阶段的辩论。质辩存在于法庭调查阶段，是分散辩论，针对的是证据本身有无证明资格的问题，即证据是否具有合法性、真实性和关联性，侧重于论证证据的真伪。法庭辩论是集中辩论，是在举证、质证之后，在合议庭采纳和不采纳所举、所质证据的基础上，就已采纳的证据能证明怎样的案件事实、证明到何种程度等问题，即如何运用证据的问题进行辩论，侧重于对论题的论证，二者既不能相互孤立也不能混为一谈。

在司法实践中，比较常见的现象是在质证阶段没有很好地把握质证阶段的质辩的特点，与法庭辩论阶段的辩论相混淆，脱离证据质证而提前辩论。比如张某要求撤销某省大学开除其学籍的行政处分一案，被告某省某某大学在举证阶段向法庭提交的12份证据，其中第一组有3份证据：即证据1，监考老师黄某某、李某所写的关于监考违规的情况说明；证据2，张某本人所写的说明，在说明中，张某写道：2011年6月18日上午我（笔者注：张某）在英语六级考试中进行偷看，结果在拿到试题纸时被监考老师发现。说明时间是2011年6月18日。证据3，张某作弊时所使用的橡皮状接收器一个。庭审过程中，原告代理人的质证意见如下：

原告代理人：现在开始质证，比如说第一份证据……嗯……携带……携带橡皮状电子接收器。我们提请法院注意(这份证据的)中间这一段内容："携带橡皮状电子接收器握在手中，可能还觉得不够，在手中握有通讯工具，上面带有英文相关内容，老师令其交出。"就这样一句学生违纪情况描述。我们认为：认定张某……原告张某考试违规作弊行为，我们并没有异议，而在于认定为通讯工具，我们有异议。如果说是……如果说是……具体哪个文件，我要看一下，应该是你们提供的第一个文件的第39条，实施细则第39条，噢，这个39条写清楚了，严禁携带通讯工具(移动电话、传呼机和文曲星等电子工具)进入考场。原告认为：橡皮状电子接收器，被告凭什么理由把它认定是通讯工具。被告如果要把这个东西认定为通讯工具，至少要……要有一个第三方的……科技部门的鉴定。(笔者注：这段内容严重地将对证据质疑与法庭辩论混为一谈)而不应该说，被告认为是通讯工具，原告自认为是通讯工具，橡皮状电子接收器就当然是通讯工具。举了很简单的例子，你拿个仿真手枪，在那个……那个……情况下，被告说你携带手枪了没有？原告说我携带了手枪。好！那么说，此手枪就等同于真的手枪吗？所以我们说被告在通讯工具的认定没有事实依据。这是对第一组证据的质证意见。

那么对第二份证据：张某本人于2011年6月18日所写的情况说明，原话张某是这样写的：想拿仪器偷看，结果在拿到仪器时，就被监考老师发现了。接下去就是考试时间和张某的签名。那么……这份证据，除了我刚才第一个观点，仪器是否就等同于通讯工具。被告作出这样的认定仍然是缺乏事实依据的。这是第一点，第二点这个完全能够反映张某当时的行为状态……行为状态……行为状态未遂，或者说是预备，是吧，那么，张某自己承认那个作弊行为，如果你对他作出开除学籍的惩罚，和比照……和比照着……一个学生携带了作弊工具，携带了通讯手机，从进考场开始到出考场，完完全全地把所有的答案都抄写在考试卷上，这个既遂行为，当然还只是没有被发现，成功离开考场，这样一个既遂行为也只是处以开除学籍的最为严重的处分。在座各位都是成年人，可能有自己的子女，你们觉得公平吗？这样的处罚适当吗？这是第一点，第二点：张某在做出这个说明的时候，当时就已经积极配合监考老师来制作这个考场记录和情况说明，已经积极地向老师承认错误了，那么正如刚才原告(笔者注：代理人口误，应为被告)第二位代理人所说的：使用通讯工具就是一个严重的考试作弊行为，那么，原告在此一并说一下：如果你不……如果你还尚且没有认定这个橡皮状接收器具有收发功能，具有通讯工具这个一个性质的时候，你凭什么去认定他是严重的违规行为呢？你仍然缺乏事实依据。第二点，原告代理人刚才说：不需要考虑其是偶犯、初犯，是不是第一次作弊，那么根据其提供的这个文件的学生违纪处分规定，文件的

第4条明确地写明着：要视其情节轻重和认错态度给予教育和处分。那么在当中第9条第2项就写着：什么情况下要加重处分呢，说：认罪态度不好的情况下或者无理取闹的情况下要加重处分，而根据被告刚才所提供二份证据反映出来张某既没有认错态度不好，也没有无理纠缠，所以，学校一再强调说他的情节，认定他的考试作弊行为是严重的考试作弊行为，而不考虑他的情节，直接就给予最严厉的处罚，这是对前二份证据的意见。（笔者注：同样如此，这些意见应当是辩论意见）

第三份证据是橡皮状电子接收器，结合前二份证据，我们……第一认为：这个证据是不是张某当时考试作弊时所使用的，我们不清楚，起码作为代理人来说，今天我是第一次看到，我没有办法作出判断，真实性是值得怀疑的，没有事实依据。第三点结合前面的二份证据，尤其是第一份说：它上面带有英文相关内容，但是张某携带了这样一个东西，仪器，他自己承认了其本身只是与考试内容相关，那么，与其他携带英语电子辞典、英语书，携带其他与考试内容的字条，没有本质上的区别，所以，被告把它放大为通讯工具，给予最严厉的处分，我们还是认为是欠缺事实依据的。

四、质证先易后难，提高质证效率

质证的目的是审查判断证据的证明效力，也就是对证据的客观性（真实性）、关联性、合法性进行审查。质证方只要在证据“三性”中任何一种属性提出强有力的质疑，质证即可大功告成。因此，在庭审实践中，质证方应当对证据“三性”质证难易进行全面的评判，寻找出最易突破的薄弱环节进行质疑。一般而言，与证据的合法性和客观性（真实性）相比较，对证据关联性的质证相对容易些，因此，质证方在庭审实践中，可以将主要精力集中于对证据关联性的质证上，没有关联性的证据与案件无关，不能作用为定案的依据，如果能够在证据的关联性问题上提出质疑和否定的结果，那么，质证方就没有必要在难度相对较大的客观性和合法性再费口舌了。

五、紧扣质证目的，有的放矢，突出质证重点

目前，我国法院的庭审效率相对不高，主要表现为控辩双方没有争议或者争议不大的事实也逐一质证，使整个庭审过程过度冗长、拖沓，而且庭审重点不突出，对有争议的事实的举证、质证反而不够充分。因此，要做到有的放矢，突出质证重点，一方面要重视庭前准备。在庭前证据展示中，双方应当对证据充分加以分析，法官应当提示双方关注哪些是无争议的，哪些是有争议的。庭审中，控辩双方对已经展示的证据如无新的异议，对这部分无异议的证据，庭审中就不再重复质证，这会节约大量庭审时

间。质证的重点应放在经过证据展示后控辩双方仍存异议的证据上，这样在庭审中双方就有充分的时间证明、说明证据的来源、所证明的问题，对双方的质证意见也有所准备。有的放矢，突出质证重点的另一方面的做法，要注意不同种类、不同性质证据的证明效力的差异性，不能千篇一律，平均使用质证力量。对于在庭审实践中出现的政府部门和法定鉴定机构作出的契证、证件、鉴定结论、公证文书证明以及公、检、法所做的已生效的裁决、决定，法院依法调取的证据和所做的现场勘验等，笔者认为：对法院、检察院、公安部门作出的已经生效的裁决、决定，公证部门作出的合法公证，法院调取的证据、做出的勘验笔录等应当与证人证言、当事人提供的物证和书证的质证有所区别，无须对其合法性、真实性和关联性全面质证，而将质证的重点集中于这些证据与案件本身的关联性和证明效力上。其理由是：公、检、法所做出的生效裁决、决定已是一种具有强制执行力的法律文书，法院调取的证据、勘验笔录等证据来源本身是合法的。当然，这里强调的有的放矢，突出质证重点仅仅就一般情况而言，但是，在庭审实践中，对于那些已有证据证明公、检、法机关所提供证据的合法性、真实性存在质疑的案件，则另当别论。

第五节　法庭举证与质证的拓展练习

一、法庭举证与质证演练素材

案情简介：

浙江顺风快递有限公司杭州萧山分公司快递员方某某于 2007 年 11 月 15 日，在投送客户物品的途中，在杭州萧山闻堰镇闻兴路口与周某某驾驶的车辆发生碰撞。方某某在事故中造成了颈椎脱位的人身伤害，方某某所驾驶的摩托车以及方某某投送的客户手提电脑也在事故中也受到损害。经双方协商未果，方某某为追讨医疗费、医药费、误工损失、手提电脑的修理费以及摩托车的修理费等费用起诉周某某。此案所涉及的证据如下：

证据 1：交通警察大队事故认定书(复印件)

杭州市公安局萧山区分局交通警察大队

事故认定书

(2007)第 0000023251 号

事故时间：2007 年 11 月 15 日 13 时零分	天气：晴
事故地点：萧山区闻堰镇闻兴路三岔路口	

续 表

当事人姓名(甲方)	周某某	当事人姓名(乙方)	方某某
联系方式	13777556667	联系方式	13606540795
驾驶证号	330121691010081	驾驶证号	410426197911264538
车辆牌号	浙 A2W501	车辆牌号	浙 AU0646
保险凭证号	C53106211897	保险凭证号	PDAB2W733011107003578
交通事故事实:是日,甲方驾驶车辆,途经出事地点与乙方驾驶摩托车发生碰撞,造成两车受损及乙方受轻微伤,乙方车上财物(手提电脑)受损的交通事故。 当事人签名:周某某　　当事人签名:方某某			
责任及调解结果:甲方负事故全部责任,两车损以保险公司估价为准,车上财物(手提电脑)以保险公司估价为准,乙方医疗费误工费等以医院出的证明为准。			
当事人签名:周某某	当事人签名:方某某	交通警察:黄某某	2007 年 11 月 15 日 (交通警察大队公章)

证据 2:萧山区第一人民医院出院记录(复印件)

浙江省杭州市萧山区第一人民医院

出院记录

科别:骨科　　病区:五病区　床号:5043　住院号:80731193

姓名:方某某　性别:男　　　年龄:28 岁

入院日期:2007—11—17　　　出院日期:2007—12—11

入院诊断:C1/C2 颈椎脱位

出院诊断:C1/C2 颈椎脱位

住院天数:24

检查号:　　　CT 号:　　　磁共振号:　　　病理检查号:

入院情况:患者,男,30 岁,系车祸致头颈部外伤 1 天伴疼痛,入院查体:神志清,精神可,自主体位,查体合作,对答切题,脊柱无明显畸形,生理曲度存在,颈 2、3 棘突压痛阳性,叩击痛,阳性,双上肢及双下肢肌力五级,全身感觉正常,双肱二头肌、肱三头肌肌腱反射正常,双膝腱反射正常,双巴氏征阴性,左胸背部肿胀,压痛阳性。

诊治经过:

患者入院后,给予完善各项检查(三大常规)后,绝对卧床休息,消肿以及促进骨折愈合等,以及颈托外固定支持对症处理,患者疼痛逐渐好转,多次复查颈椎 CT 仍有半脱位,患者无神经损伤的症状以及体征,给予病愈出院。

出院情况:患者一般情况可,无颈痛。查体:神清,双上肢肌力正常,双上肢感觉正常,颈部颈托外固定。

疗效评价：好转

出院医嘱：

1. 颈托颈部外固定3月
2. 两周后门诊复查（周六上午骨科门诊）
3. 带药：七厘胶囊 * 4盒，2片 BID

　　血塞通片 * 2盒，1片 TID

主治医师：唐某某（签名）

证据3—证据28为方明杰在浙江省第一人民医院、浙江省第二人民医院和浙江省中医院检查治疗的病历及检查、治疗、医药等费用的发票（原件）略。

证据29：方某某提供的电脑修理发票（复印件）

浙江省货物销售统一发票

发票联　　　发票代码：133010610133

发票号码：04141277

2008年5月29日

购货方	名称	浙江顺风快递萧山分公司				识别号					
	地址电话					开户行及账号					
货物名称		规格	单位	数量	单价	金额					
						千	百	十	元	角	分
电脑配件				批	1180	1	1	8	0	0	0
合计人民币（大写）		壹仟壹佰捌拾零元零角零分								1180元	
销售方	开户银行			结算方式			备注				
	账号			联系电话							

开票人：　　　　收款人：骆某　　开票单位：杭州中易电脑有限公司（公章）

证据30：方某某提供的由萧山区伟东摩托车修配行出具的发票，以证明方某某所驾驶的摩托车在事故中受损所产生的修理费用。

浙江省货物销售统一发票

发票联　　　发票代码：13301030132

发票号码：00571877

2008年4月18日

购货方	名称	浙 AU0646	识别号	
	地址电话		开户行及账号	

续 表

货物名称	规格	单位	数量	单价	金额					
					千	百	十	元	角	分
配件与修理					1	2	1	3	0	0
合计人民币(大写)	壹 仟 贰 佰 壹 拾 叁 元 零 角 零 分								1213 元	
销售方	开户银行		结算方式		备注					
	账号		联系电话							

开票人：　　　　　　　收款人：梅某某　开票单位：杭州萧山伟东摩托车修配行(公章)

证据31：方某某所提供的由方某某所在的浙江顺风快递公司萧山分公司所出具的方某某2007年8月至10月的工资收入证明。

兹证明我司员工方某某2007年8—10月的工资收入明细如下

(仅作为因交通事故而申请理赔的收入证明)

部门	人员编码	姓名	级别	收件工资	派件工资	交通补贴	其他	应发金额	代扣社险	代扣税金	实发金额
萧山	073849	方某某	3C	974.6	1154.1	320	1087	3535.7	99	158.67	3278.03
萧山	073849	方某某	3C	1166.2	930.8	320	10	2427	99	47.8	2270.2
萧山	073849	方某某	3C	1336.8	1699.6	320	64	3420.4	99	147.14	3174.26

浙江顺风快递萧山分公司(公章)

2008年4月18日

二、法庭举证与质证演练实施方案

(一)分组并分配相关案件角色

将全班学生根据自己的意愿，分成3个大组，即原告组、被告组和审判组。原告组每组2名学生(一名扮演原告方某某，另一名扮演原告方某某的代理人)，共5组；被告组每组2名学生(一名扮演被告周某某，另一名扮演被告周某某的代理人)，共5组；其余学生组成审判组(可以根据学生的具体数量，组成独任审判和合议庭)

(二)演练步骤及演练要求

1.法庭举证质证演练之前，由审判组学生负责组织证据交换

演练具体要求：

举证组：

(1)证据的编组和编号；

(2)提供证据清单；

(3)证据使用的目的(即证明对象)。

质证组：

(1)查验的证据的形式、证据的来源等；

(2)对疑证进行摘录、复印等；

(3)组织质证的重点。

审判组：

(1)熟悉了解证据交换的程序；

(2)知悉了解双方当事人对证据的基本观点；

(3)准备。

2. 庭审举证质证演练步骤

(1)审判组宣布进入法庭调查阶段，对案件争议焦点进行概括，表明举证质证的方法(即一证一质或者综合举证质证)；

(2)原告方举证；

(3)被告方质证。

3. 法庭举证质证演练的具体要求

原告方(举证方)：

(1)向法庭提交的证据是否有序(即举证方所提交的证据是否能够支持主要的诉讼请求)；

(2)对自己所提交证据的目的是否明确；

(3)对自己所提交证据所证明的对象表述是否清楚、完整。

被告方(质证方)：

(1)对证据质疑的疑点是否准确；

(2)质证意见的结论是否清晰；

(3)质证意见的论证是否合理并且符合逻辑。

审判组：

(1)释明举证责任的分析原则与要求；

(2)固定双方无争议的证据与事实，确定案件的主要争议焦点；

(3)有序地组织双方当事人举证与质证工作；

(4)掌握证据认定的具体标准，适时对证据进行认定。

第六节　反馈与评价

一、法庭举证与质证(演练)内容评估表(举证组学生用表)

评估项目	评估内容	很好	一般	不足
演练设计评估	演练所选择的案例是否能够实现演练目的			
	所选案例所涉及的证据材料是否充分,是否有利于演练			
	所选案例素材是否具有对抗性			
演练实施评估(举证方)	举证方案是否科学合理(层次分明、规范有序、目的明确)			
	举证方有否完整的证据清单			
	证据的分组及编号是否清晰,符合逻辑			
	证据的数量是否充足			
	证据的拓展性,是否有新的证据来补充原有证据			
	对证据的内容的表述是否准确、简洁、清晰			
	证据内容的摘要宣读是否准确,关键语句是否突出			
	证据所证据的目的是否准确,合理			
	证据的来源,证据的形式是否表述准确			
	每组证据举证后是否有小结,小结是否准确			
	是否利用图表进行举证			
	是否利用多媒体资料进行举证			
	举证所使用的语言规范、清晰			
教师在模拟演练教学活动中的评估	教师在模拟演练教学活动的评估			
	教师在演练前是否要求学生选择观察重点			
	教师在演练前有否将演练的评判标准和依据表述清晰			
	教师的点评时间是否及时,是否借助录像回放的方式			
	教师的点评内容是否合理、切中要害			
	教师点评的语言是否中肯、态度是否耐心			
	学生是否对教师的点评心悦诚服			

二、法庭举证与质证（演练）内容评估表（质证组学生用表）

评估项目	评估内容	很好	一般	不足
演练设计评估	演练所选择的案例是否能够实现演练目的			
	所选案例所涉及的证据材料是否充分，是否有利于演练			
	所选案例素材是否具有对抗性			
演练实施评估（质证方）	质证方案是否科学合理（层次分明、规范有序、目的明确）			
	质证方有否完整的质证计划			
	质证前是否充分审阅相关证据材料			
	质证的时间是否充足			
	对于证据质疑的依据是否充足			
	对质证内容的表述是否准确、简洁、清晰			
	证据内容的摘要宣读是否准确，关键语句是否突出			
	证据所证据的目的是否准确，合理			
	证据的来源，证据的形式是否表述准确			
	每组证据举证后是否有小结，小结是否准确			
	是否利用图表进行举证			
	是否利用多媒体资料进行举证			
	举证所使用的语言规范、清晰			
教师在模拟演练教学活动的评估	教师在模拟演练教学活动的评估			
	教师在演练前是否要求学生选择观察重点			
	教师在演练前有否将演练的评判标准和依据表述清晰			
	教师的点评时间是否及时，是否借助录像回放的方式			
	教师的点评内容是否合理、切中要害			
	教师点评的语言是否中肯、态度是否耐心			
	学生是否对教师的点评心悦诚服			

第九章　法庭询问

第一节　直接询问

一、法庭询问的含义

法庭询问是指刑事诉讼中的公诉人、辩护人、民事诉讼中的当事人及其代理人就案件的事实情况，对被告人、了解案件信息与事实的证人、鉴定人、勘验人等进行询问，被询问人以口头言辞的形式就自己所知晓的案件事实，向法庭作如实陈述，并接受公诉人、辩护人、当事人、代理人的质询，或者审判人员以询问的方式进行审查的诉讼活动。我国《刑事诉讼法》《民事诉讼法》及《行政诉讼法》规定，法庭询问包括对当事人的询问，对证人的询问，对鉴定人、勘验人的询问等。在英美国家，证人的范围较为广泛，刑事案件中的受害人、被告人、民事案件中的当事人、鉴定人、勘验人等，都可以作为证人出庭作证。

法庭询问的目的在于向法庭展示有利于己方的案件事实，呈现控辩双方对相关事实认识的差异、了解案件中存在的疑问，同时为法庭辩论做好准备。根据询问的主体、询问的目标、询问的技巧等不同，法庭询问又可以分为直接询问和交叉询问。直接询问又称主询问，是指请求传唤证人的一方对该证人进行的询问，也即对己方证人的询问。交叉询问又称反询问，是指对对方所提供的证人提出的诘问，内容一般限于证人在直接询问中所陈述的内容或相关的事项。

在英美普通法系国家，法庭询问的顺序依次是控方或原告方直接询问己方证人、辩方或被告方交叉询问控方或原告方的证人、辩方或被告方直接询问己方证人、控方或原告方交叉询问辩方或被告方证人，对同一证人的直接和交叉询问可以重复进行。在我国，刑事诉讼中法庭询问的对象、询问的顺序，与民事诉讼中的法庭询问存在差异。我国《刑事诉讼法》第155条规定，在开庭陈述之后，首先接受询问的是被告人，对被告人的询问分别由公诉人、被害人和辩护人依次进行，法官认为有必要时也可以询问被告人；随后接受询问的是被害人，再其次是各方证人、鉴定人等。而根据我国《民事诉讼法》第124条的规定，民事诉讼中的法庭询问主要是针对证人和鉴定人的询问，当事人对案件事实情况的意见是由当事人自行陈述而非通过法庭询问进行。

二、直接询问的目标

直接询问的目标是通过对证人的询问，使该证人将有利于己方的案件事实反映出来，做出支持自己主张的证言，以取得案件审理者的理解和认同。从性质上看，直接询问属于证据的提供而不是质问，也就是说，一方就自己主张的事实，通过证人的言词陈述获得取信而不在于诘难。[①] 通常，当事方希望通过直接询问实现以下一个或多个目标：

(一)陈述无争议的事实

在诉讼中，许多时候会出现一些不存在争议的事实。尽管当事双方对这些事实的存在没有异议，但若这些事实是一方证明案件的某些构成要件或诉讼主张所必需，那么一方需通过直接询问向法庭展示这些无争议的事实，否则，这些事实的缺失也可能导致不利的判决结果。比如，在涉及侵害未成年人权益的刑事案件中，即使控辩双方对受害人的年龄没有异议，公诉人或控方律师仍需在对受害人的直接询问中展示受害人是未成年人这样这一无争议的事实；在某一财产损害赔偿诉讼中，即使对受损财产的归属不存在争议，原告方律师仍需通过直接询问证明原告对该财产享有占有或所有权。

(二)提高有争议事实的可能性

有争议的事实是法庭询问的重点也是庭审的焦点。直接询问是一方当事人陈述己方对有争议事实的观点的最佳机会。通过那些亲身经历和了解案件事实情况的证人的口述，还原真实的事件发生经过和相关信息，以确定、支持己方的诉求，同时证明对方的诉讼主张是不确定或不真实的。如在故意伤害案件中，公诉人可以通过对现场目击证人的直接询问，证明被告人的行为属故意伤害而非辩方律师所主张的正当防卫。

(三)为引进物证做好铺垫

除证人证言之外，文件、照片、实物等各种形式的物证是还原、证明案件真实情况的重要依据。直接询问的目标之一就是为引入和采纳这些物证进行铺垫。

(四)反映证人的可信性

由于所处的立场不同，一方通常会对另一方传唤的证人所作证言的可信度提出质疑。在直接询问中，公诉人、律师首先还必须确立证人的可信性，这主要通过对证人的

---

① 王国忠：《刑事诉讼交叉询问之研究》，中国人民公安大学出版社 2007 年版，第 162 页。

一些背景信息比如家庭、职业、专业知识以及认知基础、观察能力等情况的询问来实现。

三、直接询问的内容

直接询问是传唤证人的当事方证明案件事实的最佳机会。直接询问的主要目的是确立己方所主张的理论的某些方面，或者说对己方提出的控告或辩护理由的说服力有所裨益，而不仅仅是为了展示公诉人或者律师的询问技巧。因此在直接询问时，要分清哪些内容是应当包含的，哪些内容是需被排除或者回避的。

（一）应包含的内容

直接询问中应包含的内容主要包括案件的核心事实、辅助性细节、对一些事实和内容的解释，证人的可信性等。

公诉人、律师在准备直接询问的问题时，首先必须明确证人所能提供的对证明你的理论所必需的事实。什么是证人证言中最为重要的？哪些是使得证人提供的核心信息更为可信的事实？哪些事实虽然与案件没有直接关系但将使证人的证言更可信？比如在一起故意伤害案件中，辩护人为证明被告人的行为属是正当防卫，他找到现场的一位目击证人，证实案发当时，是被害人首先动手并掏出凶器欲伤害被告人的。这个至关重要的事实，无疑应当通过直接询问加以披露，同时，一些辅助性的细节中如证人出现在案发现场的原因、证人当时所处的位置、证人与被害人与被告人的关系等，虽然与被告人的行为是正当防卫这一核心辩护理论并不直接相关，但却能增加关键证人证言的证明力和可信度。

除核心事实和辅助性的细节外，有时候证人对一些事实或者行为的解释会使他的证言更具可信度。比如，在上述故意伤害案件中，辩方传唤的另一证人证明现场的那把刀具是被害人在案发前一天去他经营的那家五金店购买的。为证明证人之所以对被害人购买刀具的情景记忆犹新，律师应当在询问中给予证人解释的机会：

问：你为什么能记得被害人曾去你店里购买过刀具？

答：他付钱的时候我看到他胳膊上有一个文身，图案和我几年前身上的那个文身一样，而且文身的位置也差不多。所以我多看了他几眼，记住了他的样子。

证人的可信性也是直接询问中应当包含的内容。证人的可信性越高，他在直接询问中的证言被审理者接受和采纳的几率也就越高。证人的可信性可以通过多种方式来证明，比如证人在社区里有着良好的口碑，证人的生活或工作经历使得他具有某一方面的特长，证人与案件无利害关系，证人亲身参与或经历了案件所涉的事实经过等。

（二）需排除或回避的内容

直接询问需要展示的是对己方有利的事实，因此那些对己方不利的或者无法合理证明其存在的以及一些细枝末节的对证明案件主要事实没有实质性意义的内容，都属于被排除之列。否则，整个直接询问就会显得拖沓、杂乱无章甚至造成对询问方不利的结果。

对己方不利的事实可分为两类：一是某些会对己方的诉讼主张带来不利影响的案件事实。比如，在上述故意伤害案件中，辩方律师若主张被告人的行为属正当防卫，在直接询问被告人时他就应当避免披露这样一个事实：被告人曾经在好几个场合都表示过，若被害人再找他他会马上废了被害人。二是对证人的可信性造成挑战的事实。比如，证人曾经签署或书写过某些文件或书面材料，或者在庭审前就案件的相关事实做过一些口头或者书面的陈述，若这些文件或庭前陈述与证人在直接询问中所做的证言相矛盾，除非律师充分相信证人能对此做出一个足够让人信服的解释，否则，这些矛盾证言所涉及的相关内容最好不要出现在直接询问中，以免为对方律师的交叉询问提供机会。此外，虽然和本案没有关系但也直接关系到证人可信性的一些事实，如证人曾经有过一些不诚信的行为和言语等，一般也不宜在直接询问中加以披露。

当然，如果律师确定对己方不利的那些事实会被对方通过各种方式加以披露的话，则可以先发制人，对这些事实进行“防御性”直接询问。一来可以为证人提供解释的机会，减少这些事实情况所带来的不利影响；二来通过证人披露这些对己不利的事实，提高证人的可信性，表明证人证言是客观、公正的。

由于对案件事实情况的还原与展现主要是通过直接询问进行的，因此直接询问所要涉及的事实和细节众多。尽管细节对事实本身以及重要证据的进一步证实非常关键，但毫无目标、不加选择地呈现所有事实和细节，会破坏对重要事实的证实活动。确定哪些事实细节是重要的而哪些是应当在直接询问中被排除的，取决于哪些事实有助于增强你询问的说服力，比如说它是否披露了某人行为方式的动机，它是否可能使某一个重要事实存在的可能性大大增加或者减少，它是否影响到证人的可信性和权威性，等等。还有一些事实，由于本身不具有说服力，或者它本身并不虚假且它的存在对己方诉讼主张的提出非常有利，但由于极易引起争议且没有足够的证据证明它的真实性，在大多数情况下也是会被排除在直接询问之外的。

四、直接询问的准备

（一）证人的筛选和准备

1. 证人的筛选。受庭审效率、费用、证人证言的价值等各方面因素影响，并不是所有或多或少了解案件事实的证人都会出庭作证。因此，律师首先要选择确定参与法庭询问的己方证人。证人的筛选主要考虑两方面的问题：(1)欲通过直接询问向法庭展示的案件事实。在一些案情比较复杂、所涉事实细节较多、涉及的证人也相对多的案件中，律师首先需要确定想通过直接询问展示给法庭的是哪些事实，你的控告或者辩护理论是什么？哪些证人的证言可以支撑你的控告或者辩护主张，他们的证言及其关键且对裁决的做出有着重要影响？哪些证人的证言所涉的只是一些影响不大的问题，或者证言本身并没有独特的价值，可以通过其他途径或另一些人的证言得到证实？通过对这些因素的考虑，律师基本上可以确定直接询问的对象。(2)证人可信性和作证能力。许多时候，了解同一案件事实真相的人并非一人，即使该事实至关重要，也没有必要让所有人都去向法庭重复同一内容。律师在选择证人的时候，首先要确定证人主体是否有瑕疵，并在此基础上尽量选择了解全部真相、语言表达能力，临场应变能力好的证人出庭作证。

2.证人的准备。在确定了直接询问的证人之后，律师一般会帮助证人进行出庭前的准备。首先，律师应向证人介绍出庭作证的程序，对那些初次上法庭的证人而言，还要介绍法庭的设置、气氛等情况，使证人有心理准备。因为对许多证人而言，法庭不仅是一个裁决是非对错的地方，更代表着威严，尤其是那些年幼或年老的，或受教育程度不高的证人，容易在上法庭时产生慌乱心理。事先介绍法庭的情况、作证的程序等，有利于消除他们的这种心理。

其次，律师还应当向证人交代清楚回答询问时的注意事项：如要认真聆听律师的问题，经过考虑后再回答，不要着急，说话语速放慢等；要完整地回答问题，但不要说与问题无关的事项；要真实地回答问题；对于不懂的问题一定要问清楚，可以请求提问者重复问题或者换一种方式提问；不要用猜忌的语言回答问题、回答问题简明扼要等。此外，律师根据案件情况，让证人事先知道律师将在直接询问中问哪些问题，以及证人在交叉询问中可能会被对方律师问到的问题，在不违背客观事实的基础上尽量展示对己方有利的事实，也并不违反律师的职业道德。相反，如果证人没有就询问过程中可能涉及的问题提前得到任何通知或提示的话，他有可能在法庭询问的压力下表现得不尽人意，证人证言的价值可能因此受到削弱。关键的问题在于律师要让证人用自己的语言亲自作证而不是律师所期待或所喜欢的语言，律师不能替证人编词，更不能让证人作伪证。

(二)问题的设计与组织

律师在确定了将通过直接询问展示的事实和内容之后，下一步要做的便是如何设计、组织问题，将这些事实有序地反映出来，做到条理清晰、重点突出。

1.采用时间或主题式的组织方式。以时间为序进行询问是展现事实的最简单的组织方式，且大多数人都能较好地理解按照时间顺序表述出来的一系列事件或者信息。如对一起故意伤害案的被害人进行询问的时候，可以按时间顺序依次询问：在伤害事件之前发生了什么，伤害是怎么发生的，被害人受到了什么样的伤害，被害人是如何被送到医院的，他接受了什么样的抢救治疗，等等。但有些时候，简单的以时间为序组织询问，会显得证人对事件发生的整个过程的陈述分散而杂乱，而主题式的组织方式则能理顺证人证言不同组成部分而使其相互印证，把薄弱部分隔离，以最令人信服的方式展开询问。不过，无论以何种顺序组织询问，都应做到条理清晰、逻辑严密，以便法庭能够容易地理解和更好地记住证人所说的情况。

2. 合理安排重要事实的询问时机和篇幅。根据记忆习惯，人们总是对最先听到和最后听到的事情有最佳记忆，因此，直接询问中的最重要部分应该在开始部分提出来，在结尾再加以强调，不太重要的信息应夹在中间。同时，注意将一些相互之间有联系的重要事实进行并列，以强调他们之间的关系。此外，律师在直接询问中还应当注意时间的分配，对那些需要进行重点展示的事实和细节，要安排较多的时间来进行询问。

3. 确定主要场景，并注意对主要场景询问的完整性。恰当地确定主要场景可以更真实、形象地重现案件，也有助于案件审理者理解诉讼。比如在一起故意伤害案件中，控方律师可以通过询问来确定意外发生的现场：

问：你熟悉那个广场吗？

答：是的，我家就住在广场附近，每天晚饭后我都会到广场散散步的。

问：你能描述一下那个广场吗？

答：广场南北两边都是马路，南边的是马园路，北边的是中山路；东西两侧是大型的商住小区，住户很多，所以每到傍晚时分广场上都会很热闹。广场中间有一个音乐喷泉，喷泉周围还有一圈石凳。

问：8月20日下午6点左右，你在广场上吗？

答：是的，我正和一个朋友坐在喷泉边的石凳上聊天。

问：当时喷泉附近的人多吗？

答：不多。由于太阳还没有落山，广场上还有点热，所以当时喷泉附近的人并不多。

直接询问的一个重要规则就是不轻易打断主要场景，不要为了补充一些次要的细节而打断证人对一些重要证据的陈述。比如，当证人刚刚陈述他注意到被害人和被告人坐到喷泉边的一条凳子上并且开始争吵时，控方却突然问证人当时被害人和被告人坐的凳子附近是否还有其他人，这显然会打断证人对事件的自然叙述。尽管当时附近是否还有其他人可能也很重要，但不可能重要到成为打断证人对事件叙述的理由。而且，对这一细节问题的询问可以在证人对事件叙述结束后再进行。

4. 对一些关键性的细节进行专门、单独的询问。

证人对一些细节的描述有利于增强证人证言的真实性和说服力，但许多时候，对细节的询问也可能不利于证人陈述的流畅进行。因此，对那些重要的细节最好能在对主要事实的陈述完成之后再进行单独的询问，这种方式同时也能解释这些细节的重要性。比如，在上述案件中，控方可以在证人对主要事件的描述结束后问证人当时离被害人和被告人有多远，当时的天气情况怎么样等，以强调和证明证人事件以及当事人的识别能力。

五、直接询问的技巧

在直接询问中，证人对相关事件和细节的陈述是询问的关键，而恰当的询问技巧有助于增强证人证言的可信性和真实性。

(一)采用简短的问题

简短的问题有助于证人准确地理解和把握问题，做出有针对性的回答。这一点对那些文化程度不高或表述、认知能力相对较弱的证人而言，尤其重要。尽管简短的问题在很大程度上限制了律师的发言，却能凸显律师询问的条理性和节奏感，况且在直接询问中，法庭关注的是证人的表述而非律师的语言能力。那些复杂或者过于专业的问题，不仅容易使证人因误解问题而无法给出律师所希望的证言，也可能使审理者因无法准确理解问题而对案件事实的理解、认知带来不利影响。

(二)尽量用开放式的问题

在直接询问中，案件的事实要通过证人的叙述展示给法庭，因此如果证人能用自己的语言陈述尽可能多的事实，那么他的证言就可能更具可信度。而律师需要做的就是使用开放式的问题引导证人有条不紊地提供证言，尽可能多地采用“什么时候”“在哪里”“发生了什么”“谁”“为什么”以及“怎么样”这样的字眼和问话。比如：

问：你是什么时候离家出门的？

问：你当时在哪里？

问：是谁先提出这个建议的？

问：你是怎么发现的？

问：你为什么要这么做？

问：接着又发生了什么？

(三)阐明询问方向，直奔主题

在对证人的基本情况询问完毕后，律师应当阐明询问方向，直奔主题，而不应将时间和问题花费在过多的铺垫上。比如律师可以通过这样的问题或者表述将证人直接引到关键的事实中来。

问：你知道8月20日发生在西山广场的打架事件吗？

问：现在让我们来谈谈那次事故的发生经过吧。

(四)询问重点要突出

向法庭清楚地展示案件关键事实是律师在直接询问中的主要工作。因此在询问中要突出重点,切忌旁引无关证言,既浪费法庭时间,又会给对方留下空子。在询问证人时,要明确他在案件中证明的关键事实和细节,将每个证人的关键点有效连接,形成对己方有利的证言锁链,视情况再用其他证言或证据材料对相对薄弱的关键环节进行补充。不要希望通过单一的证言锁定全部案件事实,这样既不可能也无任何效用。

(五)可适当采用渐进式的询问方式

信息的获取可以一步到位,也可以分阶段进行,渐进式的询问方式使得证言包含更多的细节,从而增强说服力。比如,在向证人询问被告人作案当晚的体貌特征时,可以分别就被告人帽子、衣裤、鞋子、身高、胖瘦程度、头发、五官以及其他形体特征提出问题,而不是简单地问"请你说说你当时看到的被告人的样子"。但是,渐进式的询问方式并非到处适用,律师在采用渐进式询问方式时要考虑:(1)该细节是否意义重大;(2)通过询问能获得细节;(3)获得的细节必须令人信服。

(六)避免证人的叙述性证言

直接询问中,证人对案件基本事实的陈述至关重要,而且一些具体的细节问题还能增加证人证言的可信度。但同时,证人对事件过于宽泛、拖沓的叙述则可能会削弱询问效果,并遭到对方律师的反对。当事人过于宽泛的叙述有时是由于律师提问不当造成的,如"你昨天做了什么事?""请你描述一下你那天所看到的情况";有时则是因为证人表达的条理性较差、说话抓不住重点所致,这个时候律师要适当地打断或控制证人的陈述。

(七)避免超出事实范围的、主观性的问题和结论

对于超出案件事实范围的询问,不仅会拖延庭审时间而且对真实情况的查明没有任何意义,因此法官通常会加以制止。如我国《最高人民法院关于执行〈刑事诉讼法〉若干问题的解释》第 136 条、第 147 条就规定,法官对于发问内容与案件无关的,应当制止;一方认为对方发问的内容与案件内容无关的,可以提出异议,法官应当判明情况予以支持或驳回。此外,直接询问的主要目的是通过证人证言还原案件客观事实真相,因此,一些要求证人根据自己的主观判断给出结论性意见的问题也是被禁止的。

第二节 直接询问中的常见问题

一、采用引导性或诱导性问题的倾向较为明显

直接询问的目标是通过证人的口述向法庭展示对己方的控告或者抗辩有着重要影响的事实,因此公诉人或律师需要通过一系列开放式的问题,来引导证人说出他所看到、听到或知晓的事实。没错,在直接询问中,掌控、引导询问的节奏、方向、顺序的依旧是公诉人或律师,但他们对直接询问的掌控并不是通过形式上采用引导或诱导性问题来实现的,而是通过对整个直接询问的有效组织、把握来体现的。学生在模拟演练中,或因对证人准备得不充分,对证人的回答没有足够的信心,总是倾向于设置一些引导性的问题,意欲通过问题本身而不是证人的回答来展示其所想要证明的事实。在直接询问中采用引导性的问题,不仅偏离了以证人为中心和焦点的直接询问的初衷,让人感觉是律师而不是证人在讲述案件事实,而且容易引起对方律师的抗议、法庭的制止:最高人民法院《关于贯彻执行〈刑事诉讼法〉若干问题的解释》规定,对证人询问不得以诱导方式提问。

当然,如果接受询问的证人文化程度不高,或者说话没有条理和重点、比较啰嗦,律师有必要对开放性问题进行适当的控制,即在问话中添加一定的限制词来防止证人漫无边际的讲述。①

二、问题的设计缺乏逻辑性,询问内容存在跳跃和反复

由于直接询问的目的是通过证人的口,来再现事实的发生发展过程。达到这一目的,需要通过询问的逻辑性安排,使证人的证言有条不紊、清楚明了地反映客观事实。但在模拟演练中,部分学生的直接询问缺乏时间、场景连续上的逻辑性,询问内容呈现跳跃状态;而且针对一些关键事实的问题设计过于粗线条,询问存在着反复。如在周颖诉杭州市文苑路加油站损害赔偿一案中,扮演被告一方代理人的学生在对加油工进行直接询问时,就出现了这样的问题:

问:请问你在加油站工作了几年?
问:你给路虎车加过油吗?

① 高殿民:《大律师之九项修炼》,法律出版社2008年版,第180页。

问：顾亚兰(加油的顾客)当时怎么跟你说的？
问：你当时有没有和她确认加什么油？
问：她下车和你说话时，精神状态好吗？
问：当时路虎车停在什么位置？
问：你加油的时候顾亚兰干什么去了？
问：加完油后你有没有和她确认加的是几号油？
问：你们平时一周工作几天？
问：平常休息多吗？

三、铺垫过多，询问目标不清，重点不突出

直接询问最重要的是突出重点，简洁明了，向法庭清楚地展示案件的关键事实。但在模拟演练中，学生常犯的一个错误就是铺垫过多，进入主题的节奏过于缓慢，且面面俱到，询问重点模糊。如以下扮演原告代理人的学生对己方证人顾亚兰的直接询问，就暴露出了这样的问题。

问：你的职业是什么？
问：你有几年的驾龄？
问：你平时开什么牌子的车？
问：你这次借的车是什么牌子的？
问：你对路虎车了解吗？
问：路虎车的百米提速是多少？
问：这是家用型小汽车还是其他类型的车？
问：这次借车是干什么用的？
问：你以前去加过油吗？
……

尽管为确立证人证言的可信度，有必要对证人的作证能力和资格进行询问，但是直接询问的重点是对己方的控告或抗辩有着重要影响的关键事实，因此，切忌铺垫过多，或因过于关注整个事件的完整性，而将询问范围不当扩大，这样既耗费了法庭的询问时间，也模糊了询问目标和重点，询问的效果将大打折扣。

四、对关键事实的询问过于突兀、简略，固定效果不佳

直接询问的核心是通过证人的口述，向法庭展示对案件的裁决有着重要影响的

事实，因此，对这些关键事实的询问应尽可能详细，可以采用渐进式的询问方式，从不同角度、分不同阶段进行分解、询问。但在模拟演练中，部分学生基于先入为主的对案件事实的知晓，又急于抛出关键事实来支持己方的诉求，希望尽快通过短短几个问题，就能将核心细节呈现给法庭。这样的询问方式，往往很难达到预设的效果：短短几个问题，不仅无法展现案件事实的全面性和完整性，使得其证明效果大打折扣；同时过于直接、单向的询问方式，使得某些关键事实由于缺乏众多细节的支撑，可信度遭到削弱。

五、问题过于复杂、冗长

直接询问中的问题，更多起的是一种指引作用：直接询问的本质就是给证人提示，让他们开始或者转入下一个主题或者更合适的提示语。[①] 因此，简短、明了的问题是直接询问成功的重要条件之一。但是，习惯了书本语言、文字写作的学生，在模拟演练的初始阶段，所提出的问题通常比较书面化而非口语化；同时，由于习惯了专业术语语境下的沟通和交流，学生在提问时往往会倾向于他们所熟悉的专业术语，因为这类语言让他们更有安全感。但是，对于普通证人而言，过于书面化的语言，尤其是专业术语，很可能让他们无法准确理解问题的含义、把握律师的意图，结果自然适得其反。此外，在模拟演练中学生律师还有个倾向，即试图在问题中植入大量信息，以引导证人的作证或意图通过证人的回答，对这些信息进行固定。结果是，这样的问题不仅可能因为有明显的诱导意图而被法庭制止，还可能因为过于复杂、冗长而使证人陷入迷茫、不确定中。

六、掌控询问的能力存在欠缺，不懂得适时打断证人的回答

尽管在直接询问中，整个事件是通过证人的口述向法庭进行展示的，但律师并非仅仅是消极的提问者和答案的等待者，直接询问的控制权始终掌握在律师手中。有经验的律师犹如放风筝者，他不仅清楚证人证言这一风筝该飞多高、飞往哪个方向，也知道该如何让风筝飞起来以及如何适时地将风筝拉回以免断线。但在模拟演练中，由于对直接询问的掌控能力尚存在一定的欠缺，许多学生要么无法通过简短但逐步深入的问题，引导证人详细地陈述核心事实或细节，要么面对证人过于宽泛的叙述性证言，不能恰当、适时地打断证人的发言，从而使得直接询问显得拖沓且重点模糊。

---

① [美]丹尼尔·艾·斯默：《走向法庭——律师庭审制胜战略》，国立波译，法律出版社 2005 年版，第 163 页。

第三节　交叉询问

交叉询问又称反询问，是指对对方所提供的证人提出的诘问，内容一般限于证人在直接询问中所陈述的内容或相关的事项。

一、交叉询问的目标

交叉询问的目标在于通过对对方证人的询问，使证人改变、修正或撤回其在直接询问中所作的证言，或使其证言失信，并从证人口中得到对询问方有利的证据。交叉询问是盘诘性的询问，具有攻击或反驳的性质。通常，一方律师欲通过交叉询问完成以下一个或多个目标：

（一）降低对方证人的可信度

在交叉询问中，公诉人、律师可以通过揭示证人对一方当事人有偏见、与案件有利害关系、证人的感知能力或表述能力有缺陷、证人缺乏某一方面的专业知识、证人的不良品格等，质疑并降低对方证人的可信度，进而质疑其在直接询问中所做证言的可信度。

（二）破坏直接询问中的证人证言，减损对方诉讼

在交叉询问中，公诉人或律师可通过证人在庭审前曾经对案件事实做过不一致的陈述、证人在直接询问中的证言有错误、证人对所要证明的事实不了解、证人证言与其他更可信的证人的证言之间存在冲突、证人证言混乱条理不清、证人欠缺观察的机会等，破坏证人在直接询问中的证言的可信度，减损对方诉讼，同时将证人证言对己方诉讼的不利影响降到最低。

（三）获得对询问方有利的信息，促进己方诉讼

通过引导性询问，从对方证人的口中说出对自己有利的事实，是交叉询问的另一重要目的。虽然对方证人一般总是支持对方的诉讼主张，但由于如实作证的证人毕竟是案件事实的见证人，因此很多时候律师也能从对方的证言中找出对自己有利的证言，变被动为主动。同时，对方证人在直接询问中没有披露的一些事实，也可以通过交叉询问得以展示。另外，公诉人或律师通过揭露对方证人前后矛盾的陈述，还可以将对己方有利的信息或者证据引入法庭，促进己方诉讼。

（四）为印证其他证人证言和物证的引进做好铺垫

交叉询问还可以通过揭露对方证人证言中的一些错误和矛盾，印证己方所提出的其他证人证言的可信性。此外，在交叉询问中，公诉人或律师还可以通过对证人证言可信度的质疑，引进与此相关的一些物证如文书材料等。

二、交叉询问的内容

交叉询问的内容主要包括两大部分，一是与证人的“适格性”和“可信性”相关的事实和细节；二是对方证人在直接询问中所陈述的对己方不利的事实。

（一）证人的“适格性”和“可信性”

尽管交叉询问一般应针对证人在直接询问中所展示的事实及与此相关的问题展开，但对证人本身的作证资格、作证能力、可信度的质疑却并不受此限制。如前所述，为了降低证人在直接询问中所作证言的可信性，在交叉询问中律师可以以证人是对方当事人的配偶、朋友，证人和己方当事人曾经有过冲突、证人可从本案获得金钱利益、证人经常爱撒谎、证人曾因作伪证而受到惩罚、证人当时受到惊吓认知有偏差等事实，对证人的“适格性”和“可信性”提出质疑。

需要指出的是，在对证人资格进行质疑时，律师可以涉及与个人信誉和品行有关的问题，但是禁止对证人施以人身攻击、损害人格尊严或在公开审判中泄露隐私；同时，律师不得提出威逼性、利诱性的问题，不得威胁证人。

（二）直接询问中所展现的事实及相关问题

除涉及证人的资格问题外，交叉询问的问题应当与直接询问中所涉及的案件事实有关，否则，证人可以拒绝回答。直接询问中所展现的事实和相关问题，包括对方律师在直接询问中所问到的问题和证人回答的内容，以及律师虽未提出相关问题但证人在被询问过程中曾经加以回答的内容，它们都可能成为交叉询问的内容。但是，并不是证人在直接询问中所涉及的所有问题都应当成为交叉询问的对象。如果律师觉得对方证人基本上说的是实话，那么最好尽量少问问题。因为如果证人在交叉询问中仅仅重复他在直接询问中所讲过的内容，那么他的可信性就更容易得到法庭的肯定。通常，律师仅对其中对己方不利和那些能借此引人对自己有利的证言和事实部分的内容进行交叉询问。

三、交叉询问的准备

（一）了解对方证人

在交叉询问开始之前，律师就应当已经很好地了解对方出庭作证的证人会是谁，以及他将会说什么。为了当事人的利益，在交叉询问中，无论律师打算提出的主张能否在法庭上得到证实，都要在庭审前对所要提问的对方每一个证人的性格、受教育程度、历史等进行调查，即便不能如数家珍，也要尽可能地做到心中有数。不同性格、不同文化水平的证人，在法庭上的表现迥异，律师应当针对证人本身的特点，采取不同的问话方式、设计不同类型的问题、营造不同的询问气氛，真正做到有的放矢，从而牢牢掌握询问的主动性。

(二)问题的设计与组织

尽管交叉询问的问题主要是针对直接询问所展现的事实和相关问题，但在法庭询问前，律师同样可以通过所了解的案件情况、预测对方在直接询问的问题，有针对性地预设交叉询问的问题，并根据庭审中的实际情况及时调整。

1. 对重要问题的询问时机和篇幅的安排。同直接询问一样，交叉询问的组织也应遵循首要性和新颖性的原则，也即要将重要的内容在交叉询问的开始阶段就反映出来。比如，在一起抢劫案中，律师想通过交叉询问说明受害人其实并不能确定对她实施抢劫的就是被告人时，你可以将被害人在事件发生后在派出所所做的笔录中对犯罪嫌疑人外貌的模糊描述作为交叉询问的切入点。同样，那些重要内容，律师需要安排较多的时间和较长的篇幅来完成对它的询问。

2. 主题式的组织方式。按时间顺序对证人进行交叉询问显然是不合适的，因为交叉询问的目的并不是展现完整的事件发生经过，也不是重复证人已经做过的陈述，而是要证明一小部分其他的或者不可信的观点。主题式的组织形式是在不同的范围内进行切换的最有效方式，且可以将大量的事实分散进行询问以避免证人一开始就意识到你的意图。

3. 优先考虑细节的询问。与直接询问相比，细节的作用，在交叉询问中更为重要。因为在交叉询问中，证人通常会对律师所陈述的核心事实持不同态度，而细节的运用就成为律师证明自己观点的首要方法。一般而言，证人不会对一系列琐碎的细节产生警惕，且会比较客观地加以承认。通过细节，你可以为你随后的观点做铺垫，说明证人证言内在的矛盾性，或制造出证人无法否决的结论。比如，在一起交通肇事案中，你可以通过证明被告透过车窗看到自己孩子正放学回家、孩子那天的穿着打扮、孩子当时正在做什么等一系列细节问题，证明事故发生时被告的注意力有所分散。

4. 根据直接询问，及时调整询问方案。尽管在法庭询问开始之前，直接询问前，律师已经对对方证人在直接询问中可能展示的事实和所作的证言做了较为充分的预测，但是，证人证言会不断发生变化，律师预计对方证人会陈述的事实很可能并没有在直接询问中出现，因此，律师要随时根据证人证言对自己的交叉询问计划和方案进行调整，以便做到有的放矢。

四、交叉询问的技巧

交叉询问技巧的主要目的在于牢牢地控制住证人证言。对证言的控制意味着：(1)证人对你的问题的回答都给你提供了所需的信息；(2)证人没有提供你所需范围外的其他信息。为实现这一目的，律师在交叉询问中常用的技巧有：

(一)选择安全的主题

在交叉询问中，律师面对的是对方证人，且交叉询问的目的在于破坏或降低该证人在直接询问中的证言，因此选择安全的主题，避免提出不知道或不敢确定答案的问题，是律师在交叉询问中首先需要注意的问题。无法预知答案的问题，不但容易让对方证人蒙混过关，而且很可能让其提出新的对你不利的事实，产生适得其反的询问效果。

（二）尽量使用简短的语言进行发问

与直接询问一样，交叉询问的问题不管在内容上还是在形式上都应该简短。简短的交叉询问将使风险最小化，引人注意，且常常让人印象深刻。反之，冗长而复杂的问题不仅容易被误解或遗忘，可能造成证人答非所问，还会分散审理者的注意力。此外，复杂的问题还增加了证人寻找机会与你争论的机会，很可能因此使得律师失去对证人的控制。若所涉信息较多，律师可将一个复杂的问题分成几个简短的问题分几步询问。比如在一起交通肇事案中，为了证明事故发生时被告人处于非常疲惫的状态，将这样一个冗长的问题——“由于你负责的这个工程项目已到最后期限，所以你每天都不得不加班，案发当晚你离开公司准备驾车回家时已是晚上10点半了，是不是？”——分成几个小问题显然更能凸显交叉询问的效果：

问：你最近在负责一个工程项目，是不是？

问：这个项目已到最后期限，是不是？

问：为按时完成这个项目，你这段时间一直在加班，对不对？

问：事发当晚你也在公司加班，是不是？

问：那天你一直加班到晚上10点半，是不是？

（三）提出引导性而非开放性的问题

在交叉询问中，切记不要问“为什么”“什么时候”“什么地方”等一些开放式的问题。一旦律师在交叉询问中提出开放性问题，证人就获得一个解释的机会，如果证人借此机会找出一个自圆其说的回答，那么交叉询问就会功亏一篑。交叉询问不同于直接询问，因为证人不会为你讲出你所需要的事实或故事。所以在交叉询问中，律师提出的问题应该是引导性、命题性的，也即就事实提出主张，要求证人进行确认。如“你和你的客户约好10点见面，是不是？”“你们碰面的地方距离你公司有15公里，是不是？”等。

（四）采用渐进式的问话方式

在交叉询问中，律师的发问要有一定的逻辑顺序，问题与问题之间要有相对的连贯性和层层推进的递进性，这样才有利于问话的深入，有利于信息的传递，有利于审理者的接受和采纳。而且，当律师向证人提出一系列问题时，要采用渐进式的询问方式，一步一步地提问。在交叉询问中采取渐进式的询问方式，可以尽可能地减少证人的不合作所带来的风险，控制住证人证言对你的案件的影响。比如律师想通过证人在直接询问中的证言与其先前所做的一份监视报告所涉内容相矛盾来弹劾证人，他首先需要采用渐进式的询问方式确定证人所写的监视报告的重要性和准确性。

问：张警官，你从事侦查工作已经12年了，是不是？
答：是的。
问：你主要负责工业间谍案的侦查，对不对？
答：对。
问：你曾经接受过专门的监视培训，是不是？
答：是的。
问：每次完成对目标的监视后你都要提交一份监视报告，是不是？
答：是的。
问：你知道其他侦查人员会调阅你的监视报告，对不对？
答：对的。
问：他们会根据你的监视报告决定下一步的行动，是不是？
答：是的。
问：因此你明白准确地填写监视报告非常重要，是不是？
答：是。
问：因此你会将你所监视到的一切情况都填写在报告中，对不对？
答：对。

（五）避免提出结论性的问题

若通过交叉发问，律师已经证实了所有能推导出你的最后结论的一系列事实，那么就应该停止发问，无须将结论给证人挑明，而只需将结论留待质证、法庭辩论时提出。通过把最后结论置于质证、法庭辩论阶段的做法，律师能确保证人无力改变或者完善其证言。在某种程度上，也避免把你的论点展示给证人，减少通过对方当事人的再询问或者通过其他证人反驳你的论点的可能性。

（六）适时结束询问，确保交叉询问效果

当律师无论采取任何手段都无法控制对方证人时，最好的办法就是结束询问，不给证人陈述的机会，因为对方证人的陈述很可能是在己方律师主询问时已经陈述过的内容，并且证人很可能借此机会进行弥补和解释，这些内容势必对交叉询问方不利，并且无形中加深了法庭的印象。作为交叉询问的律师，与其这样，不如结束发问。尽可能地缩短询问的时间应该是交叉询问律师努力的目标。

第四节　交叉询问中的常见问题

与直接询问通过证人的口述来展现案件事实的情形不同，在交叉询问中，律师所想要证明的事实，是通过律师的问题来呈现给法庭的，律师需要证人给出的回答仅是“是”与“否”而已。在交叉询问的模拟演练中，学生所表现出来的问题主要集中在以下几个方面。

一、有意无意地制造出与证人对立的气氛

尽管揭示对方证人证言中的虚假、错误或矛盾之处，降低证人证言的可信度是交叉询问的重要目的，但很多时候，交叉询问还有一个目的，就是从对方证人的口中获得对己方有利的事实，这些事实或细节很可能是对方律师在他的直接询问故意回避或者模糊的，或许是己方证人所并不知晓的。[①] 对律师而言，交叉询问的目的是控制证人并得出你所想要的结果，而不是简单地向法庭展现你对对方证人本身以及其证言的质疑。因此，即使在交叉询问中，律师同样要在一定程度上信任证人，即使不能与对方证人建立起善意的关系，但应给予对方足够的尊重。虽然说，有些情况下，激起证人的愤怒，可能会使证人在激动中丧失理智，处于混乱状态，从而在乱中取胜，但这样的情境实属少之又少，再者，学生尚不具备这样的掌控能力。因此，学生在模拟演练中要避免陷入这样的误解：律师在交叉询问开始之初的首要任务，就是确立与对方势不两立的立场。当然，对那些有着明显恶意的对方证人，另当别论。

二、询问节奏控制不当

在直接询问中，律师要给予己方证人较为充足的时间去听清、理解问题，并让他有时间进行考虑，避免回答错误造成不利影响，因此节奏要相对缓慢些。但是，在交叉询问中，情况就不同了。通常情况下，询问的节奏越快，证人的压迫感越强，对问题的回答也就越本能，如果证人证言中有着虚假、错误的陈述，那么在律师快节奏追问中，很容易露出破绽。因此，在交叉询问中，律师一定要加快询问节奏，尽量缩短问题与问题之间的间隙，让对方证人没有对问题进行思考的时间，而只能本能地回答提问。但学

① 美国的丹尼尔律师将这类交叉询问称为建设性的交叉询问，同时将攻击对方证人证词或其他论点的可信性的交叉询问定义为可信性交叉询问，将对证人证词包括证人的记忆力、观察力以及描述问题能力等的攻击称为破坏性交叉询问。见[美]丹尼尔·艾·斯默：《走向法庭——律师庭审制胜战略》，国立波译，法律出版社2005年版，第190页。

生在模拟演练中，由于交叉询问的经验不足，加上有些问题设计不当、对询问的信心不足，很多学生在交叉询问中延续了直接询问的缓慢、平和的节奏，结果让证人有了足够的时间进行思考和回旋。

三、对引导性问题的设计尚需提升

引导性问题在直接询问和交叉询问中的地位截然不同，前者通常不允许出现引导性问题，而后者则被一而再再而三地告诫，要尽可能地采用引导性问题，否则你的交叉询问注定是失败的。尽管通过课堂讲授以及演示，学生对引导性问题有了一定的理解，但他们在模拟演练中的表现，说明对引导性问题的把握并非那么容易。如在案件中，作为原告代理人的学生律师在对被告方证人加油工进行交叉询问时，问了这样几个问题：

问：你知不知道这辆路虎车是加柴油的？
问：你有没有和顾客确认加什么油？
问：你有没有看到油箱盖上的柴油标志？
问：你上岗前有没有参加过岗位培训？
问：上岗培训的内容中是否包括检查油箱盖？

显然，这些问题并非引导性问题，因为这些问题是真正意义上的“询问”，结果完全依赖于证人的回答，答案是不确定的。交叉询问中的引导性问题实质上并不是问题，而是律师对某些事实的陈述，是确定的，律师将这些事实抛给证人的目的只有一个，就是要证人加以确认，证人并没有选择答案的自由，如：

问：你上岗前参加过岗位培训，是不是？
问：岗位培训的内容包括加油前检查油箱盖上的标志，对吗？

四、容易与证人进行争论，或做评价、下结论

交叉询问最忌讳的就是律师同证人就某一事实或细节进行争论，或者对证人或者某一事实进行评判和下结论，因为法庭询问的主要目的是展示事实，至于孰真孰假、孰对孰错，应交由法庭进行裁断。但学生在交叉询问的模拟演练中，最容易犯的错误就是经常给出结论性意见，或者同证人进行争辩、意图说服证人。要知道，交叉询问的对象是对方证人而非己方证人，要想他倒戈完全认同你的观点和主张，不太可能。如在上述案件的交叉询问中，学生曾有过如下提问：

问：你开完发票，有没有看发票上的内容？

答：我只看了一下抬头和金额，没有看具体的内容。

问：你看了抬头和金额，却不看内容，是否有点不真实？

问：你加完油后，发票都没仔细看，说明你这人做事情很粗糙很疏忽，对吗？

问：发票的抬头为什么要开公司的名称？

答：到公司报销的话，要求开公司抬头的。

问：依你所说，这车是你借来用的，但加油发票却开公司抬头到公司报销，这是不是说明你的个人人品有问题？

问：是你告诉加油员要加柴油吗？

问：你凭什么认定加油员能听清你说的话？

五、询问目的不明确，为询问而询问，或者问证人太多问题

通常，交叉询问被认为是法庭询问中最刺激也最具挑战性的环节，同时也是对律师能力的重要考验。成功的交叉询问能极大破坏证人在直接询问中的证言的可信度和效力，而失败的交叉询问适得其反，往往会使证人在直接询问中的证言得到进一步的固定。因此，在交叉询问之前，一定要明确询问目的，不能仅仅为了行使交叉询问的权利而发问。以下针对加油工的交叉询问，显然是一个失败的示例①：

问：你当时的精神状态怎么样？

问：当时周围的环境嘈杂吗？

问：你的听力状况如何？

问：你对加油机的构造熟悉吗？

问：你对路虎车熟悉吗？

问：作为加油工，你们通常要不要看油盖上的说明？

问：你难道没有看到上面的指示标志吗？

问：你看不清楚，为什么不确认一下呢？

如果律师没有明确的交叉询问目标，无法通过交叉询问引出对己方有利的事实，或者破坏证人在直接询问中的证言的效力，那么还不如放弃交叉询问，否则交叉询问

① 除了询问目的不明确，仅为了询问而询问之外，这一交叉询问还有个非常致命的问题，就是几乎没有采用引导性问题。

就会成为证人重复他在直接询问中的证言的机会。此外，律师还需记住的一点就是，在交叉询问中别问同一个证人太多的问题。交叉询问最常见的问题，就是做得太多、问题太多、涉及的主题太多。因为，“当每件事情都很重要时，就什么事情都不重要了”。①

六、无法控制证人的回答

如前所述，律师是交叉询问的核心，其目的是控制证人并得出有利于己方的事实、论点。在开始交叉询问之前，律师必须预测到证人对自己将要提出的每一个问题所做的回答，同时做好万一证人的答案超出预测时所能采取的补救措施，也即如何揭露、反击证人的不诚实回答。只有控制得住证人，才可能取得交叉询问的成功。因此，在进行交叉询问的时候，不仅要尽可能使用简短的词语、问引导性问题，而且还要注意倾听证人的回答，同时避免证人对其回答进行解释。

第五节　法庭询问的拓展练习

一、案情简介

2012 年 3 月 9 日下午，司机雷志驾驶车牌为浙 A8671D 的路虎车进入杭州市文苑路加油站加油，车子停在 3 号加油机前，车上乘客顾亚兰下车告知加油工加 500 元的油。加完油后，雷志发动汽车，车子熄火。该路虎车用的是柴油，但加油工告诉司机，刚加的是汽油。双方就此发生争执，后车辆被拖至 4S 店进行清洗、维修，共花费 5 万多元。双方无法就赔偿事项达成协议，现车主周颖向杭州市×区人民法院提起诉讼，要求文苑路加油站进行损害赔偿。

二、部分证据材料

1. 询问笔录

询问时间：2012 年4 月12 日10 时0 分至2012 年4 月12 日11 时15 分

询问地点：××××律师事务所　　询问事由：周颖诉杭州市文苑路加油站损害赔偿一案

---

① [美]丹尼尔·艾·斯默：《走向法庭——律师庭审制胜战略》，国立波译，法律出版社 2005 年版，第 200 页。

询问人：洪路、陈益民　　记录人：宋家鹏

被询问人：顾亚兰　　性别：女　　出生日期：1978年10月5日

住址：杭州市上城区建国南路115号1108室　　联系电话：186××××7027

询问人告知：我们是浙江××××律师事务所律师，现根据《中华人民共和国律师法》等有关规定，现采取询问方式了解、核实事项的相关情况。您的谈话内容将被记录，作为有关情况的书面证明材料，并须对此承担相应的法律责任，因此，应当如实陈述有关情况。

询问内容：

问：我们今天找你来，主要是想跟你了解一下3月9号那天你们在文苑路加油站加错油的事情。

答：好的。

问：那辆当事的路虎车是谁的？

答：是我朋友周颖的，那天是我问她借来用的，我是开店的，那天刚好有事要跑宁波一趟，所以就向周颖借了车。开车的司机是她公司的司机雷志，经常开这辆路虎车的。

问：你们是什么时间到文苑路加油站加油的？

答：大概下午3点多吧，从宁波回来，看车上油不多了，于是进了加油站。雷志告诉我说，加500元柴油，同时把车钥匙给了我。我就下车了，把车钥匙给加油工，并告诉她加500元柴油，然后我就进去开发票了。

问：接着说。

答：我开完发票出来，加油工把钥匙给我，我上车后把钥匙给了司机雷志，他发动了车，但马上就熄火了，他又发动了一次，但这次就发动不起来了。雷志就问我，你刚才加的什么油，我说，柴油啊，你说加500元的柴油啊。然后，后座上的宋小东说，你问问加油工，雷志下车去问，我也下车了。我听到雷志问加油工，你刚才给我们加的什么油，加油工说，97号汽油啊，雷志马上就说，完了完了，加错油。

问：当时你们的这辆车停在加油站的什么位置？

答：加油站的东北角，3号加油机前面。3号加油机一边是加柴油，一边加汽油的。

问：你加油后去开了发票的，发票开的是什么抬头？

答：开的是杭州华达汽车销售有限公司的抬头，是周颖的公司，金额是500元。

问：发票的内容你看了没？

答：没看，我当时瞟了一眼发票，抬头和金额，没错，以为就没事了。

问：汽车熄火后，又发生了什么事情？

答：雷志和加油工去理论，结果他们不承认他们加错油了，于是就吵起来了。不过，我因为还有其他事情，很快就走了，所以再后面发生的事情我就不太清楚了。

问：你是否会开车？

答：会的，我有驾驶证的，而且也经常开车。

以上记录内容(我也详细阅读或者仔细听了律师的宣读)，记录内容均属我口述，且准确无误。如有不实，我愿承担一切法律责任。同时，对律师的告知内容，我已全面了解、清楚。

被询问人(签名并按指印) 顾亚兰 2012年4月12日

2. 询问笔录

询问时间：2012年4月17日14时00分至2012年4月17日15时05分

询问地点：××××律师事务所 询问事由：周颖诉杭州市文苑路加油站损害赔偿一案

询问人：洪路、陈益民 记录人：宋家鹏

被询问人：雷志 性别：男 出生日期：1980年12月15日

住址：杭州市西湖区翠苑一区15幢3单元602室 联系电话：186××××6548

询问人告知：我们是浙江××××律师事务所律师，根据《中华人民共和国律师法》等有关规定，现采取询问方式了解、核实事项的相关情况。您的谈话内容将被记录，作为有关情况的书面证明材料，并须对此承担相应的法律责任，因此，应当如实陈述有关情况。

询问内容：

问：我们今天找你来，主要是想跟你了解一下3月9号那天你们在文苑路加油站加错油的事情。请问当天是你驾驶车辆吗？

答：是的，我是司机，开的是辆路虎去年10月份刚买的车。车子是我们周总的，那天是她的朋友顾亚兰要去趟宁波借的。我们是早上7点多从杭州出发的，下午3点回来的，路过文苑路加油站，发现油不多了，就进去加油了。

问：你当时把车停在什么位置？

答：停在他们加油站的东北角的位置，好像是3号加油机，我看到加油机上有柴油字样的，于是把车开到了那里。

问：然后你做了什么？

答：我告诉旁边的顾亚兰，加500元柴油，并把车钥匙给了她，让她给加油工打开油箱盖，然后我就等在车上了。等顾亚兰加完油回来，把钥匙还给我，我就发动车了，结果一发动就熄火了，我又试了一次，结果这次就发动不起来了。我觉得很奇怪，以前从来没出现过这样的事情。这个时候，坐在后座上的宋小东说，不会是加错油了吧。我就问顾亚兰，你刚才加的什么油啊，顾亚兰说，柴油啊，我告诉加油工让她加柴油的啊。我于是下车，问站在加油机边的加油工："你刚才给我们加的什么油？"加油工说："97 号汽油啊。"我说："完了完了，跟你们说加柴油的，怎么会加汽油啊？"加油工没吭气。

问：这个车一直加的是柴油吗？

答：是的，这车就是加柴油的，而且车子油箱盖上还专门标注的，加柴油。

问：那后来又发生什么事情了？

答：我下去和他们理论，要他们赔偿加错油造成的损失，他们不肯，于是吵起来了。后来他们加油站站长也赶过来了，但他们一直没诚意，所以越吵越凶，后来宋小东报警了。110 民警协调之后，车子被拖到 4S 店进行了清洗，然后又进行了维修，花了 5 万多块钱。

问：那现在车子修好了没？

答：没有呢，车子一直都没修好，从 4S 店出来后就在公司的车库里放着呢，一直都没动。

以上记录内容（我也详细阅读或者仔细听了律师的宣读），记录内容均属我口述，且准确无误。如有不实，我愿承担一切法律责任。同时，对律师的告知内容，我已全面了解、清楚。

被询问人（签名并按指印）　雷志　　　2012 年 4 月 17 日

3. 询问笔录

询问时间：2012 年5 月8 日9 时30 分至2012 年5 月8 日10 时10 分

询问地点：文苑路加油站　　询问事由：周颖诉杭州市文苑路加油站损害赔偿一案

询问人：王建明、张华　　记录人：苏南

被询问人：陈晓丽　　性别：女　　出生日期：1987 年 7 月 29 日

住址：杭州市西湖区万塘路 17 号 2 幢 2103 室　　联系电话：180××××2393

询问人告知：我们是浙江××××律师事务所律师，根据《中华人民共和国律师法》等有关规定，现采取询问方式了解、核实事项的相关情况。您的谈话内容将被记录，作为有关情况的书面证明材料，并须对此承担相应的法律责任，因此，应当如实陈述有关情况。

询问内容：

问：今天我们主要向你了解一下3月9日在你们加油站内发生的一辆路虎车加错油的情况。

答：好的。

问：请你具体说一下事情的发生经过。

答：好的。那天是周五，下午3点多的样子，有一辆路虎车进了加油站，停在97号汽油的加油机前，车上下来一位女顾客，说是加500元97号汽油，我问是加97汽油吗？那位女顾客说是97汽油。于是我开始加油。加完油后，司机发动车，刚发动就熄火了。我听见司机问那位女顾客："你让她加的是什么油？"女顾客说："我让她加的是97号汽油。"司机开始训斥女顾客，说："你懂什么，这车加柴油。"我还听到车上还有其他人也开始说这女的。

问：当时车子停在什么位置？

答：车子停在我们的3号加油机边上，3号加油机一边是加97号汽油，一边加柴油。

问：然后呢？

答：然后路虎车司机和车上的其他人都下车了，说是我给他们加错油了，现在车子熄火了，要我们加油站赔他们。他们人多，我有点害怕。后来，我们站长出来了，和他们说理，后来就吵起来了，他们又来了很多人。最后110警察也来了。那辆路虎车最后被拖到4S店去了，我们站长陪着去的。

问：你是加油站的正式员工吗？

答：是的，我在这个加油站已经工作了两年。

问：上岗前，你有没有接受过培训？

答：有的，公司有专门的培训人员给我们做统一上岗培训的。

问：那你现在还在文苑路加油站工作吗？

答：是的，还在这里工作。

以上记录内容（我也详细阅读或者仔细听了律师的宣读），记录内容均属我口述，且准确无误。如有不实，我愿承担一切法律责任。同时，对律师的告知内容，我已全面了解、清楚。

被询问人（签名并按指印）　陈晓丽　　　　2012年5月8日

4. 询问笔录

询问时间：2012年5月8日10时30分至2012年5月8日11时15分

询问地点：文苑路加油站　　询问事由：周颖诉杭州市文苑路加油站损害赔偿一案

询问人：王建明、张华　　记录人：苏南

被询问人：刘国强　　性别：男　　出生日期：1969年3月20日

住址：杭州市西湖区益乐路58号7幢3单元502室　联系电话：138××××1160

询问人告知：我们是浙江××××律师事务所律师，根据《中华人民共和国律师法》等有关规定，现采取询问方式了解、核实事项的相关情况。您的谈话内容将被记录，作为有关情况的书面证明材料，并须对此承担相应的法律责任，因此，应当如实陈述有关情况。

询问内容：

问：今天我们主要向你了解一下3月9日在你们加油站内发生的一辆路虎车加错油的情况。请你具体说一下当时的情况。

答：好的。事情发生在下午3点多的样子，当时我人在外面，加油站里有人打电话来说，加油站出了事情，让我赶紧回去处理。我赶到加油站的时候，听到有几个人在加油站里大吵。我找员工了解了一下，说是有一辆路虎车加错油了，现在车子熄火了，顾客要求加油站赔偿。

问：那后来呢？

答：我赶紧找了当时给这辆车加油的员工陈晓丽，简单问了一下情况，她说当时是车上的一位女士下车告诉她，加500元97号汽油，她加完油，他们进里面付钱拿了发票之后，准备开车走，结果一发动，车子熄火了。然后，他们就说是小陈给加错油了。

问：那你接下来是怎么处理的？

答：我和车上的人沟通了一下，说我们员工通常是顾客让加什么油就加什么油的，但他们不听，没办法商量，于是就吵起来了。后来他们还打110报警了。

问：请接着说。

答：警察来了之后也进行了协调，我当时看到他们在这里吵，再加上他们的车停在站内，已经造成其他车辆进出堵塞，影响到我们加油站的经营了。所以，最后我没办法，只能陪着他们将车子拖到4S店进行清洗了。清洗的费用还是我们加油站出的，因为考虑到他们也是老顾客了。

问：请问你在加油站工作了多少年？

答：我在加油站工作了10多年了。

问：那你工作的期间，有没有出现过车子标识是加汽油，顾客要求加柴油，或者反过来的情况。

答：有，但不多。

问：那一般加油工是根据什么来确定加什么油的？

答：一般是顾客让我们加油工加什么油，加油工就加什么油。

问：你们加油站的发票是怎么开的？

答：我们开发票的电脑和加油机是联网的，发票的抬头是根据顾客的要求来开的，油品的种类和金额是根据加油机不同自动生成的。顾客只要报自己的车子在几号加油机加油，开票员输入加油机号，油品种类和金额就会自动跳出来的。

问：陈晓丽在你们加油站工作了几年？

答：小陈是我们的正式员工，在这里工作了有两年多了。

问：她上岗前是否有过培训？

答：有的，是公司统一进行培训的。

以上记录内容（我也详细阅读或者仔细听了律师的宣读），记录内容均属我口述，且准确无误。如有不实，我愿承担一切法律责任。同时，对律师的告知内容，我已全面了解、清楚。

被询问人（签名并按指印） 刘国强 2012 年 5 月 8 日

5. 加油发票

浙江省加油站成品油销售发票

发票联

发票代码 133011010739
发票号码 02565941

付款方名称：杭州华达汽车销售有限公司 2012 年 3 月 9 日

<table>
<tr><td>品名</td><td colspan="2">97 号汽油</td><td colspan="2">车牌号码</td><td colspan="2"></td></tr>
<tr><td>规格</td><td colspan="2">97 号</td><td colspan="2">税控机号码</td><td colspan="2">02</td></tr>
<tr><td>数量(升)</td><td colspan="2">72.25 升</td><td colspan="2">含税价格</td><td colspan="2">6.92</td></tr>
<tr><td colspan="2">合计人民币(大写)</td><td colspan="5">伍佰圆整</td></tr>
<tr><td>开户银行</td><td colspan="2">工商银行之江支行</td><td>结算方式</td><td>现金</td><td rowspan="2">备注</td><td rowspan="2">限 10000 元以内开具有效</td></tr>
<tr><td>账　号</td><td colspan="2">1202022909900011338</td><td>联系电话</td><td>87298876</td></tr>
</table>

开票人：何心瑞 开票单位：杭州文苑路加油站有限公司（公章）

6. 当事路虎车的油箱盖

三、法庭询问模拟演练的实施

(一)分组并分配相关案件角色

根据自己的意愿,将全班学生分成4个大组,即原告组、被告组、审判组、证人组。原告组分5小组,每组2名学生,扮演原告方周颖及其代理人;被告组分5小组,每组2名学生,扮演被告方文苑路加油站及其代理人;审判组5小组,可根据学生的具体数量,组成独任审判和合议庭;证人组5小组,每组2名学生,一名扮演原告方证人,一名扮演被告方证人,证人组的学生机动,可以由原告组、被告组的学生兼任。

(二)模拟演练步骤及要求

1. 法庭询问演练的准备工作

(1)法庭询问之前,原告组、被告组分别确定本组申请的出庭作证的证人;

(2)原告组和被告组了解法庭询问的顺序,根据提供的部分证据材料拟订询问提纲;

(3)审判组了解法庭询问的步骤、顺序,知悉证据材料的内容。

2. 法庭询问的演练步骤

(1)法庭宣布原告方证人出庭;

(2)原告组的1号律师直接询问原告方的证人;

(3)被告组的1号律师交叉询问原告方的证人;

(4)法庭宣布原告方证人退庭,被告方证人出庭;

(5)被告组的2号律师直接询问被告方的证人;

(6)原告组的2号律师交叉询问被告方的证人;

(7)法庭宣布被告方证人退庭。

3. 法庭询问的演练要求

(1)询问证人的目标明确;

(2)问题的设置逻辑严密、条理清晰;

(3)问题的句式、用语符合直接询问、交叉询问的规范;

(4)询问时间控制得当;

(5)审判组可就法庭询问中出现的情况进行适度控制,并视具体情况进行少量的发问。

第六节　反馈与评价

一、教师的反馈与评价

对学生在课堂上的模拟演练，除了进行即时的点评之外，还可以通过以下表格对学生的表现给予评价：

项目	评分标准	得分	存在的问题
语言表达（15分）	声音洪亮、吐字清晰、表达流畅（5分）		
	语速恰当、语言简洁、明了（5分）		
	肢体语言适当、得体（5分）		
询问技巧（45分）	询问重点突出、有的放矢（10分）		
	问题设计逻辑严密、逐步递进、注意对重要事实的固定、强化（15分）		
	问题简短、通俗易懂（10分）		
	是否采用引导性问题（10分）		
对证人的准备和控制（20分）	熟悉证人背景、基本情况，尊重证人（5分）		
	询问节奏合适、对证人的控制能力强（包括对证人的引导、预见并控制证人的回答、适时打断证人的回答等）（15分）		
应变能力和询问效果（20分）	根据证人回答情况，适时调整询问策略和方式（5分）		
	询问时间把握恰当、适时结束询问（5分）		
	询问效果良好、案件事实基本询问清楚（10分）		

二、学生的自我评价

评估一：法庭询问的准备工作

1. 庭审前你是否了解、分析过证人？如果是，请具体说明你做了哪些工作？
2. 你是否查看过所有的证据清单？
3. 此次的询问目标是什么？请具体列明。
4. 针对此次询问，你是否进行过预演？

5.你预计询问中最有可能遭遇的问题是什么？请解释理由。你计划如何应对？

6.请列出你的询问提纲。

评估二:法庭询问的表现

1.你认为此次询问是否达到你预先设想的效果？如果否,请解释原因。

2.在询问中你是否采用了引导性问题？如果是,请解释原因。

3.你认为证人在询问中的表现是否在你的掌控之中？如果否,请解释原因。

4.在询问过程中你是否调整了你的发问提纲？如果是,请解释原因。

5.你认为你此次询问的成功之处有哪些？请详细列举1—3点。

6.你认为你此次询问的不足之处有哪些？请详细列举1—3点。

第十章　法庭辩论

第一节　法庭辩论

一、法庭辩论的含义

法庭辩论是指刑事诉讼中的公诉人、当事人及其辩护人、代理人，民事诉讼、行政诉讼中的当事人及其代理人，对案件事实、证据、程序、法律适用等问题发表意见、进行抗辩的诉讼行为。

在传统的职权主义诉讼模式下，法庭调查阶段不允许争讼双方进行辩驳或者提出自己的主张，一旦出现辩论的内容，通常会遭到法庭的制止。[①] 但在现行的抗辩式诉讼模式下，法庭上的辩论已不再仅限于法庭调查结束的集中辩论阶段，可以说是贯穿于整个法庭审理过程。因此依我国现行的诉讼法规定，广义上的法庭辩论包含两种形态：一是控辩双方在法庭调查的举证、质证时进行的辩驳；二是在法庭调查结束后，控辩双方在法庭调查的基础上，围绕争议的事实、证据和法律问题，进行相互辩驳。[②] 法庭调查阶段的辩论环节，已在本书的举证、质证章中进行阐述，因此本章中的法庭辩论，是指独立于法庭调查的、专门且集中的法庭辩论阶段。法庭辩论是法庭审理过程中一个独立和重要的阶段，它是在法庭调查的基础上进行的，但并不是法庭调查阶段的辩论的重复，而是对法庭调查的总结、提炼，它对案件证据的采信、事实的认定、法律适用等，起着至关重要的作用。

我国《刑事诉讼法》第 160 条规定："经审判长许可，公诉人、当事人和辩护人、诉讼代理人可以对证据和案件情况发表意见并且可以相互辩论。"依《民事诉讼法》第 127 条规定："法庭辩论按照下列顺序进行：(一)原告及其诉讼代理人发言；(二)被告及其诉讼代理人答辩；(三)第三人及其诉讼代理人发言或者答辩；(四)互相辩论。"《行政诉

① 朱德锴：《胜诉谋略——律师的诉讼策略与技巧》，法律出版社 2012 年版，第 231 页。

② 罗文燕、刘建明：《法律技能综合实训》，浙江工商大学出版社 2009 年版，第 156 页。

讼法》虽然未就法庭辩论做出专门规定，但实践中通常采取与民事诉讼类似的做法。[①]上述规定明确了法庭辩论的顺序。

二、法庭辩论的目标

作为一个独立的庭审程序，法庭辩论赋予争讼双方从事实、证据、程序、法律等方面发表自己意见的权利，同时也是公诉人、当事人及其辩护人、代理人向法庭全面地陈述案情、系统地阐明观点、合理论证、厘清是非曲直，并要求法庭据此作出裁决的最后机会。不管诉讼由谁提起，也不管举证、质证、法庭询问的过程是艰难还是顺利，对控辩双方而言，最终的关注点还是要落到影响到当事人具体权利义务的法庭裁决上来。因此，法庭辩论的目标就是把己方对案件事实、适用法律的意见呈现给裁判者，旨在让裁判者相信、支持己方的意见和诉讼主张，并最终做出有利于己方的裁决结果。

作为立场相对的控辩双方，在法庭辩论阶段，无疑都会将攻击、驳斥对方的观点、意见作为重点，但需要强调的是：法庭辩论的目的是让法庭相信、接受你所阐释的事实和观点，而不是攻击对方；驳斥对方的观点，是为了让向法庭说明对方的观点、意见是不可取的，论据是不充分、不合理的。在法庭辩论中，要注重的是实效而非一时的口舌之快。法庭辩论并非纯粹的演讲，更不是表演，公诉人和律师目的是说服法官甚至对方接受你的观点，而不仅仅是获得旁听群众的鼓掌和喝彩。因此良好的口才、敏捷的思维仅仅是法庭辩论成功的因素之一，而非全部；对于新手律师尤其是学生而言，切记法庭辩论不是辩论赛，华丽的辞藻、咄咄逼人的气势、哗众取宠的作风，最终可能只会适得其反。

三、法庭辩论的内容

法庭辩论的内容从大体上，可以分为事实辩、法律辩、程序辩三项：

（一）事实辩

所谓的事实辩，是指通过对证据的分析、事实的论证，说明己方所呈现的事实的真实性。事实辩是法庭辩论的核心，因为任何法律关系的产生、变更或消灭，任何法律后果的出现，都必定与一定的法律事实相联系。因此，获得对己方有利的判决结果，控辩双方首先必须论证己方所阐述的、所展现的才是案件的真实情况。比如，公诉人想让法庭依己方的控诉对被告人进行定罪量刑，必须借助于各类证据，论证被告人实施了某一犯罪行为；同理，原告若想法庭支持他要求被告损害赔偿的诉讼请求，必须论证被告实施了某一行为、原告的权益受到了损害、被告的行为和原告的损害之间有因果联

① 罗文燕、刘建明：《法律技能综合实训》，浙江工商大学出版社 2009 年版，第 156 页。

系、被告主观上有过错等。当然，事实辩还包括对对方所主张事实的否定和反驳。事实辩的内容涉及案件发生的时间、地点，案件中的人和物，案件事实的表现形式，引起案件事实发生的原因和条件，各个事实或现象之间的因果关系等多个方面。

（二）法律辩

法律辩即对所涉的法律进行解释、分析，并将经过证明的事实与法律相结合，进而得出相应的结论。法律辩包括对适用哪一部法律、适用哪一条法律、如何理解法律条文的确切含义、将案件事实与该条法律相结合所导致的法律结果等的论证和抗辩。通常，法律辩主要涉及法律适用的准确性、完整性和一致，包括从法律的时效、溯及力，普通法和特别法的关系，各类法律规范的位阶、效力的高低等角度来论证所要援用的法律的准确性；从法律的适用范围来阐释其应用于本案的恰当性；从同一部法律内部的完整、统一来阐明、梳理总则与分则、同一法律条文上下款之间的区别、差异甚至是冲突，然后进行法律条文的选择；通过立法原理、目的和宗旨的分析等，来论证对某一法律条文中的术语做何种解释才合理、准确。当然，法律辩既包括就案件事实论证己方的法律选择、法律解释的准确性，也包括批驳对方在法律适用和法律解释上的错误。

（三）程序辩

程序辩主要涉及对当事人滥用诉讼程序和受诉法院诉讼程序违法的抗辩。[①] 当事人滥用诉讼程序主要表现为原告诉权没有成就或根本没有诉权，而采取规避法律或合同约定的方法获得诉权，包括当事人不当行使诉权、滥用诉权和规避法律：如自诉人出于某种目的和动机，将不符合受案条件的案件直接提起刑事自诉；原告以约定的仲裁机构不明确、不存在或者仲裁协议违反为由，另行选择诉讼管辖；原告以通过夸大或者缩小诉讼标的金额的手段，规避受诉法院级别管辖等。诉讼程序违法主要指受诉法院对不符合受理条件或对没有管辖权的案件予以受理以及剥夺当事人答辩权、回避权等诉讼权利的情形，包括越权受理案件、无视当事人诉权、枉法裁判等。在法庭辩论中，不管是对当事人滥用诉讼程序抑或法院程序违法，都应依法进行有理、有利、有节的论证和批驳。

四、法庭辩论的准备

法庭辩论是法庭审理的最后一个环节，但这并不意味着法庭辩论是律师在最后阶段才需要准备或者考虑的事项。其实，从受理案件或接受当事人委托开始，各方有关法庭辩论的准备也就开始了。

（一）确定辩论主旨

法庭辩论是一个“摆事实、讲道理”的证明过程，控辩双方针对双方有争议的事实、

① 朱德锴：《胜诉谋略——律师的诉讼策略与技巧》，法律出版社2012年版，第263页。

证据、法律问题发表观点、展开争论。准备法庭辩论的首要工作，就是确定辩论主旨：被告人有罪抑或无罪，所犯此罪抑或彼罪；被告有无过错，是否应该承担赔偿责任等等。通常情况下，控辩双方在诉讼开始之初，根据其诉讼请求或者答辩理由，法庭辩论的主旨已基本确定。而随后进行的对案件事实的调查，对证据的搜集、分析，辩论方案的确定，庭审过程中的举证、质证以及对证人的询问，都是围绕着这一辩论主旨而展开的。法庭辩论的主旨贯穿于诉讼的始终，但同时随着诉讼的进行，案件事实逐步清晰、对证据的分析也不断深入，控辩双方可能会对早些确定的辩论主旨进行调整和修正。但无论如何，在法庭辩论开始之前，控辩双方应该确定自己的辩论主旨，这样才能通过辩论让法庭明白你的核心观点和意见是什么，诉求是什么。

(二)梳理证据、解读法律

除却明确的辩论主旨，法庭辩论中更为重要的是，要有支撑这些论点和意见的事实、证据和法律。法庭辩论是立论和驳论的过程，是公诉人或者律师论证或反驳的过程[①]：论证，是指在举证、质证的基础上，就主要证据与案件事实进行论证，对案件事实进行定性、对适用法律进行论证，以此确立辩护或代理观点；反驳，是运用已确认的证据，针对对方论辩中的谬误之处，辩驳对方的观点和理由，以确认对方的主张不能成立。显然，不管是论证还是反驳，证据和法律都不可或缺。如果没有相应的证据进行支持、没有对相关法律的正确解读，那么再醒目再华丽的辩论意见，也无法获得信服。因此，在法庭辩论准备阶段，公诉人、律师首先应当从现有的证据、可确认的事实中，梳理出能够支持己方意见和观点的事实、证据；通过对从现行法律进行合理、准确的解读，以期为己方的诉求提供坚实的法律依据。

(三)预测对方的辩论观点、论据，做好应对措施

如前所述，法庭辩论不仅要立论，还要驳论，而驳论的前提是你必须能够预见或者知晓对方的意见和理由。在现行诉讼模式下，法庭辩论环节对案件最后裁决有重要影响，因此控辩双方都不会轻易在法庭辩论开始之前就将己方的意见和论据全盘托出，因此要想有的放矢、给予对方的辩论意见以最有力的反驳，必须根据已有的证据、各类细节，结合法律，预测对方可能提出的辩论意见和加以援用的论据。起诉书、起诉状或答辩状可以作为预测对方辩论意见的一个重要途径，但不能局限于此：一来起诉书或者答辩状中的辩论意见，仅是诉讼开始之初对方所持的观点，随着诉讼的进行，经过法庭调查中对相关事实与证据确认、对证人的询问，对方辩论意见会有变化、有调整，有时候基于新证据的出现，还会有新的辩论意见出现；二来，作为一种法庭辩论策略，有些律师会将某些辩论意见和观点在前期的诉讼过程中加以隐藏，以达到出其不意的效果。因此在准备法庭辩论的时候，要尽可能扩大预测范围，或换位思考，将自己置于对

① 高殿民：《大律师之九项修炼》，法律出版社 2008 年版，第 198 页。

方律师的位置，预测其可能主张的辩论意见，从而使得己方能够未雨绸缪，预先制订好应对措施，进而在法庭辩论中从容应战。

（四）制订辩论方案

在确定了辩论主旨、分析证据、解读法律并预测对方的辩论观点后，接下来要做的便是制订辩论方案，即确定采用什么样的辩论方式来论证己方的观点，反驳对方的意见和理由：

1. 直接证明法，即辩论者提出己方的事实主张，运用证据，结合法律规范，论证己方陈述的事实是案件真相。这是一种最常用最直接的辩论方式。

2. 直接反驳法，辩论者不提出具体的主张，而是对对方提出的事实主张进行证伪或者证明其不能成立，从而得出对方所述并非案件事实，进而要求法庭拒绝采纳对方的诉讼主张。

3. 归谬法，即先假设对方的观点为真实，然后依对方的观点推导出一个或一系列荒谬的结论，从而得出对方的观点为假的辩论方法，进而否认对方的证据。

4. 避实就虚法，即尽量避开明显对对方有利，或者对己方不利的事实和论据，以弱化对方的优势，同时抓住对方的薄弱环节，节节进攻，以获得对己方有利的辩论结果。

5. 后发制人法，即先静听对方的辩论意见，并不急于进行反驳，待其阐述完基本观点后，抓住其中的矛盾、弱点或破绽，以自己掌握的事实和证据有针对性地进行集中反驳，进而使对方处于被动或措手不及之状态。

法庭辩论的方式很多，这里列举的仅是较常见的几种。在法庭辩论实践中，辩论者往往要综合采用多种辩论方式，才能完成一项法庭辩论。而且由于在法庭审理过程中，各种新的、预料之外的事情随时都会出现，因此即使制订有辩论方案，也要根据庭审的实际情况，进行及时、适当的调整。

（五）起草公诉词、辩护词、代理词或辩论提纲

俗话说，好记性不如烂笔头，因此即使你的头脑中的辩论思路已经相当完整，即使你觉得你的辩护词或代理词已经烂熟于心，可以在法庭上一气呵成而没有任何障碍，准备书面的公诉词、辩护词、代理词，或者详细地列明你的辩论提纲，依旧非常必要。因为只有通过撰写公诉词、辩护词、代理词或提纲，才能缜密地梳理自己的辩论思路，仔细审视各个证据材料和法律条文，寻找论证己方观点或驳斥对方意见的理由，等于事先模拟了一遍法庭辩论，同时也能更清楚己方的优势与劣势，以便对实际进行法庭辩论时可能出现的各种情况有个心理准备。此外，有了这些书面的辩论意见，公诉人或律师在庭审过程中就随时可以根据法庭调查的实际情况，随时对其进行批注、修改、调整，避免因为这些变化而使己方的辩论思路或计划被打乱。而且相对而言，发表经过书面梳理的辩论意见时，通常会比单纯的打腹稿来得更为流畅和有逻辑性。

（六）预先进行模拟演练

对于那些庭审经验丰富的公诉人、律师而言，清楚、明白、连贯地将自己的辩论意见表达出来并非难事，但对于新手或者学生律师而言，即使制订了辩论方案、起草了完整的公诉词、辩护词、代理词，但在法庭辩论阶段能否顺利地将己方的辩论意见表达清楚，仍有许多不确定性。如同在头脑中确定、理清了辩论思路是一回事，要将其转化成详细的书面辩论提纲则是另外一回事一样，即使有了完整的书面辩护词、代理词，但要将其中的主要观点和意见、论据以及推理过程，通过口头方式在法庭上讲述，并努力让法庭信服，则是另外一回事了。采取什么样的语言，如何控制语速、语调和节奏，如何进行清晰地表达等，都可以通过模拟演练来进行检验和修正，并借此增加自己能完整表达辩论意见的信心。因此，对于那些庭审经验缺乏的新手律师或学生来说，预先进行法庭辩论的演练，也可以被视为是一项较为必要的庭前准备工作。

五、法庭辩论的技巧

法庭辩论成功与否，取决于多个方面的因素：第一，辩论者要有扎实的法学理论功底，否则就不可能讲出有深度的意见和法律依据，也容易在辩论中犯错误；第二，要有扎实的工作基础，也即要进行的充分调查，要认真阅读案卷材料，深入分析相关证据，仔细询问当事人、证人，没有调查取证，就无法对案件事实有透彻的了解和把握，也就无法为自己的观点提供强有力的论据支撑；第三，要有良好的心理素质，律师在进行法庭辩论的时候，要拥有自信心，这样才能做到赢而不骄，输而不乱；第四，要恰当运用法庭辩论技巧，它直接影响到法庭辩论的效果，并最终影响到法庭的裁决。

（一）抓住要害、突出重点

尤其是对那些案情较为复杂、证据较多较乱的案件而言，不管是在庭前准备、法庭调查，还是法庭辩论中，都要抓住要害、突出重点，不宜面面俱到，否则就会弱化主题，无法突出核心意见，使得法庭辩论的效果大打折扣。如在一起因承包经营而被指控犯罪的案件中，被告被指控犯有贪污罪、诈骗罪、行贿罪，案子前后经历 7 年多，被告被关押 5 年多，而从律师接到通知到开庭审理只有 7 天时间，其中还包括了会见被告、到农场取证的时间，留给律师阅卷的时间只有 3 天，而卷宗则厚达 3800 多页。这位有着丰富刑辩经验的律师，通过对一些主要线索的分析，确定此案的关键是承包合同的性质和方式问题，只要把个人承包的基本性质和“大包干”的承包方式弄清楚，就足以否定对被告的贪污和诈骗的指控。其他的一些次要问题，就可以泛泛略过。在后来的法庭辩论中，律师的辩护意见就紧紧围绕承包性质和方式问题，抓住这个要害问题不放，从根本上否定了被告的犯罪性质，而对于法庭辩论中涉及的其他一些枝节问题一律不予纠缠。最后，被告被宣告无罪。[①]

---

① 田文昌：《法庭辩论技巧》，《京都律师》2006 年第 11 期。

(二)把握主攻方向，切忌偏离主题

在法庭辩论中，双方都会提出各自的意见，同时对对方的各种观点和意见进行反驳。但在发表意见、进行反驳的时候，一定要把握住自己的思路和主攻方向，不要跟着对方的思路走，要善于从对方营造的辩论氛围、思路、逻辑推理中走出来，审视是否有必要以及如何进行反驳，以免陷入对方的辩论陷阱中。如在一起有关期货纠纷的集团诉讼中，作为被告某农业银行与外商进行非法外汇金融期货交易，结果外商把钱全骗走了，100 多名原告起诉被告非法经营外汇期货，期间有着大量的欺诈行为。被告的代理律师一开始就企图转移话题，称被告并没有经营外汇金融期货，而是从事的外汇见证业务，然后就大谈见证业务的内容，见证业务与金融期货的区别等，如同做学术报告。原告律师很快识破了被告的这个企图，辩论时跳出了外汇见证业务的话题，直接指出，有关管理部门的文件已经认定被告非法经营外汇期货，因此有关被告相关行为的性质和内容不存在争议；而外汇见证业务的内容及其与外汇期货业务的区别问题与本案无关，因此在法庭辩论中也无进行争论的必要。律师的这一番发言，破除了对方剑走偏锋、避实就虚的招数，使法庭辩论的基调回到了主题。[①] 如果当时原告律师顺着被告律师的话题与他辩论见证业务与外汇期货业务两者间的区别，就会被引入歧途，不仅偏离了辩论的主题，而且会使自己陷入被动。

(三)辩论要深入浅出、形象生动

法庭辩论是一场关于事实、法律和理论的争论，常常会涉及一些复杂、疑难的理论问题。同时，由于辩论的对手不同，有时候简单的问题也会变得复杂化。在这种情况下，在有限的时间内能够有针对性地使一个复杂的理论问题深入浅出，往往会收到明显的效果。如在一起贪污、诈骗案件中，被告被指控利用两个假文件实施诈骗。这两个文件其实就是两封便函，便函的内容是完全真实的，便函上的公章也是真的，只是这便函是怎么出来的，一直没有查清。被告说是当时单位的书记兼经理让他写的，起草了之后到文印室打印后盖章的。但该便函没有备案，文印室也没有底稿；由于是被告让文印室打印的，所以文印室的人不能证明是书记亲自对被告这么说的，书记又没有书面指示，更重要的是书记已经去世了，死无对证。在法庭上，公诉人一直坚持认定这是假文件，并将其作为认定诈骗的根据；而辩护律师认为，区别文件真假的关键在于内容是否真实，现在已证明文件内容是真实的，只是其形成过程不清楚，退一步，即使文件的形成程序有瑕疵，但只要被告没有作假，内容真实的，这就不能说这是“伪造”，是“假文件”。尽管律师从事实、法律和理论上反复论证，还是无法说服公诉人。无奈之下，辩护律师急中生智，问公诉人：“私生子是不是假孩子？如果公诉人认定私生子就是假孩子，那么认定这两个文件是假文件情有可原，否则没有理由认定这两个文件是

---

① 田文昌：《法庭辩论技巧》，《京都律师》2006 年第 11 期。

假文件。私生子无非是程序不合法，但生出来的仍然是人，只要生出来的是人，你就不能说孩子是假的。"结果，这一比喻的作用立竿见影，法庭上的真假文件之争就此结束，法官也因此采纳了律师的辩护理由。可见，生动形象的比喻往往会取得意想不到的效果，它可以使一些理论性较深的问题深入浅出，通俗易懂。[①]

（四）讲究论辩策略，灵活应变

在法庭辩论中，既要重说理又要讲策略，关键时刻要善于选择最容易使人接受的理由和辩论方式。在辩论时，双方都有各自的意见和道理，但如何表达，选择什么样的切入点，让对方和法庭都易于接受，非常重要。法庭辩论很激烈也很精彩，但双方由于立场相对，很容易陷入僵局。在这种情况下，如果仅仅是各执一词，一味僵持下去，并不见得是上策。反过来，如果能够适时地跳出圈外，找到一个可能打破僵局的新思路加为切入点，却很可能取得成功。如在一起受贿案件的法庭辩论中，辩方律师针对第一轮辩护中控辩双方对某一事实的认定和推理各持己见的情形，在第二轮辩论中采取了一种新的思路：首先客观地摆出了控辩双方对此案认识的两种截然相反的思路，而后再对此两种思路作以分析，指出从这两套完全相反的思维模式来看，虽然见仁见智，各有理由，都有符合逻辑的一面。但是，在这两种可能性之中事实却只有一种。因此，如何认定，以什么原则来认定被告的行为性质就成为问题的关键；律师进而指出，首先，辩方的思路有更多的证据支持，更有说服力；其次，退一步讲，即使前后两者分量相等，那么，在控方的思维模式和证据不具备排他性，从而无法否定辩方证据和思维模式的情况下，也同样是不能作出有罪认定的结论的。辩方的这种辩论方式超出公诉人和法官的意料，在庭上公诉人就感到无法反驳，休庭后也表示辩护律师的理由确有一定道理，值得考虑，而法官态度则更明确，采纳了律师的辩护意见。[②]

（五）冷静应对辩论陷阱

为了赢得法庭辩论的胜利，有些时候不管是控方还是辩方，都会采取相应的辩论策略和方法。其中，有些辩论策略是恰当、值得肯定的，但有些却并不合适，甚至是辩论"陷阱"。对于有些不合适的辩论方法和策略，要慎用或不用，因为一旦被对方识破并反击，可能会带来非常不利的结果；而对对方设置的辩论陷阱，要学会识破它并予以冷静、积极应对[③]：

1. 歪曲事实的辩论。在庭审过程中，有些律师或为了赢得诉讼，或仅仅为了迎合当事人的某些心理，在法庭调查中没有合理理由就对对方的举证全部提出异议，在法庭辩论中置经过质证的事实而不顾，坚持己方认为的所谓事实，甚至歪曲事实进行辩论。对此种法庭辩论，应对的方法主要有：(1)通过对已经确认的证据进行分析，全面、

---

①② 田文昌：《法庭辩论技巧》，《京都律师》2006 年第 11 期。

③ 高殿民：《大律师之九项修炼》，法律出版社 2008 年版，第 206—209 页。

完整地阐述事实真相，进而指出对方的主张没有证据加以支撑；(2)通过对对方所述事实的各个关键环节进行分析，指出其与证据的矛盾之处，从而各个击破；(3)可以视具体情况，直接以"对方所主张、依据的事实与法庭调查所查证的事实不符或相矛盾"为由，将这一与事实不符的问题排除在法庭辩论之外。

2. 诡辩辩论。诡辩是指故意违反论辩原则，以似是而非的方法进行辩论。法庭辩论中常见的诡辩有偷换概念、采用虚假论据、滥用歧义、混淆条件、断章取义、引证无关事实、答非所问、曲解法律等多种。或出于求胜心切，或无理无据但又不肯认输，法庭上的诡辩并不少见。那么如何应对诡辩辩论呢？首先，律师要全面知悉案情事实，对重要证据、相关法律有着正确的分析和解读；其次，要强化自己的逻辑思辨能力，善于学习和总结法庭辩论的经验和教训；第三，在激烈的法庭辩论中保持清醒的头脑，不急不躁；第四，发现对方的诡辩后，要迅速、直接地予以揭露、回击，并提请法庭注意；第五，庭审结束后要进行回顾和研究，对未能在庭上识破的诡辩，在公诉词、辩护词或代理词中进行补充性回击，并向法庭予以说明。

3. 纠缠细枝末节的辩论。在法庭辩论中，或是为了干扰对方思路、混淆视听，或是为了避实就虚、拖延诉讼，纠缠于细枝末节情况时有发生，包括故意曲解和纠缠对方无意中的一句话，长时间围绕与案件事实无关的一些细节进行争辩，抓住无关紧要的口误，无理纠缠一些细小的程序问题等。对于这样的辩论陷阱，可以采取以下应对措施：(1)"不辩之辩"，即对明显胡搅蛮缠的，在主要辩论意见发表完之后，尽快结束辩论，不理会对方的纠缠；(2)用事实和法律说明对方所纠缠的细节与案件的处理结果无关紧要；(3)揭穿对方如此纠缠的目的；(4)提请法庭制止对方的这种不恰当的辩论行为。

4. 进行人身攻击的辩论。由于利益的冲突和诉讼立场的对立，法庭辩论很多时候充满着火药味。但无论如何，法庭辩论要就事论事，就理论理，而不能将这种矛盾和对立转化成人身攻击。对对方当事人或代理人进行人身攻击的一方，有的是出于激动和愤怒，还有的是一种辩论策略，以期激怒对方。对于这种人身攻击，除了进行适当的澄清、回击之外，要及时提请法庭予以制止和制裁。

(六)注重语言表达方式

成功的法庭辩论，必定是"内容"与"形式"的完美结合，因此，法庭辩论除了观点要明确、清晰，证据要充分、确凿，论证具有合理、逻辑性外，所使用的语言和表达方式也必须做到合适、恰当：首先，法庭辩论中所使用的语言要严谨、符合规范，也即要使用法言法语，尤其是涉及对相关法律的解读、适用时，不能做随意性的扩大或限制性解释，否则容易自陷圈套。其次，辩论的语言要尽量简洁、通俗易懂。简洁、通俗的语言能形象地阐明案件事实，使得论证过程更加清晰、明了。第三，语言表达要连贯，不能结结巴巴、断断续续，否则辩论意见和观点就不能连贯、系统地传达给法庭；但同时，法庭辩论并不仅仅是为了让律师展示口才，滔滔不绝、连珠炮似的发言很多时候并不能带来预想的效果，法庭辩论的目的是让法庭相信己方所阐释的事实和意见，因此在辩论意见发表过程中，要给予法庭适当的时间去反应、去理解。所以，在法庭辩论中要控制好音量、语速、语调，做到快慢适度、抑扬顿挫，以提高辩论的感染效果。

五、法庭辩论之刑事辩护

如前所述，不管是刑事诉讼还是民事诉讼，法庭辩论的目标、技巧等都是一致、共通的。但基于案件性质的不同，刑事辩护的焦点通常集中在以下几个问题上：

(一)罪与非罪

在刑事诉讼中，若律师为被告人所做的是无罪辩护，通常会从以下几个方面入手：

1. 案件属于民事纠纷还是刑事犯罪？如在一起由黄冈市检察院对被告人楼恒伟、陈玉兰以职务侵占罪提起的诉讼中，众多意见认为这是一起因对合同条款及其法律关系、对合同是否履行理解不同而产生的民事纠纷，而非刑事犯罪。[①]

2. 犯罪情节是否严重，涉案财物的数额、数量是否达到一定额度：比如构成侮辱或者诽谤罪必须是以暴力或其他方法公然侮辱他人或捏造事实诽谤他人，且情节严重的；盗窃公私财物数额较大的，才构成盗窃罪，否则只是违反治安管理处罚条例的行为。

3. 被告人主观上是否存在犯罪故意或者过失，如侵犯著作权罪必须是以营利为目的的，如若被告人虽实施了侵害行为但并非以营利为目的，则不构成该项犯罪；同样，故意伤害罪的前提是被告人必须存在伤害故意，如果仅存在过失且未造成他人重伤的，不构成犯罪。

4. 被告人的行为是属于合法行为还是犯罪行为，若被告人符合正当防卫、紧急避险的特征，那么因其行为具有合法性，即使造成了危害结果，也不构成犯罪。此外，被告人是否属于特定的犯罪主体，行为对象是否属于特定的犯罪对象，是否实施了某种行为，是否造成了某种损害结果，被告人的行为与损害结果之间是否存在直接的因果关系等，都是律师在进行无罪辩护时的切入点。

(二)此罪与彼罪

基于对被告人犯罪事实、法律条文的不同解读，律师往往会从犯罪主体、客体以及行为方式等诸多角度入手，为被告人的行为做构成此罪(轻罪)而非彼罪(重罪)的辩护：

1. 犯罪主体。如通过对被告人到底是否属于国家工作人员的解读、辩论，认为被

---

① http://wq.zfwlxt.com/newLawyerSite/BlogShow.aspx?itemid=2996259b-94fe-4fea-8755-9e40015095b9&user=14003。

告人的行为构成的是侵占罪而非贪污罪。

2. 主观故意。如从被告人主观上仅具有暂时借用公款而非以非法占有为目的角度入手，为被告人的行为做不构成贪污罪而是挪用公款罪的辩护；从被告人主观上仅具有过失而非故意角度出发，可为被告人驾驶车辆致人伤亡的行为做构成交通肇事罪而非以危险方法危害公共安全罪的辩护。

3. 行为方式。如从被告人对公私财物的非法占有是通过秘密窃取而非使用暴力、胁迫等手段获取为由，为被告人行为做属于盗窃罪而不构成抢劫罪的抗辩等。

4. 是否有从轻、减轻处罚的情节。在量刑问题上，律师一般会从是否存在着法定或酌定的从轻、减轻处罚角度进行辩护：(1)法定的从轻、减轻处罚情节：比如被告人犯罪后自首的，有立功表现的，属于预备犯或者犯罪中止、犯罪未遂的，社会危害性较小的如属于防卫过当或避险过当的，属于从犯或胁从犯，被告人是盲人、又聋又哑的人，或属于尚未完全丧失辨认或控制能力的精神病人，或者是已满 14 但未满 18 岁的未成年人等。(2)酌定的从轻、减轻处罚情节：如被告人认罪态度好、有悔罪表现的，犯罪后积极退赃、或对受害人进行积极补偿的，受害人本身存在一定过错的，被告人一贯表现较好的，还有犯罪的手段、动机等，都是律师为被告人争取酌定从轻、减轻处罚的辩护理由。

5. 有关证据问题的辩论。尽管举证和质证是在法庭调查进行的，但证据问题依然且必然是律师辩护的重中之重，一旦控方提交的证据尤其是一些关键证据存在问题，那么按照无罪推定、疑罪从无的原则，律师的辩护就很可能获得成功。在刑事诉讼中，有关证据的辩论主要涉及以下几个方面：(1)证据的合法性：也即证据是否通过欺诈、胁迫以及刑讯逼供手段获取，或者说证据的形式或者出证主体资格是否存在问题，如书面证言是否有出具人的签名、鉴定结论是否是具有鉴定资格的部门作出的等。(2)证据的客观性：如证据内容前后是否一致，证据与证据之间是否存在着矛盾和冲突，从证据与争讼案件事实的对比看，在时间、地点、人物、发展过程等问题上是否吻合，是否存在遗漏和差错。(3)证据的关联性问题：即证据和待证事实之间是否存在客观、内在、必然的联系，要想割裂证据与待证事实时间的联系，就须对证据进行层层剥离，依据事实和法律证明证据与待证事实之间不具有关联性或仅具有表面的、偶然的联系，进而排除其证明力。(4)证据的排他性：如果公诉方提供的证据不具有排他性，那么就无法作为对被告人定罪的依据。证据是否完整、在形式上是否存在漏洞、是否具有排除其他一切的可能性，均可成为证据排他性辩论的切入点。[①]

---

① 朱德锴：《胜诉谋略——律师的诉讼策略与技巧》，法律出版社 2012 年版，第 261—263 页。

六、法庭辩论之民事代理

在民事诉讼的法庭辩论阶段，律师的辩论意见大多会从以下几个方面入手。

（一）原告或被告的主体资格

即原告、被告是否是适格当事人。在民事诉讼中，诉讼主体资格直接决定受诉法院对案件的受理以及实体权利义务的承担，诉讼主体资格不合格，案件性质就可能发生逆转。因此在法庭辩论中，律师首先要提及的便是诉讼主体资格问题：(1)原告是否是与本案有着直接的利害关系，包括直接受害人、权利的所有者或者继承者等。(2)被告是否适当。有明确的被告是起诉的条件，但该明确的被告并不意味着就是适当的被告，因此律师可以在法庭辩论中就原被告时间是否存在某种法律关系、被告是否是责任人包括是否是第一或直接的责任人，作为被告是否为适当被告的抗辩理由。

（二）原、被告之间是否存在法定或意定的权利义务关系

即结合事实和法律，论证双方之间是否存在着有效的合同关系、婚姻关系，因一方行为而引起的侵权关系、无因管理关系等等。双方之间是否存在着某种权利义务关系，是原告提出相关诉求的前提和根据，也是被告进行抗辩的理由。

（三）原、被告主观上是否存在过错

过错是承担法律责任的基础，大多数的民事纠纷，都是因一方或者双方当事人的过错或违约行为造成的。在民事诉讼中，根据一般的过错归责原则，只要当事人主观上存在过错，不管是故意还是过失，都应承担责任。当事人明知自己的行为会造成相应的损害结果而故意为之，责任不可避免；同样，当事人对损害后果应当预见而没有预见，或者已经预见但轻信能够避免而未采取措施加以避免的，也要承担责任。只有在当事人无法预见、无法避免而导致损失结果的情况下，才可免责。因此，原、被告主观上是否存在过错，是法庭辩论中律师所重点关注的问题之一。

（四）是否有损害结果，以及原、被告的行为与损害结果间是否存在因果关系

在民事诉讼中，行为人承担责任的前提是，他的行为给对方造成了损害，这种损害包括财产损害和非财产损害；如果没有相应的损害结果，那么即使行为人实施了某种不法行为，也无法要求其承担民事责任。同时，在法庭辩论中，律师必须论证行为人的行为与损害结果间是否存在因果关系：首先，行为人的行为与损害结果之间是否存在着联系，有联系才需要承担责任，反之，就不承担责任；其次，行为人的行为与损害结果之间的联系是属于直接因果关系，还是间接因果关系。如果行为人的行为与损害结果之间有着内在、必然的也即直接的因果关系，那么行为人应当承担主要或全部的责任，如果行为与损害结果之间仅存在间接因果关系，也即虽有一定联系，但是一种偶然性的因果关系，那么行为人的责任就相对较小。

(五)证据是否客观、合法、有效

在民事诉讼中，证据也是律师在法庭辩论中争论最多的问题之一。与刑事辩护相同，民事诉讼中对证据的辩论也集中在证据的合法性、真实性、关联性、排他性等问题上；对证据问题的论证同样会直接影响、决定整个案件的走向和结果。

此外，律师的法庭辩论通常还会涉及法院的管辖权、程序的合法性、赔偿的范围、额度等诸多问题。

第二节　法庭辩论中的常见问题

在法庭辩论阶段，学生在模拟演练中表现出来的问题，归纳起来主要有以下一些：

一、照本宣科，灵活性和应变能力不足

(一)"读"或"背"辩论意见，而非"说"或"论"

在模拟演练中，有部分学生没有做到脱稿，而将事先准备好的公诉词、辩护词或代理词，在法庭上进行阅读；另有些学生虽然做到了形式上的"脱稿"，但也仅仅是将辩论意见背出来而已。法庭辩论需要的是"说"，是"讲"，需要律师与法官、与旁听审判者进行交流，尽管这种交流的表现形式是律师在说给他们听，在告诉他们什么是事实，如何理解法律等。将辩论意见"读"或"背"给法庭，一来使得律师的辩论意见失去了其生动性，因为不管是"读"还是"背"，发表者会更多关注怎么样把这些意见依顺序、没有遗漏地表达完，而不会关注表达的效果，在语速、语调、语气方面会显得一以贯之、平淡无奇；二来，这种完全按事先准备而非临场、顺势而发的辩论意见，可能会让法官和听审人员对其的注意力、关注度有所下降，因为大家潜意识里会有这样一种印象，就是该律师的辩论意见都是事先准备，而非结合、基于刚刚进行的法庭调查的，因此对它的时效性和精彩度的预期会下降。因此切记，辩论意见需要律师"讲"给法庭、"讲"给听审人员听，为了避免辩论意见被遗漏或顺序被打乱，可以通过辩论提纲来进行提示，但不能通过"读"或"背"辩护词或代理词来发表意见。

(二)完全按照事先准备的辩论意见，而没有结合庭审调查、对方的观点适时调整

律师通常会在开庭前会拟订辩论提纲或撰写完整的辩护词、代理词，但法庭审理过程中经常会出现很多出乎律师预期的变化，因此律师的辩论意见要随时根据这些变化进行调整，这当然也极大地考验着律师的应变能力。在模拟演练中，学生们出现的问题之一就是面对新的证据、事实的变化以及对方辩护、代理意见的变化，无法进行适

时的调整。有些学生仍旧固守着原有的辩论思路或方案，结果其辩论效果可想而知。出现这种问题的原因有二，一是学生准备不足，对案件、证据的分析以及对对方观点和意见的预测不到位；二是缺少积极应对庭审中的各种变化的经验。

二、辩论意见只驳不立或只立不驳

所谓的法庭辩论，既有"辩"也有"论"，也就是说律师在发表辩论意见时，不但要对对方的观点和意见进行驳斥，同时还要确立起自己的观点和意见，并加以系统论证。从模拟演练的表现来看，部分学生更注重于"驳"论而忽视了"立论"，也有少数学生只"立"不"驳"。尽管在有些案件中，只要"驳"倒对方的意见就能证明对方主张的事实不存在，从而让法庭判对方败诉。但更多时候，不管是在刑事还是民事诉讼中，辩论中的"立论"和"驳论"两者是相辅相成的，若能从正、反两个方面来论证己方观点的可信、对方意见的不可信，更有说服力，也更能赢得法庭的肯定。

三、辩论中涉及的主题、论点太多

法庭辩论的技巧之一就是抓住要害、突出重点，面面俱到的辩论意见会模糊主题，削弱辩论效果。这也是学生在法庭辩论中表现出来的问题之一。许多学生在模拟演练前会将所有问题，不管大小、主次、重要与否，逐一列出，然后逐个进行论证和驳斥。诚然，在辩论意见的准备阶段，这样的罗列和分析是值得肯定的，因为它有助于学生对案件进行全面的理解、分析，也有助于应对对方出其不意的攻击。但是，在发表法庭辩论意见时，则需要对这众多的主题进行筛选、排序：首先，经过冗长的法庭调查过程，要想抓住法官、听审人员的注意力，让他们对你的辩论意见留下深刻印象，必须对你的主题、意见有所选择，突出主要的，将次要的、辅助意见一带而过甚至放弃；其次，虽然你所坚持的某些事实和观点是正确的，但如果它们对案件的结果、对当事人权利义务的确定并没有特别的影响，那么在辩论中可以予以略过，以节约辩论时间，同时也有利于凸显你的核心意见；第三，若主题、意见过多，会导致整个辩论意见显得杂乱、拖沓，不仅为对方创造了更多的反击机会，也容易被对方拖入对细枝末节的纠缠中。

四、仅有结论、观点和意见，而没有相应的事实和法律进行支撑

在法庭辩论中，给出鲜明的意见和结论至关重要，但法庭辩论并非仅有结论就够。在模拟演练中，部分学生并没有将己方的结论和观点与案件事实、证据以及对法律的解读很好地结合起来。具体表现在：

1. 仅有结论性的意见，而没有引入证据、事实进行论证，仅一味强调己方的观点、否定对方的意见；

2. 己方的辩论意见依据的是未经证实的事实或者说法，有些甚至依据的是在庭审中已经被推翻的证据或已被否定的事实；

3. 尽管既有结论和意见，也列出了证据和事实，但并未进行剖析和论证，即没有进行演绎和推理，辩论意见和案件事实相互之间的论证欠充分。

五、重法律辩、轻事实辩，或者反之

法庭辩论包括事实辩、法律辩，两者互为支撑，相辅相成。不过在模拟演练的过程中，部分学生的辩论意见存在着重法律辩、轻事实辩的情况，也有一小部分存在重事实辩、轻法律辩的情况。法科班的学生，在过去的几年里耳濡目染、张口闭口都是权利义务、法律条文，因此潜意识里有更喜欢就适用何种法律、法律条文的解读发表意见、进行争论的倾向，在模拟演练中这一点体现得较为明显。相对而言，学生对事实问题的论证相对就要简单，所费口舌和篇幅要少一些。其实，对于法庭辩论而言，事实辩是基本，只有厘清了案件的是非曲直、来龙去脉，才能结合相应的法律条文，提出合理的诉讼主张或抗辩意见，因此律师应通过对证据的分析，说明己方所呈现的事实的真实性；法律辩是保证，只有基于对法律条文的分析和解读，才能推导、证明己方诉讼请求的合法性，从而得到法庭的支持。因此，法庭辩论应兼重事实辩和法律辩。

第三节　法庭辩论的拓展练习

一、刑事诉讼中的法庭辩论

(一)案情简介

2012 年 8 月 10 日上午 11 点左右，杭州汽车站候车大厅的清洁工唐梅进入 B 区的女士洗手间打扫卫生时，在洗手间靠墙角的地上发现一个黑色塑料袋，过了一会儿见没人拿走，于是就将塑料袋放到了清洁车上。回到休息室，唐梅打开塑料袋一看，里面有手机、电脑，还有一些金银首饰。随后，唐梅将这些东西带出车站，转交给自己的丈夫，自己又回到了车站。当天上午 11 点 15 分，车站派出所接到旅客王玉玲报警，说自己在车站丢失一个黑色塑料袋，内有手机、平板电脑、金饰等价值 3 万多元。经过侦查，警方认定王玉玲所丢塑料袋为唐梅所拿，遂找唐梅问话，但唐梅矢口否认；警方后通过询问唐梅的丈夫，在唐梅家中找到了王玉玲丢失的物品。现杭州市某区检察院以盗窃罪为由，对唐梅提起公诉。

(二)部分证据材料

1. 讯问笔录(第 1 次)

时间:2012 年 8 月 10 日 16 时 26 分至 2012 年 8 月 10 日 17 时 30 分

地点:车站派出所

侦查员姓名、单位:孙敏、徐圣剑,车站派出所

记录员:李辉　单位:车站派出所

犯罪嫌疑人:唐梅　曾用名:无　别名:无

性别:女　民族:汉　出生年月:1974 年 12 月 20 日　籍贯:浙江桐庐

户籍:浙江桐庐　　现住址:杭州市大关小区 16 栋 3 单元 106 室

文化程度:高中　工作单位、职业:杭州汽车站员工

……

问:我们是车站派出所的警察,今天要问你一些问题,你要如实回答,不能隐瞒,否则将承担法律责任,你听清楚了没?

答:听清楚了。

问:你在杭州汽车站是做什么工作的?

答:我是清洁工。

问:那请你说一下你每天的工作内容。

答:我每天做的就是搞好候车大厅 B 区的卫生,像清扫旅客扔的垃圾、拖地、擦玻璃、擦椅子等,都是我的活。

问:B 区洗手间的卫生是你负责的吗?

答:女洗手间的卫生是我做的,男的是我们郑师傅做的。

问:除了你之外,B 区女洗手间的卫生还有其他人做吗?

答:没有了,就我一个人。

问:那你现在说一下你今天上午做了些什么工作?

答:我今天早上 7 点半到的单位,因为早,等车的人不是很多,候车厅也比较干净,差不多忙了一个小时,我就搞完第一遍卫生了,然后,就跑到候车厅电梯旁边的休息间吃早饭,并坐了一会儿。大概 9 点钟的样子,我开始搞第二遍卫生,等车的人开始多了起来,地上的垃圾什么的就慢慢多起来了,我也就越来越忙了。

问:嗯,那 9 点以后你有没有进过女士洗手间搞卫生。

答:有的,等车的人多了,进出洗手间的人也就多了,我们领导说过的,洗手间的卫生 1 个小时至少要做一次的。

问:那今天上午,女洗手间的卫生你做了几回?

答:有四回吧。早饭之前做了一回,后来差不多每个小时做一回,做了有三回。到12点休息的时候,我就吃中饭去了。

问:那我问你,今天早上你在B区女士洗手间有没有看到过一个黑色塑料袋。

答:没有。

问:今天上午11点左右,你有没有进过B区的女士洗手间?

答:那我记不得了,洗手间我搞卫生进出好几次,但具体的时间我不记得了。

问:今天上午11点左右,有位旅客在B区女士洗手间丢了一个黑色塑料袋,你在洗手间里做卫生的时候,有没有发现过一个黑色塑料袋?

答:我没注意哎。洗手间进进出出人很多,可能是有人拿了吧。我没见过的。

问:请你再好好回忆一下,就在洗手间最里边靠墙角的地方,你真的从来没看到过一个黑色塑料袋?

答:真的没有,要看到过,我肯定有印象的。

问:现在有人说看到你在洗手间里拿了一个装了东西的黑色塑料袋,你怎么解释?

答:我真的没有,真的,肯定是那人看错了。

问:你确定你上午没从洗手间拿过黑色塑料袋?

答:真的没有。

问:那先这样,你看看笔录,是否和你所说的相符。

答:嗯,好的。

以上笔录看过,和我说的一样。

唐梅 (签字并按了指印)

2012年8月10日

2.讯问笔录(第2次)

时间:2012年8月11日10时15分至2012年8月11日11时50分

地点:车站派出所

侦查员姓名、单位:孙敏、徐圣剑,车站派出所

记录员:李辉　　单位:车站派出所

犯罪嫌疑人:唐梅

……

问:你具体说一下昨天上午10点半到中午这段时间你都做了哪些事情?

答:嗯。10点半左右的样子,我正在候车厅B区清扫垃圾,扫完之后又

拖了一遍地。大概快11点的样子,我推着垃圾车进洗手间做卫生。

问:你确定你是11点的时候进的洗手间?

答:差不多,因为候车厅的广播一直都在播几点几点的车子开始检票进站,一直没停的。我当时正听到广播里说11点05分开往宁波的车开始检票了,所以我想差不多就是11点不到的样子吧。

问:你进洗手间的时候,手里有没有拿什么东西?

答:我是推着垃圾车进洗手间的,扫把、簸箕、拖把、钳子、水桶什么的,放在垃圾车上推才行,否则我根本就拿不过来。再说,我也得把洗手间垃圾桶的垃圾倒到垃圾车里才行。

问:进了洗手间之后你做了什么?

答:进去之后,我就从垃圾车上拿下拖把开始拖地。

问:在拖地的时候,你看到洗手间的地上、墙角有什么东西了吗?

答:……我在最里面的墙角地上看到有一个塑料袋。

问:塑料袋是什么颜色的?

答:是黑色的。

问:你看到这个黑色塑料袋时,是怎么想的?

答:我没怎么想,想着应该是旅客的东西吧。

问:那后来呢?

答:后来,等我拖完地,发现那个塑料袋还在那里,没动。

问:你拖地大概要多长时间?

答:三五分钟的样子吧,拖地还是很快的。

问:那接下来你做什么了?

答:我看旅客进进出出好几拨人了,但那个塑料袋一直没人动,所以就把它捡起来了,挂到垃圾车上了。

问:你为什么要把它拿起来呢?

答:我想可能是别人忘了吧,或者就是不要了,所以就把它拿起来了。

问:那你拿塑料袋的时候,没有问一下"这是谁的东西"?

答:没有。

问:那你为什么不问一下?

答:我没想到。

问:你当时有没有打开塑料袋,看看里面有什么东西?

答:没有。

问:你当时为什么不看一下呢?

答:我当时忙着做卫生呢,想着呆会儿再看呗。

问:当时你的垃圾车放在哪里?

答：放在另外一边靠墙的角落。

问：然后呢？

答：我接着用抹布把洗手盆的台面擦了一遍，然后就推着垃圾车出去了，到休息室休息一会儿。

问：到了休息室，你又做了什么？

答：到了休息室，我稍微整理了一下，就把刚才捡的那个塑料袋打开，想看看里面是什么东西。

问：里面是什么？

答：我一打开，里面还有个纸箱子，纸箱子里面又是几个小盒子，有两个盒子装的是手机，还有几个小的是首饰盒，打开一看，有戒指、项链，还有2个大一点的盒子，装的好像是电脑似的。

问：你当时拿的是不是这些东西？（当场出示从唐梅家查获的2部iphone 4手机，2台ipad 2平板电脑，1对金戒指，1条金项链，1条铂金项链）

答：是的。

问：然后呢？

答：呆了一会儿，我给我老公打电话，让他到车站来一趟。

问：你让他过来干什么？

答：我想让他把这些东西先拿回家去，放在我这里不安全。

问：你在电话里是怎么跟你老公说的？

答：我说我这里有样东西，比较急，让他赶紧来拿一下，就这些。

问：你看到这些东西，明知道是旅客的东西，为什么还要你老公拿回家去？

答：……（沉默）

问：当时你为什么不把这些东西交给车站？

答：……我想先留着再说，等有人找来了，确认是他们谁的，再给也不晚。

问：那接下来你又做了什么？

答：我把那些东西放回那个纸箱里，外面用报纸包了一下，然后锁到我休息室的柜子里了。

问：那个黑色塑料袋呢？

答：我扔到垃圾车里，扔掉了。

问：为什么要扔掉？

答：……（沉默）

问：接着说。

答：接着我又出去做卫生了。大概半个小时以后，我老公来电话说到车站门口，我就到休息室拿了那个纸箱，出站交给他了。

问：那昨天我们问你的时候，你为什么不承认你在洗手间拿过一个黑色的塑料袋。

答：……（沉默了一会儿）昨天主要是有点害怕。

问：害怕什么？

答：害怕你们把我抓起来。

……

问：今天就问到这里，你看看笔录，是否和你所说的相符。

答：嗯，好的。

以上笔录看过，和我说的一样。

唐梅 （签字并按了指印）

2012年8月11日

3. 询问笔录

时间：2012年8月11日9时00分至2012年8月11日9时50分

地点：车站派出所

侦查员姓名、单位：孙敏、徐圣剑，车站派出所

记录员：李辉　单位：车站派出所

被询问人：应建军　性别：男　年龄：41岁　单位：杭州市望湖出租车公司

住址：杭州市大关小区16栋3单元106室

问：我们是车站派出所的警察，今天要问你一些问题，你要如实回答，不能隐瞒，否则将承担法律责任，你听清楚了没？

答：好的，知道了。

……

问：你和唐梅是什么关系？

答：她是我老婆。

问：请问昨天11点多的时候，你老婆是否给你打过电话？

答：嗯，是的，当时我正拉一个旅客去传媒学院呢。

问：唐梅打电话跟你说什么了？

答：她说有点急事，让我去她单位一趟。我说我车上有客人呢，等我把客人送到之后再过去。

问：那你大概什么时候到她单位的？

答：大概半个小时吧，我就到她汽车站了。然后我就给她打了个电话，告诉她我到了，在车站一楼的入口处等她。

问：接着往下说。

答：等了一会儿她就出来了，给我了一个盒子，用报纸包着的，外面还用塑料绳捆了一下。我问她是什么东西，她说别管了，让我赶紧拿回家去就行。

问：你没打开看看是什么东西吗？

答：没有，我老婆说别管是什么东西，也别拆开来看，叮嘱我赶紧拿回家去，别耽搁，等她下班后回来再和我说。我也急着去跑车做生意，所以就没多管，把东西直接拿回家去了。

问：那你现在知道你老婆当时让你拿回家的是什么东西了吗？

答：现在知道了。昨天下午5点多的时候，你们派出所民警找我了解情况，问我老婆的事情，我就说我老婆中午给了我一包东西，接着警察就跟我一起到家把我老婆给我的东西找出来了。那个时候，我才知道那个盒子里装着那些东西。

问：具体有些什么？

答：有电脑、手机，还有戒指、项链什么的，具体有多少，我也记不太清了。

问：你知不知道你老婆给你的这些东西从哪里来的？

答：我不知道。

……

问：好的，你看看笔录，是否和你所说的相符。

答：好。

以上笔录看过，和我说的一样。

应建军　（签字并按指印）

2012年8月11日

4. 询问笔录

时间：2012年8月10日12时30分至2012年8月10日13时05分

地点：车站派出所

侦查员姓名、单位：孙敏、徐圣剑，车站派出所

记录员：李辉　单位：车站派出所

被询问人：王玉玲　性别：女　年龄：36岁　单位：中信银行杭州分行

住址：杭州市白荡海小区11栋1单元902室

……

问：请你把今天上午在杭州汽车站的事情详细地说一下。

答：好的。今天是周五，我带着女儿准备回台州老家，我们是上午10点35分到的杭州汽车站，买的车票是11:30的。刚到候车大厅坐下一会儿，我就接到老公的电话，说是女儿的两本课外书、还有准备送我爸的一件衣服落

在家里了，他送过来了，让我到车站停车场拿一下。因为行李上楼下楼拿起来挺麻烦的，而且进出车站还要安检，所以我就让女儿留在候车大厅的座位上，看好两个行李，我一个人出去到停车场拿一下东西，马上就回来。结果等我从停车场回来的时候，发现女儿坐在座位上哭，我问她怎么了，她说她把一个行李弄丢了。

问：请问丢失的是什么东西？

答：一个黑色的塑料袋。我和女儿两个人这次总共带了大大小小 4 个包：一个紫色的拉杆箱，挺大的；一个黑色的塑料袋；女儿背了一个书包，另外我自己还拎了一个手提袋。我到停车场拿东西的时候，只带了自己的手提袋。等我回来的时候，发现拉杆箱和女儿的书包都在，但那个黑色的塑料袋不见了。

问：黑色的塑料袋是怎么丢的呢？

答：听我女儿说，我离开一会儿后，她觉得肚子不舒服，于是就去洗手间了。因为我特意跟她叮嘱过，那个黑色塑料袋里的东西很贵，一定要看好了，不能随便离开。所以她说她让旁边座位上的阿姨帮她看一下拉杆箱和书包，自己拎着那个黑色的塑料袋进了洗手间。进去之后，她找了最靠里的一个厕所，然后把塑料袋放在厕所边的地上。等她上完厕所打开门，发现塑料袋不见了。她赶紧跑出来在候车厅里找，也没找到，于是就坐在座位上哭了，然后我就回来了。

问：黑色塑料袋里装的是什么东西？

答：大部分是给家人的礼物。有 2 部新的 iphone 4 手机，本来是送给我哥的双胞胎儿子的，他们两个今年刚考上大学；还有一对金戒指，给我父母；一条金项链，准备送我婆婆的，一条铂金项链，是送我妹的结婚礼物。另外还有 2 台 ipad，一台是我妹托我买的，还有一台是我自己用的。这些东西总共要 3 万多元吧。唉，我本来是想这些东西如果装在行李箱里的话，得放到大巴下面托运，怕被压也不安全，所以就用一个塑料袋装着，反正东西不重，也不大，塑料袋装着看起来也不像什么贵重东西，到时候放座位上面的行李架就好，也安全，没想到反而丢了。

问：你们等车是在哪个候车厅？

答：我们是 B 区的候车厅等车的。

……

问：那先这样，你看看笔录，是否和你所说的相符。

答：好。

以上笔录看过，和我说的一样。

王玉玲（签字并按指印）

2012 年 8 月 10 日

5.询问笔录

时间:2012年8月10日13时30分至2012年8月10日14时20分

地点:车站派出所

侦查员姓名、单位:孙敏、徐圣剑,车站派出所

记录员:李辉　单位:车站派出所

被询问人:张静遥　性别:女　年龄:10岁　单位:杭州市新知小学学生

住址:杭州市白荡海小区11栋1单元902室

监护人:王玉玲　性别:女　年龄:36岁　单位:中信银行杭州分行

住址:杭州市白荡海小区11栋1单元902室

……

问:小朋友,请你告诉我们一下,你妈妈走了之后,你在候车厅做些什么?

答:妈妈走了之后,我就坐在椅子等妈妈,妈妈说要我好好看东西,不要随便乱动。

问:那你一直坐在椅子上看行李吗?

答:不是的。坐了一会儿,我觉得肚子疼,想上厕所。

问:那你接着去厕所了?

答:嗯。东西很多,我拿不过来,所以我跟旁边的阿姨说,让她帮我看一下那个大的箱子和我的书包。那个黑色的袋子,妈妈特别叮嘱过的,里面是送给姥姥、奶奶还有哥哥们的东西,很贵的,千万不能丢,所以,我就拿着那个袋子去了洗手间。

问:嗯,小朋友,你接着说。

答:我进了洗手间之后,走到最里面的那个厕所,因为厕所门里面比较小,而且地上还有水,我怕把东西弄湿了,所以就把塑料袋放在厕所的门外了。

问:哦,那然后发生什么事情了?

答:等我上完厕所,打开门一看,放在地上的塑料袋不见了。

问:那你有没有问洗手间的人,有没有人看见过塑料袋。

答:没有,我很害怕,不知道问谁,所以我就跑出来了,看看袋子是不是在外面了。

问:那你在洗手间外面看到那个塑料袋了吗?

答:没有。我跑到外面,绕着那些椅子看了一遍,也没找到,我把东西丢了,害怕妈妈骂我,所以就哭了。哭了一会儿,就看到妈妈回来了,我就告诉妈妈,我把东西弄丢了。

问:小朋友,你从洗手间跑出来的时候,洗手间里还有没有人?

答：有人，但不知道是谁。

……

问：我读一遍这个笔录，你听听是不是和你刚才说的一样，好不好？

答：好的。

听过，和我说的一样。

张静遥口述，监护人：王玉玲（签字并按指引）

2012 年 8 月 10 日

6. 杭州汽车站 2012 年 8 月 10 日上午候车大厅 B 区的监控视频

……

10 点 57 分 20 秒：张静遥拿着一个黑色的塑料袋进了女士洗手间

10 点 59 分 03 秒：唐梅推着清洁车进入女士洗手间

11 点 06 分 58 秒：唐梅推着清洁车走出女士洗手间，清洁车的左侧挂着一个黑色塑料袋

11 点 07 分 10 秒：张静遥跑出洗手间，在候车厅里走来走去

11 点 09 分 17 秒：张静遥坐在候车厅北边第二排的座位上

11 点 13 分 50 秒：王玉玲进入监控视频，走到张静遥旁边

……

7. 发票（复印件）

浙江省增值税普通发票

发 票 联 **No. 03707891**

开票日期：2012 年 7 月 26 日

<table>
<tr><td>购货单位</td><td colspan="5">名　　称：个人
纳税人识别号：
地 址 、电 话：
开户行及账号：</td><td>密码区</td><td colspan="2"></td></tr>
<tr><td colspan="2">货物或应税劳务名称</td><td>规格型号</td><td>单位</td><td>数量</td><td>单价</td><td>金额</td><td>税率</td><td>税额</td></tr>
<tr><td colspan="2">平板电脑</td><td>MC979</td><td>套</td><td>2</td><td>3380.34</td><td>6760.68</td><td>17%</td><td>1149.32</td></tr>
<tr><td colspan="2">合　计</td><td></td><td></td><td></td><td></td><td>6760.68</td><td></td><td>1149.32</td></tr>
<tr><td colspan="2">价税合计（大写）</td><td colspan="7">柒仟玖佰壹拾圆整　　　（小写）￥7910.00</td></tr>
<tr><td>销货单位</td><td colspan="5">名　　称：浙江诚美数码科技集团有限公司
纳税人识别号：33010678912564X
地 址 、电 话：西湖区文三路 102 号
开户行及账号：招行高新支行 571901268764332</td><td>备注</td><td colspan="2"></td></tr>
</table>

收款人：程天明　复核：俞英　收款人：徐燕　销货单位：

浙江诚美数码科技集团有限公司（公章）

北京京卓世纪贸易有限公司销售商品专用发票

发 票 联

发票代码:132051280123
税务登记:110187653421675
发票号码:01105605
客 户:个人
开票日期:2012 年 7 月 30 日
密 码

货物或应税劳务名称	规格型号	单位	数量	单价	金额
苹果(APPLE)iPhone 4 手机	GC 812	台	2	3599.00	7198.00
合 计					7198.00
(大写) 柒仟壹佰玖拾捌圆整				(小写)¥7198.00	
备 注					

地址:北京市海淀区苏州街 35 号汇丰大厦 B 座 1605　　开票人:孙意晴

销货单位:北京京卓世纪贸易有限公司(公章)

老 凤 祥 银 楼

发 票 联

发票代码:13101028231
发票号码:00018124
顾客: 地址: 开票日期:2012 年 7 月 2 日

货 号	产品名称	重 量	数 量	单 价	金额 万	千	百	十	元	角	分	备 注
G108	足金条纹戒	10.5g	1	358 元/g		3	7	5	9			
G113	足金福字戒	13.8g	1	358 元/g		4	9	4	0	4		
G207	足金三角链	18.9g	1	358 元/g		6	7	6	6	2		
P510	铂金四叶草坠	11.3g	1	308 元/g		3	4	8	0	4		
P610	铂金多面体链	10.2g	1	308 元/g		3	1	4	1	6		
合计(大写) 贰万贰仟捌拾柒圆陆角整				(小写)¥22087.6								

开票人:丁静　　收款人:孟新丽　　开票单位:上海老凤祥银楼有限公司(盖章)

二、民事诉讼中的法庭辩论

(一)案情简介

2012 年 6 月 29 日凌晨 0 点 30 分左右,何西和朋友聚会后回家,在自家单元楼门口发现一辆新的山地自行车。何西刚想进门,忽然想起最近小区里经常丢自行车、电瓶车之类的,这么新的自行车露天放着不安全,再说已经这么晚了,周围也没见有人,车主估计也就要到明天才会找车用了。于是他就把自行车推进了单元楼的楼道。第二天，何西出门上班时，告诉小区保安，说自己昨天在单元楼门口捡到一辆山地自行车，现在就放在单元楼的楼梯间，如果车主来找，就让他自己到那里去取吧。29日下午4点多，车主罗小北找到小区保安，说自己昨天夜里在小区丢了一辆自行车。保安让罗小北到何西的单元楼梯间去看看，但楼梯间里已经没有自行车。罗小北找到何西，要求何西赔偿，何西拒绝。双方就此发生争吵，后经社区工作人员劝解才作罢。罗小北咨询了相关人员后，现以何西无因管理不善造成损失为由，向杭州市某区人民法院提起损害赔偿之诉。

(二)部分证据材料

1.起诉书

民事起诉状

原告：罗小北，男，1990年8月21日生，汉族，杭州市江干区新加坡科技园员工，现住杭州市江干区学林街1号钱江湾小区3栋3单元1102室，身份证号：33022319900821××××，联系电话：180××××9071。

被告：何西，男，1978年6月5日生，汉族，杭州市凯恩酒店员工，现住杭州市江干区银海湾小区23栋1单元601室。

诉讼请求

1.要求被告赔偿原告山地自行车损失1480元；

2.本案诉讼费用由被告承担。

事实和理由

2012年6月28日晚9点多，原告骑一辆山地自行车，到银海湾小区23栋2单元找朋友玩，自行车停在1单元和2单元中间，凌晨12点半左右，被告回家看到原告的自行车，就将自行车搬到了自己单元的楼梯间。1点多原告从朋友家出来，准备回家，发现自行车不见了，于是报案。当天下午4点多，原告又到银海湾小区找自行车，小区保安说是被告将原告的自行车拿到了自己单元楼梯间了，原告和保安一起去取，但没有发现自行车。

综上所述，被告的行为已构成无因管理，但因其管理不善，造成了原告自行车丢失。为此，根据《中华人民共和国民事诉讼法》第108条之规定，特向贵院起诉，望能判如所请！

此致

江干区人民法院

附：(1)本诉状副本1份；

(2)证据清单1份。

起诉人：罗小北(签名)

2012年7月31日

2. 答辩状

民 事 答 辩 状

答辩人：何西，男，汉族，1978 年 6 月 5 日生，汉族，杭州市凯恩酒店员工，现住杭州市江干区银海湾小区 23 栋 1 单元 601 室，身份证号：33022419780605××××，联系电话：186××××8065。

被答辩人：罗小北，男，1990 年 8 月 21 日生，汉族，杭州市江干区新加坡科技园员工，现住杭州市江干区学林街 1 号钱江湾小区 3 栋 3 单元 1102 室，身份证号：33022319900821××××，联系电话：180××××9071。

请 求 事 项

1. 驳回原告的全部诉讼请求；

2. 本案诉讼费用由原告承担。

事实和理由

2012 年 6 月 29 日凌晨 0 点 30 分，答辩人与朋友聚会归来，在单元楼门口看见一辆新的山地自行车，出于好心，将自行车挪到了单元楼的楼梯间，并且关上了进户门。早上 8 点半，答辩人去上班的时候，看到那辆自行车还停在楼梯间，就顺便告诉小区保安，说要是有人找自行车，就在 23 栋 1 单元的楼梯间，让他自己去取就是。后等答辩人晚上下班回家时，听说自行车不见，原告要求答辩人赔自行车。答辩人认为，自己是出于好心将自行车挪进了楼梯间，本身并没有任何过错，原告要求答辩人赔偿于法于理，没有任何依据。因此，请求法院驳回原告的诉讼请求。

此致

江干区人民法院

答辩人：何　西（签名）

2012 年 8 月 9 日

3. 报案记录(复印件)

杭州市　区公安局案(事)件接报回执单

编号：20120686

报案人	姓　名	罗小北
	住　址	杭州市江干区学林街 1 号钱江湾小区 3 栋 3 单元 1102 室
	联系电话	180××××9071
报案时间		2012 年 6 月 29 号上午 9 点 10 分

报案内容：

2012 年 6 月 28 日晚上 9 点多，报案人罗小北骑车到银海湾小区 23 栋 2 单元找朋友玩，自行车停在 1 单元和 2 单元中间；6 月 29 号凌晨 1 点多，下楼准备回家的时候，发现停在楼下的自行车不见了，在周围找了一圈也没找到，很可能是被偷了。车子是一辆蓝色的美利达变速山地自行车，价值 1400 多元。

受案部门	杭州市江干区文苑派出所		
受案民警姓名	彭丁南	警号	No. 548710
案件处理情况	按盗窃案件受理		
报案人签名	罗小北(签名)		

4. 证人证言 1

证　言

本人是银海湾小区的保安,2012 年 6 月 29 日上午 8 点半左右,我正在小区南门值勤,23 栋 1 单元的业主何西,过来跟我说,昨晚上他 12 点多回家的时候,在他们单元楼门口发现一辆新的蓝色的山地自行车,也不知道是谁的,这么晚了放在外面也不安全,所以他就把车子挪到了单元楼的楼梯间。他说自行车现在就在楼梯间里,如果有人找来,就让他自己去取好了。下午 4 点多的时候,有一个小伙子过来问我,说是昨晚上放在 23 栋楼下的一辆自行车被人拿走了,他已经报警,现在再过来找找看。我听了之后,告诉他,昨天 23 栋 1 单元的业主,看到自行车放在外面,就把它放到了单元楼的楼梯间里,我可以陪他一起过去取。结果等我们到了 23 栋 1 单元的楼梯间时,发现楼梯间里没有自行车,又看了 2 单元、3 单元的楼梯间,发现也没有自行车。后来,业主何西回来了,也没找到自行车,于是,他们两个人就吵起来了。

以上所说情况,全部属实。如有假话,愿意承担法律责任。

说明人:王子浩

2012 年 7 月 20 日

5. 证人证言 2

关于 6 月 29 号银海湾小区 23 栋自行车丢失事件的说明

2012 年 6 月 29 号下午 5 点多,银海湾小区 23 栋业主何西找到社区,和他一同前来的还有一个小伙子,后来知道是新加坡科技园的员工,叫罗小北。据何西说,29 号凌晨 0 点多,他从外面回来,看到有一辆新的山地自行车停在单元楼门口,出于好心,想着这么晚了这么好的车子露天停着不安全,再说车主要用估计也要等明天了,于是就把它挪到单元楼的楼梯间了。最近银海湾小区确实发生过几起自行车、电瓶车的电瓶被盗事件,单元楼有入户门,所以放在楼梯间里应该是安全些。何西说他 29 号早上出门上班的时候,看到自行车还在楼梯间,所以和保安打了声招呼,如果有人来找自行车就告诉他自己去取。据车主罗小北说,他是 28 号晚上到 23 栋 2 单元的朋友那里玩的,9 点多过来的,29 号凌晨 1 点多走的,自行车放在 1 单元和 2 单元之间的空地上,等他 1 点多下楼准备骑车回家的时候发现自行车不见了。找了一会儿没找到,所以他就先回家了,第二天早上报的案,下午提前下班,想着再过来找一下,结果保安告诉他在 1 单元的楼梯间里。结果等他和保安过去找的时候,楼梯间里根本就没有自行车。罗小北说,要不是何西把车子挪地方了,他 1 点多下楼回家的时候，就把车子骑走了，车子也不会丢；何西把车子挪地方了，又不好好保管，结果车子丢了，何西应当赔他。何西认为他是出于好意，才把自行车搬进单元楼梯间的。结果没想到做了好事还得赔钱，所以坚决不同意。两个人一直争执不下，后来我就建议双方都先回去，冷静一下，然后再商量怎么解决。如果实在不行，我也建议他们走法律途径。

以上情况说明，全部属实。

水云社区工作人员：任秀华（签名）

2012 年 7 月 20 日

杭州市江干区水云社区（盖章）

6. 发票

浙江省地方税务局通用机打发票

发 票 联

发票代码：233001100533

税务登记：3301041979034687K　　发票号码：14103289

客　　户：个人　　开票日期：2012 年 4 月 15 日

密　　码

货物或应税劳务名称	规格型号	单位	数量	单价	金额
美利达山地自行车	SUB 24	辆	1	1480.00	1480.00
合　　计					1480.00
（大写）　壹仟肆佰捌拾圆整				（小写）￥1480.00	
备　　注					

开票人：张苗　收款人：胡译阳　　收款单位：杭州市悦动体育用品有限公司（公章）

三、法庭辩论模拟演练的实施

（一）分组并分配相关案件角色

全班学生根据自己的意愿，分成 3 个大组，即公诉/原告组、辩护/被告组、审判组。公诉/原告组分 5 小组，每小组 2 名学生，扮演刑事案件中的公诉人或民事案件中原告方代理人；被告组分 5 小组，每小组 2 名学生，扮演刑事案件中被告人的辩护人，或民事案件中被告方的代理人；审判组 5 小组，根据学生的具体数量，组成独任审判和合议庭。

（二）模拟演练步骤及要求

1. 法庭辩论的演练准备

（1）法庭询问之前，公诉/原告组、辩护/被告组分别确定本组一辩、二辩发言顺序；

（2）阅读相关的证据材料，准备好辩论词或提纲；

（3）审判组熟悉了解法庭辩论的顺序。

2. 法庭辩论的演练步骤

(1)法庭宣布法庭调查结束,进入法庭辩论阶段;

(2)公诉/原告组的一辩发表公诉意见或代理意见;

(3)辩护/被告组的一辩发表辩护意见或代理意见;

(4)法庭根据双方的辩论意见归纳争议焦点,进入互相辩论阶段;

(5)公诉/原告组的二辩发表辩论意见;

(6)辩护组/被告组的二辩发表辩论意见;

(7)公诉/原告组、辩护组/被告组轮流发表意见;

(8)法庭在询问双方再无新的辩论意见的基础上,宣布法庭辩论结束。

3. 法庭辩论的演练要求

(1)语言表达清楚、语速适中,使用法言法语;

(2)辩论意见观点鲜明、重点突出,条理清晰,推理严密;

(3)对事实的论证要有理有据,对法律的分析合理、准确;

(4)相互尊重对方,不得进行人身攻击;

(5)审判组要控制法庭辩论的节奏与氛围,并对辩论中出现的各种影响法庭辩论正常进行的行为予以制止。

第四节 反馈与评价

一、教师对学生的反馈与评价

项目	评分标准	得分	存在的问题
形象(5 分)	服饰整洁、仪态大方(2 分)		
	精神饱满、尊重对手、自信、稳重(3 分)		
语言表达(15 分)	普通话标准、表达流畅、吐字清晰、不停顿、结巴、重复(5 分)		
	语速适中、语调抑扬顿挫、语言组织丰富,通俗易懂、恰当使用比喻、引经据典、幽默(5 分)		
	辩论声情并茂、肢体语言适当、表情自然、情绪把握适度(5 分)		
专业知识(30 分)	观点鲜明、对案件事实和法律的主张全面、完整,法律依据充分,论证逻辑严密,具有较好的说服力和针对性(10 分)		
	法律术语运用准确、法庭用语规范、对法律条文的解读准确、合理(10 分)		
	具有一定的理论和实践能力,法律逻辑清晰,分析问题透彻,对案件主张的表述准确(10 分)		

续　表

项目	评分标准	得分	存在的问题
辩论技巧（40分）	紧扣案件争议的焦点进行辩论，层次分明，论证有说服力，论据充分、主体明确、比喻恰当，没有抢辩的情况（15分）		
	论证详略得当、逻辑严密、用语规范、思维敏捷、应变能力强，没有读稿或明显的背稿现象（15分）		
	辩论具有对抗性，对对方的回应及时，反驳恰当、合理（10分）		
配合与效果（10分）	分工合理、明确，配合默契、和谐，形成合力（5分）		
	语言具有感染力、号召力，具备调动和掌控法庭气氛的能力（5分）		

二、学生的自我评价

评估一：法庭辩论准备工作的自我评价

1. 你和你的合作者是如何进行分工的？
2. 你的主要辩论观点是什么？
3. 你打算采取什么样的辩论方案？
4. 你认为哪些证据能够支持你的辩论观点？哪些证据对你不利？请详细说明。
5. 你的辩论意见中涉及哪些法律条文？
6. 你认为对方的主要辩论观点是什么？对方的理由或依据是什么？
7. 请详细列出你的辩论提纲。

评估二：法庭辩论结束后的自我评价

1. 你是否脱稿发表辩论意见？如果否，请说明原因或理由。
2. 对方的辩论意见是否都在你的预测之中？如果否，请具体指出对方的观点或意见。
3. 在法庭辩论过程中，你是否调整了你的辩论意见或策略？如果是，请说明原因。
4. 你认为本次法庭辩论，你表现较为成功的是哪几个方面？请详细列举1—3点。
5. 如果让你重新就本案再进行一次模拟演练，你会针对哪几个方面进行改进？

第十一章　法庭语言

第一节　法庭语言概述

一、法律语言与法庭语言

语言学是研究语言规律的学问，而法学则是关于法律的学问，这两者能有什么关系吗？国际著名的法律语言学家皮特·M. 梯尔斯马(Peter M. Tiersma)曾发出这样的感慨："没有多少职业像法律那样离不开语言。""法律就是言语的法律"，"道德和习俗也许是包含在人类的行为中的，但是法律却是通过语言而产生的。"[①]这句话从根本上道出了关于法律与语言关系的答案。

法律语言的概念尚无统一的学术认同，现有的研究著述多指在立法和司法过程中使用的语言。我们可将法律语言分为狭义和广义来认识。狭义的法律语言专指立法语言，是规范性法律文件所使用的语言，简言之，即成文法所用的语言。广义的法律语言则包括立法语言、执法语言与司法语言、法律理论语言，是法律行业所使用语言的全部。简言之，即法律、法学、司法实践所用的语言。由此，可以给法律语言下这样的定义：法律语言是贯穿于法律的制定、研究和运用过程中的语言文字表意系统。通俗地讲，就是撰制、操作和研究法律时所使用的语言。

"徒法不能自行"，再好的法律也要靠人来执行。法律人因此而身负神圣的职责，公正执法应是他们追求的永恒目标。这需要法律人不仅有对法律忠诚的品格，还要拥有一种独立的运用法律解决纠纷和问题的能力。这种能力应表现为用法律的方法，法律的思维，法律的语言来履行职责的能力和职业习惯。法律离不开语言：立法离不开语言，一切法律和法规都要付之于语言文字；司法审判离不开语言，直接言语是司法审判的原则；执法和司法调解同样离不开语言；法学研究更离不开语言。很多法律问题，其实就是语言问题。因此，习法，不能不习语言；从法，不能不精于语言；研究法，不能不研究语言；研究法的问题，不能不研究法的语言问题。

---

① 卡多佐：《司法过程的性质》，商务印书馆 1998 年版，第 106 页。

法庭语言是指在进入实质性诉讼程序后依法发生的口语行为（包括对话、手势、动作、表情、眼神等），参与庭审的话语交际人员包括审判人员、公诉人、辩护人、原被告当事人、双方证人等。在法庭的语境中法律语言要以口语的表达形态来完成。比如，法庭调查、问答、陈述、举证和质证、法庭辩论等情形，都需要口头语言作为表达思想的手段和媒介。因此，法庭语言是口头语体，但与普通的口语不是一个层面的事物，它也是法律语体，具有其自身的特殊性，是需要学习和专业化训练的。法庭语言技巧是由诉讼各方主体实施的，但并不是所有的主体都需要语言技巧。比如，律师需要技巧，而证人则不需要。法庭上的语言技巧有时也被人称为法律语言，或直接将二者画等号。语言技巧也称语言艺术，注重语言外在的应对技术。但其概念内涵与法律语言学上的法律语言不在一个逻辑体系中。在英语中，法庭上的法官语言和律师语言就是两个词"juridic"和"forensic"，说明它们是两种不同规律的事物。事实也是如此，衡量法官语言的是法律，而衡量律师语言的才是技巧。①

二、法庭语言的特点

（一）法庭语言的目的性

审判人员、公诉人、律师都是在一个法律领域，扮演着不同角色，在参与具体的诉讼活动时，其目的是不一样的，目的冲突是法庭话语的本质特征。参与庭审的话语交际人员总是先进行目的分析和角色定位，然后再展开具体话语的讲述。审判人员的目的是按照法定程序组织庭审活动，裁定事实，作出判决，审判人员指挥、主持法庭进程，审判人员语言也具有较强的调控目的；公诉人的目的是"控"；律师的目的是"辩"；民事诉讼中原告方目的是实现诉讼请求，维护自身权益；被告方目的是证明原告的诉讼请求不当以表明自身行为的合法性。总之，庭审活动的各方为实现自己的目的进行话语交际，话语交际的过程就是语言结构、语言功能建构的过程。

在法庭审理过程中，以及最终的判决中，说话人凭借驾驭语言形式（虽然并不总是有意识的），来取得有利于自己的结果，达到自己的目的，语言形式和语言内容同等重要。正如R·阿龙、J·法斯特、R·克莱因在《审判交际技巧》一书中所说，"在法庭上，语言的选择意味着不是成功就是失败。"②

（二）符合法律和语言双重规范

法庭语言不同于日常口语，法律和语言的双重规范是法庭语言的天然标准。法庭语言受法庭这一环境的限制，有着特定的为任何其他活动所不具有的严格程序规范，在法庭语言运用过程中，谁说话、说什么以及什么时候说都必须遵循特定的规则，在法

---

① 刘红婴：《法律语言学》，北京大学出版社2007年版，第23页。

② 张政：《法庭语言特点——以审判人员语言为例》，《人民法院报》2011年7月18日。

庭上要说法言法语，法庭交际围绕着“法”来谈语言技巧，法的力量要靠语言来显现，语言要利用“法”才能产生威力。法庭语言的法律性决定了法庭话语活动必须遵守严格的程序规范，在符合法律规范的前提下，针对不同的案件，通过简短的发言，按语言规范，应力求做到成分齐备，结构完整，意思表达准确，做到有理有力，恰到好处。

（三）适应书面语与口语的双重要求

法庭语言与日常口语即兴化不是一个层面的事物，在开庭审理情形中，按法律规定必须依据一定方法和过程实施的行为，如宣读起诉书、公诉词、辩护词、判决书、宣读证人证言、鉴定书，都是事先形成书面语，由书面语直接转化为声音的口语形式。再如开庭时候的发问、询问、讯问这三种问话，大多数情况下其实也需要书面准备，问的目的是要得到有效的信息，所以要强调问的技巧，控制问话的走向，出现偏差，随时要进行问话方向的修正与变换，即便如此，也会有一个大致的资料准备。因此法庭用语在形成过程中必须兼顾口语和书面语的双重要求。一方面，要考虑法庭上口头表达的可接受性，而不是书面语的直接声音化，要尽可能地使用通俗化语言，即最大可能地使受众能听懂、易记；另一方面，还要考虑同样的内容文字形式应符合格式、行文、语体的规范，言辞适当，表述恰如其分，不应使口语过于松散或者过于即兴化，更不能哗众取宠而失去法庭语言的严肃性与庄重性的特点，这也是法庭用语独特性的理由之一。

（四）调动多种句式与修辞手段，增强主观意念与感情色彩

口语的现场效果是书面语言不可比拟的，尤其是在法庭审理的情境中，语言优势集中表现为“动态的活力”。如果说立法语言是相对静态的话，那么法庭上展现的语言是在动态的变化当中。参与诉讼的各方主体为了维护各自的利益，实现出庭的目的，既严格遵守法定的程序，又考虑听者（法官、原被告与听众）的接受条件，以达到表达的应有效果，运用多种句式以及丰富的修辞手段，一方面大量运用适合于口语的短句，好读易懂易记；另一方面也常常选用一些书面语句式，还可以适当地选用公文语体较少选用的对偶、排比、对照等手法，以口语表达的技巧为辅助，如口语的语调、重音、停顿、口语语句组合以及态势语言等技巧，发挥口语的现场效果，使法庭语言既具形象性生动性，又有鼓动性、感染力，增强说服力，但是应当注意把握好分寸。

第二节　法庭语言的句式与词语

法庭语言交际的主体是交际活动双方的参与者，要使语言交际活动能够有效地进行，并收到良好的效果，就需要交际双方能够依据语言环境的具体情况，恰当地选择法庭语言特有的词汇特色、句式结构以及特定的表达方式，依据语言环境的具体情况进行信息传递和交流，力求做到语言信息的适当、适度和适量。把握交际对象的心理、性

别、文化程度、性格、身份、职业、阅历、情趣、年龄、民族籍贯等特点，知己知彼、因势利导、有的放矢，遵循法庭语言的适切性原则："适"指适应语境，"切"指切合语体。

一、法庭语言的句式

句子是语言使用单位，是用来表述完整意义的基本形式。法庭语言的句子结构形式，除了遵循通用语言中的一般规律外，有着自身的形式特殊性，主要表现在特定句式的运用上。

整个法庭审判的过程，基本上是由问答构成的，因此法庭语言在句式表达上，较多运用疑问句、祈使句、变化句，大量有特征的模式化句式的使用，形成法庭语言鲜明的形式特征。

（一）疑问句式

据廖美珍教授对四十多场法庭审判统计，问答相邻对在刑事审判中占81%、47%，在民事案件审判中占72%、55%。① 法官、公诉人、辩护律师为实现各自目的，运用特指问话、选择问话、正反问话和是非问话，形成前后相邻一问一答的互动结构，即问答相邻对。如：

张某某犯了窝赃罪，张某的辩护律师向张某发问：

问：你儿子给你这些东西时，你是否知道是偷来的？

答：不知道。

问：你儿子是怎样对你说的？

答：他说是做生意挣来的。

张某的辩护律师如此发问的意图是证明张某某的行为不具备窝赃这个目的，他只用两句话就完成了，第一个句子是疑问句的正反问，要求回答肯定或者否定，疑问的焦点是整个命题，是否构成犯罪；第二个句子是特指问句。接着公诉人讯问：

公诉人：你儿子给你送的这些东西现在哪里？

答：交给公安局了。

公诉人：怎么交给公安局的？

答：我儿子被捕后，我和老伴害怕查出来想去扔了，但没地方扔，就埋在院子里，后被公安局搜走了。

公诉人：你儿子做生意挣来的东西为什么埋在院子里？

① 廖美珍：《法庭语言技巧（第三版）》，法律出版社2009年版，前言。

答:他说是他偷来的。

公诉人:公安局是怎样对你说的?

答:公安局说是我儿子偷的。

公诉人:你怎么对公安局说的?

答:我第一次没承认,第二次我承认是我儿子偷的了。

公诉人五次发问,让被告重新陈述一遍他已经交代过的问题,沿着侦破、搜查赃物、张某某已经交代的供词等关键性情节,编排一组讯问,由五个特指疑问句构成,表达同一个疑问的焦点,指向同一个提问意向,显示反驳的逻辑语言力量。

(二)祈使句式

在句子的语气类型中,祈使句在程序性语言类型中用得较多。由于法庭审理由法官主持进行,要规范法庭人员行为,明确权利和义务,规定该问(做)什么和不该问(做)什么,所以在所用的祈使句中,经常使用"必须、应该、允许、可以、不得、不准、不能"等词,这类词体现出语气果断、坚决,态度严肃,显示了法庭的庄严肃穆。如:

法官:法庭不得大声喧哗。

法官:辩护人可以向被告人发问。

法官:传证人李某某到庭作证,证人李某某应如实作证。

(三)变化句式

法庭审理行为过程中,句子会由于具体语境以及应用目的而发生各种各样的变化并形成习惯被广泛使用。常用的方法有简化、增量、拆分。

1.简化。指将本应较多量构成的句子简缩为较小的量。如讯问话语链中的问话,法官:"姓名?"("你的姓名?"或者"你叫什么名字?"),法官:"年龄?"("你的年龄?"或"你多大了?")等,是职业问话的习惯性简化,从形式上看,是将整句简化为词,以词代句,起到句子的表意作用。又如,在问答话语链当中,公诉人:"说说 30 号的事",被问话方:"30 号下午 4 点我和张某就去了那个地方。"公诉人:"哪儿?"(你们去了哪里?),被问话方:"新天地歌厅",也是同理。

2.增量。即将一个句子可表述清楚的内容用若干个句子承载。例:

第 1 问:你和孙某某认识吗?

第 2 问:什么时候认识的?

第 3 问:来往多吗?

第 4 问:最近和他接触多吗?

第 5 问:9 月 17 日晚上你见到他了吗?

第 6 问：你和他在一起待了多长时间？
第 7 问：你们做了什么？
第 8 问：你打他了吗？
第 9 问：用什么东西打的？
第 10 问：打在哪里？

如果以“9 月 17 日晚上你用什么东西打孙某某的？”来问，表达的意思应该比较完整和清晰，但是法庭问话的目的是获取有效的实质性信息，有利于说服，达到指控目的，公诉人按照增量逻辑实施问话，能较大限度地保证获取事实材料的有效性、客观性和合法性，得到公诉人需要的信息，同时排除了指供诱供嫌疑。

3. 拆分。拆分，是将整句拆成散句，长句拆分成短句。拆分的句子并不意味被拆乱，其实是另一种方式的聚合，便于表达和接受。例：

承担民事责任的方式主要有：
停止侵害；
排除妨碍；
消除危险；
返回财产；
恢复原状；
修理、重作、更换；
赔偿损失；
支付违约金；
消除影响、恢复名誉；
赔礼道歉。

从句子成分上讲，这是一个单句，但是约定“方式”一词的同位定语有十种之多，且有两项存在一级分类问题，同时该句强调的正是“方式”的多种类别，所以拆分开来，进行分项表述，以调整和减轻句子压力，容易表达与被接受。

二、法庭词语的运用

法庭用语基本要求是做到准确和贴切，一词一意，清晰明了，尽可能体现单义性，这就需要在对词语进行选择时，尽可能找出最恰当的那个词语，寻找最恰当的词语的过程实际上就是锤炼、推敲和选择词语的过程。

(一)重视法律专业词语的优先选用

法庭语言在长期的使用过程中形成了丰富的专业词汇，即法言法语。如果某个意思可以有多种语词形式表达的，就必须优先选用专业词语，以保证法庭语言庄重的词汇特色。如“过错”与“错误”都是犯错误的意思，错误是普通词语，而“过错”属于法律专业词语，有特定意义，表示致害人对其行为及其行为可能产生后果的一种心理状态。在《刑法》中指行为人在犯罪时的一种心理状态，在《民法》中指应注意、能注意而不注意的状态。

(二)重视普通词语所赋予的法律特定含义

法律专业词汇中有一部分是直接借用普通词语的形式赋予其特定的法律含义，在使用中要能够对特定法律含义准确把握。如“故意”一词，语文词典解释为“有意识地”，而法律上的“故意”在《刑法》中指刑事案件中行为人在犯罪时的一种心理状态。《刑法》第 14 条规定：明知自己行为会发生危害社会的结果，并且希望或者放任这种结果发生，因而构成犯罪的，是故意犯罪。如果在法律语境中简单地把“故意”理解为“有意识地”显然缺乏专业性。

(三)重视区分法律词语的适用对象

有些法律词语基本意义相同，但是附加意义有所不同，使用时必须注意其细微的差别。如：“扶养、抚养、赡养”都有供给生活费以保证其生存意义，但是在婚姻法中区分了三种不同的使用对象，表示夫妻之间在物质和生活上的相互扶助、供养称为扶养，表示父母对子女养育的称为抚养，表示子女对父母生活照料的叫赡养。又如，“提”是把犯人从关押的地方带出来，而“传”是发出命令叫人来。也就是说，“提”适合罪犯，罪犯是法律判定有罪的人，而“传”没有这个意思，因此，在开庭审理时不能用“提”被告人某某某到庭，而用“传”被告人到庭较为合适。

(四)重视区分法律用语的色彩意义

同义词中有的差异主要表现在色彩意义的不同上，包括语体色彩不同。法庭语言是法律语体和口头语体交叉语体，既要庄重规范，又要通俗易懂。在描述犯罪情节时用“潜逃”代替“逃”，用“流窜”代替“跑”，用“策划”代替“商量”，用“伙同”代替“和……一起”。“果断”或“武断”，都是指处理问题的果决态度，但“果断”是指正确的果决判断；“武断”是固执己见的错误判断，法律是惩恶扬善，其褒贬爱憎泾渭分明，使用词语时应区分词义感情色彩，不能褒贬不分、是非混淆。

三、附加语的运用

附加语是指在交际活动中，在运用有声言辞和无声的态势语过程中，附带出现或额外加上的交际辅助手段。这种辅助手段以独特的声音形式发送出来，涉及的手段和形式很多，诸如语调、语速、语气、笑声、哭声、感叹、喊叫、咳嗽、口哨等。

(一)语调

语调,指在感知上是语音的轻重缓急和抑扬顿挫的腔调,主要表现为语句音高变化的总体模式,在功能上主要表达语气、情感,同时也有一定的语义表达作用。法庭参与人员在法庭审判活动中进行的口语表达,要与审判法庭的庄重、威严相一致,符合特定的语言环境要以让当事人听清楚为原则。总体要求:

1.要以中音为主。这是音调定位问题,如同歌唱演员有男女高、中、低音之分一样。庭审口语的音强问题,根据司法审判工作的实践经验来看,常规情况下都应以中音为主。开庭审理都是在一个小厅内或一个单间里进行,既不必大喊大叫,也不能有气无力。只要说与听或问与答的音调适中即可。

2.要以平直调为主。平直调的特点是从头到尾平铺直叙,没有高低轻重的变化,一般的叙述、说明、解释多用此调。法庭中的口语表达非同儿戏,它既不同于一般性的行业用语,也不同于同志间的交谈用语,而是一件极为严肃的工作。正因为如此,平直调就成了法庭说话的基调。平直音调能符合法庭语言的郑重与庄严性的要求。

3.要以中等语速为主。由于受话对象的年龄、文化、教养以及健康状况等不同,刑事、民事案件的性质也不一样,用过快或过慢的语速都不是常规状态下的对象所能承受的。用中等语速进行法庭语言表达,既不会造成对方因过度紧张而说不清楚,也不会因为对方听不懂、听不见而无法回答问题。但是,法庭语言表达以中等语速为主,也不排除有时根据需要以快速或慢速表达口语,在法庭辩论中反驳对方重要论点或在表达激烈的感情时,应当用较快的语速表达;己方的论点或论据需要引起对方及听众注意时要慢,列举悲痛事实时也要慢。

(二)停顿

停顿,指按说话场景需要,采用层段停顿、字词停顿与意义停顿。如果说话、发问内容较多,时间较长,应在告一个层次段落或按意义,适当地作间隙,调节一下情感和呼吸,要让包含重点语句的内容,通过语速和停顿来进行充分的强调。停顿的应用通常是在即将论述到该观点之前,这样既有利于说话者更好表达,也有利于接受者有一个思索、回旋余地,便于对方更好地理解。一口气说到底,于己于人均不利。美国前总统林肯于葛底斯堡国家公墓揭幕式中发表的《葛底斯堡演说》不足300字,演说时间仅两到三分钟,但却有7次层段停顿,最短的层段只有17个字,恰到好处地运用停顿的演讲技巧,强调林肯诉诸《独立宣言》所支持的"凡人生而平等"之原则,给听众留下难以忘怀的印象,从而成为美国历史上最伟大的演说之一。

(三)重音

重音是为了表示某种思想感情或者突出某个词语意义,把句子中某些词语说得较重,目的在于重点强调一个问题,以引起法庭的重视。如:

这事儿你叫他干？（表示对“他”干这事儿的怀疑）

这事儿你叫他干。（表示“这事儿”他能够干）

这事儿你叫他干！（表示应由“你”去叫他干这事儿）

这事儿你叫他干？（表示不能使用“叫”的口吻，而应用“请”“求”之类）

第三节　法庭上的态势语

态势语，是一种无声语言，是人们在使用语言进行交际时，借助于自己的身体动作、面部表情、姿态来表达思想感情，传递信息，这种用体态来传达一定信息的无声语言在语言学上便称作态势语。[①] 态势语分为动态语和静态语。

一、动态语

动态语是以人们的身体在某一场景中的动态姿势所表示的无声语言，它又可以分为肢体语和表情语。

（一）肢体语

1.头部动作语言。即通过头部活动所传递的信息。大多数情况下，点头表示肯定，摇头表示否定，侧头的动作表达多层意思，疑问、无法决定或者表示对话题感兴趣，低头听人说话，多半倾向于否定，垂头是体力与精力不支的表现。

2.手势语。手势具有具体、鲜明、形象和动作幅度大等特点，手势语言是表达情感、欲求的有力、特殊手段，在法庭审理中可借助手势，发挥积极作用。手势可以强调辩论中需要突出的重点，手势可以调动辩论气氛，打破呆板、单调、平淡的局面，手势可以创造优美形象，增强辩论的吸引力和说服力。手势具有一定的程式，形成自己独有的体系，某种手势具有某种含义，是社会约定俗成的。因此，手势不仅能够被广泛理解，且被广泛使用。法庭审理不是静止不动的纯粹口头发言，审理中特别是辩论中，随着案件的深入情感会起伏波动，手势语使用频率会很高，手势语运用也较复杂，但只要对几种常用手势语加以了解，就可举一反三，灵活运用。

翘起拇指向上是表示肯定、称赞、首屈一指等意义，用时必须和面部表情密切配合，否则有应付或讽刺意味。切忌用大拇指指向身体外侧并晃动几次的手势，因为这一手势能表达严重的蔑视意味，同时会大大损害本人的形象。食指也许是使用最多的手指，但切忌用食指向对方作斥责性的上下点动。将手插入口袋显得有些随便，手撑桌子无疑有点粗俗，手势“太多太狂”会引起人们反感，单调的手势会使人感到乏味。

---

① 陈望道：《修辞学发凡》，复旦大学出版社1997年版，第21—22页。

(二)表情语

庭审过程是一场面对面的理性交锋，而这种理性的交锋，除了依靠语言，常需面部表情传递、接受信息。美国心理学家研究表明，信息总效果＝7％的书面语＋38％音调＋55％面部表情，[①]可见面部表情在交际中所占地位之高。面部表情产生的机制比身体其他部位动作语言要复杂得多，不仅人的喜怒哀乐爱恨恶惧等基本感情，而且身体间动作语言错综交叉的复合形式，也能通过面部表情反映出来。

1. 眼与眉的动作语言。眼睛是人的五官之中最敏感的器官，它大约要占70％的感觉领域，有人称目光是人类传递心灵信息的特殊语言。使用眼睛最重要的技巧在于如何处理"注视"和"盯视"，一般不能盯视，除非你对对方表示不友好。注视所表达的情感，与视线接触、视线方向、角度有关：视线往下接触，表示"爱护""宽容"；视线平等接触，表示"理性、平等"；视线朝上接触，表示"敬畏或者撒娇"。法庭参与人员眼睛应正视对方，切忌挤眉弄眼、眉飞色舞。

正确运用目光和眼神，洞察对方的心理，随机应变，修正辩论的方法和策略，可以消除对抗，沟通情感，获得理解和信任；避免说话时不用眼睛，把眼睛藏起来，不敢正视对方，低头看稿子，或是老盯住一个地方不动，或朝上看天花板，给人一种木讷、畏怯、没有见过世面的感觉，这样的眼睛表现，即使口齿再伶俐，话语再动听，也建立不起好的形象。

2. 嘴的动作语言。嘴是说话的工具，这种功能决定了它动作语言的丰富性。人的含笑、微笑、大笑、畅怀大笑，都是与嘴唇启合以及嘴的张开程度有关，紧抿嘴唇，表示意志坚定，撅起嘴是不满意和攻击对方的表示，嘴角下拉是不满和固执的表现，咬嘴唇多含自责内省和自我嘲解的心情；倾听对方谈话注意力集中时，嘴角会稍微向后向上拉。

3. 下颚的动作语言。下颚(下巴)是头的下端，也是极富动作语言的部位，下巴自然耷拉，是极度疲乏和困倦的外露，若突出下颚说明此人具有进攻性行为，用下颚发号施令，是一种骄横不可一世的行为，具有强烈的自我主张，下颚向前伸出，西方人认为是内心隐藏愤怒的表现，东方人用手抚弄下颚，不是为了掩饰不安的场面，就是胸有成竹，老谋深算。

二、静态语

静态语是以身体在某种场景中的静态姿势所表示的一种无声语言，可以划分为姿势语和服饰语。

(一)姿势语

姿势能帮助传达自信，而且适当的姿势能够折射和传递声音。某些情形下适宜站

① 秦甫：《律师实用口才》，法律出版社1996年版，第114—115页。

立，如宣读、宣告。其他情形下，你也许会被邀请坐下。如果你坐着，腰板挺直，身体前倾不要往后倚，不宜双腿交叉。坐姿过分随意就是放肆，切忌七歪八斜、两腿交叉或者架起大腿肆意抖动，这是一种失礼无知表现；如果站着的话，就要站直，两脚要稍微分开，体重才能由双脚均衡负担，并且不宜摇摆身体，无论是前后还是左右，都不能摇摆身体，应保持轻松自如；不要僵硬地立在那里，把书、稿子放在合适的高度，以使你目光既能看到，又能和听众进行交流，还应注意避免不必要的手上的多余动作；不要低头说话，当你低垂目光顺着稿子念下来的时候，任何一项任务你都无法有效地完成；要能够经常扫视听众的脸来观察他们发给你的信号。

(二)服饰语

服饰不仅体现着社会发展的文明程度，而且表现出穿戴者的文化素养和精神面貌。服饰首先可直接体现法律工作者的精神，是法律工作者的精神外射。它通过点、线、面和色的画面或装饰品，达到天、地、人、物的统一。其次，人们都很难摆脱"第一印象"，映入眼帘的首先是面部表情和服饰语，服饰也是一种特殊的体态语言，不能穿着随便的衣服出席法庭。法官穿法袍，公诉人、律师应该穿着制服、西服，给人坚强执着的个性之感，并以此体现出威严、自信，有在精神上慑服对方的心理作用。服饰应该收拾干净，要检查衣服是否合体整洁，穿戴是不是整齐，纽扣是否扣好，领带是否歪斜不正，内衣是否外露，制服应该配穿皮鞋，要检查鞋子是否沾满灰尘污迹斑斑，西服口袋是否塞满东西膨胀起来。有人对这些细节也许不以为然，但这些细节会使对方、听众感受到不好的印象。

服装整洁很重要，同样，你的头发也得加以注意，不要使它像乱草似的，更注意不能有头皮屑，更有甚者衣领上留有雪片样的头皮屑，我们不要只注重于法庭语言技巧，忽略了自己服饰的各部分。

饰品，也可以表明一个人的思想意识。纱巾、耳环、项链、手镯等都可以成为一种象征，成为一种媒介，但在法庭上要少用、慎用饰品。

第四节　法庭语言的运用技巧

法庭活动就是语言活动，也就是言语交际活动。有效的言语交际就是在特定语境中选择最好的语言向特定听话人传递自己要表达的意义。"如何说"的技巧是交际的第一步，它关系到信息的传达和接受，直接影响到交际的效果。怎么说话与说什么话同样重要，在庭审过程中，语言形式不同，要传递的信息就不同。本节从法官、检察官、律师三个不同角色入手，阐释在法庭上"如何说"的问题。

一、法官的法庭语言技巧

(一)法官的法庭语言分类

法庭使用最为普遍的是问话，按照新的司法理念和要求，法官的角色主要是居中裁判者，但是，现行《刑事诉讼法》规定法官还可以发问，这意味着法官既要履行程序职责，还可以参与实体调查。这两种行为的内容和性质是有区别的，对语言表达方式和要求是不一样的。①

1. 程序性话语。程序性话语指法官执行程序法、履行程序职责时实施的语言行为，这些行为是为程序正义目的服务的。这些行为涵盖面很宽，可分两大类：一是那些按照诉讼法的程序必须问的问话，必须说的话，即为了实现程序正义而发出的问话；二是不属于实体调查的辅助问话，包括庭审前身份及相关情况审查问话，法律赋予的权利的问话，关于权利理解清楚与否的问话，就证据等提请质疑的问题，话语推进性问话，话语监控性问话，调节、裁断性问话等。

2. 实体性话语。实体性话语是法官参与实体调查时实施的言语行为，这些行为是为"实体"和"实体正义"目的服务的，也即有关案件本身问题的问话或者事实调查性话语。

(二)法官法庭语言的基本原则

为保证法官的中立位置，从语言表达形式上达到公正，法官在法庭上关于"说什么"与"如何说"应遵循三个原则。

1. 程序性话语可多说。中国司法界最近这些年的改革，一个最主要的趋势是主张实体正义和程序正义并举。法官的角色转变之后，在实体性话语和程序性话语之间，法官应该多说程序话语。因为程序话语的目的是保证当事人程序权利，是能直接感受和意识到的，多说程序话语，会让当事人感到法官对其权利的重视。

2. 实体性话语要少说。在实体调查时少说。英国著名法学家丹宁爵士在他的《法律的正当程序》一书中引用培根的一句话说："听证时的耐心和庄重是司法工作的基本功，而一名说话太多的法官就好比是一只胡敲乱响的铜钹。"②对实体调查问题，法官应该采取消极的态度，应该鼓励控辩双方多说，说透彻，这是法官少说和不说的前提。因为实体性问话涉及当事人实体权利的实现，是诉讼的真正目的，当事人对这方面尤其敏感，不能轻易多言、表态，否则会影响当事人的感受和评判。

3. 总体上要少说、多听。尊严、威严和能力更多地出自法官的沉默。在新的司法理念下，法官应该少说、多听，这是一个总的原则和技巧，是当事人对司法公正认识的

---

① 廖美珍：《法庭语言技巧》，法律出版社 2005 年版，第 83 页。

② 廖美珍：《法庭语言技巧(第三版)》，法律出版社 2009 年版，第 110 页。

基本前提和要求。法官应该根据庭审的进程，适时把控，坚持少说，多听，认真地听，慎重地听。

（三）法官的法庭语言技巧

法官的法庭语言技巧，是指法官巧妙地使用语言的技能，也就是巧妙地掌握和运用语言进行口语表达的能力。掌握一定的语言技巧，对于法官提升自身形象，提高裁判质量，树立司法的威严将产生积极影响。

1. 程序话语的语言技巧

现在的司法界，比以往任何时候都更加重视程序和程序正义问题，这两个问题是司法公正的保障。但事实上，无论是程序还是程序正义都是通过语言来实施的。因此，法官的法庭语言问题，是程序和程序正义的一面镜子，必须符合以下几个方面的要求。①

（1）要说到位。在程序问题上，不能偷工减料，不能马马虎虎，不能视程序为过场、认为程序问题无关紧要。法官不停地重复问一些句式简单而且完全相同的话："听清楚没有"、"有无异议？"等，说这些话是法官按照法律规定赋予被告人以权利，是必须履行的法律程序。从法律层面来看，它们具有重要的、独特的功能和意义。法律语言的魅力在于其与法律血肉关系，程序话语的价值在于与程序法的水乳交融。这些话也是法律语言的独特魅力和价值所在。赋予权利的问话，必须说到位。有的案子涉及很多人，在审理时，有很多被告人，有很多辩护人，审判长（法官）必须一个一个地问，绝不能说："大家（你们）听清楚没有"，"大家（你们）有没有异议"。法律就是法律，审判毕竟是审判，不是开群众大会，不是讨论问题，也不是征求意见。

（2）要明白易懂。程序话语往往"法言法语"使用较多，也是容易形成交际障碍的地方，为确保当事人权利的实现，要通俗易懂。很多被告人或者当事人受教育程度较低、甚至没有受过任何教育，在符合法律规定的前提下，法官要了解被告人的文化背景，程序语言的技巧体现在"因人施语，随机应变"上，否则，可能还闹出笑话。有个没有受过教育的老年被告人，法官问他是否"上诉"，他感到莫名其妙，疑惑地问法官："上树？我这么一把年纪你还要我上树？"因此，对不同的对象，同样的问题，语言表述起来就应当不同。

（3）要说得体。语言是约定俗成的，在长期的使用当中，人的话语不仅形成了指向意义，还形成了褒贬意义。因此，说话措辞不仅要指向正确，还要说得得体。有一被告人被指控犯有盗窃罪，法庭审判时，被告人拒不说出作案时间，只好休庭调查。后检察机关提供，被告人的老婆愿出庭作证，法官于是继续开庭审理，但被告仍不说作案时间，审判长一气之下，高声叫道："把他老婆带上来！"顿时，法庭一片哗然。先不说"老

---

① 廖美珍：《法庭语言技巧（第三版）》，法律出版社 2009 年版，第 116—147 页。

婆”这个词语不适合这个场合，至少“带上来”这个用词是非常不合适的，证人是可以随便“带上来”的吗？在法庭审判中，话语的语体一定要合适。

(4)要说准确。用词准确、表述准确，这是法律生命力的体现之一，是法律威严的体现之一。言辞准确，即要求言辞标准、确切：言辞标准包括说话规范化和言辞规范化，说话规范化是指讲话时要求用普通话，言辞规范化是指选用言辞要能够表达内容；确切即确实、贴切，要做到确实、贴切，就必须做到选用言辞要因对象、目的、场合、时间和内容的不同而有差异。

(5)要说规范。在当前的法庭审判中，法庭调查对被告的程序性询问虽然有统一的规范，但是不够细化，因此在实践中参差不齐。有的比较严谨、正规、正式，有的则相当随便。在法庭调查时，一位审判人员问双方当事人：“你们打群架的时间，是用什么家什打的？”在这里，“你们”应由当事人的姓名代替，“打群架”应改成斗殴，而“家什”则应改成凶器或工具。有的法官问被告人的姓名，有的不问而直呼其名；有的问有无别名，有的不问；有的既问年龄又问出生时间，有的则只问出生时间；对于提起公诉前侦察机关对犯罪嫌疑人的强制措施，有的用“羁押”，有的用“刑事拘留”，有的用“被抓”，还有的用“被抓获”；在同一场审判中对不同的被告询问时，有时用“羁押”，有时用“被抓”“关押”；对于出生的地方，有的用“籍贯”，有的用“出生地”；对于被告人以往受到的法律方面的处理，有的用“法律处分”，有的用“法律处置”“法律处罚”；在援引法律条文的时候，有的说出了具体条目，有的笼统地说“刑诉法”，有的更简单，干脆就说“依法”；在告知被告人权利时，有的较全面，有的有遗漏。这些都是不规范的表现。

(6)说话要适时。法官说话要注意使用言辞的顺序，要符合法律规定的诉讼程序，要注意在哪个诉讼阶段，就使用哪个诉讼阶段的言辞。而不能在开庭审理阶段，就使用法律审理完毕时的言辞；也不能在法庭调查阶段，就叫诉讼双方去辩论，更不能在案件审理阶段，就告诉当事人案件处理的结果。

(7)不能随意打断当事人讲话。丹宁勋爵曾在某一判决词中说到法官在法庭上的作用：“在民事诉讼中不允许法官传唤他认为可以使事实得到澄清的证人，法官只能传唤诉讼双方请来的证人。同样，要由律师轮流质询证人，而不是由法官来质询，以免显得法官有所偏袒。而且要由律师尽可能完整有力地阐明案情，不要粗暴地打断律师的话头，以免影响他辩护的效果……”①

一个开车时经常按喇叭的司机，一定不是一个驾驶技术出色的司机。同理，在法庭上，一个动不动就打断人家话语的法官，一定不是一个优秀的法官。如果按照刑事诉讼法的规定，实在非打断不可，也要讲究技巧，尽量在话语结尾时打断，等当事人把一个意思说完时再打断。

(8)要多用封闭性问话形式。封闭性问话限制了答话的范围，如“是否申请回避？”

---

① 丹宁勋爵：《法律的正当程序》，李克强、杨百揆、刘庸安译，法律出版社 2011 年版，第 70 页。

"听清楚了吗?",回答者选择余地非常小,只能回答申请或不申请,听清了或没听清。在程序性问话中,宜采用封闭性的问话形式,除了开庭前有关被告人身份核定的问话以外,其余的问话,要么是审判长宣读或者解释法律规定和权利问题后,询问诉讼参与者是否清楚;要么是就证据等询问有无异议等,法官不需要对方提供太多的信息反馈。

2. 实体性话语的技巧

《刑事诉讼法》修订后,法官的目的是通过庭审中控、辩双方的争辩,从中认识案件的真实情况,最后居中裁判,以听为主。对实体话语要符合以下原则与要求:①

(1)多用开放性问话形式。开放性问话是指问话人给答话人提供较大的余地,答话从理论上说是开放的,甚至是无限的,可以有选择的回答。如,问:"被告打在你什么部位?"原告可以有多种选择回答此问题。开放性问话的好处是获得的信息量大,支配力小。实体调查主要是查清事实的真相,因此审判人员应在公诉人、辩护人问话后认为某个事实还是不清的情形下才发问,且应该尽量使用开放性问话,以便于查清事实。

(2)合乎逻辑地问话。合乎逻辑地问话,是指询问一定要符合事物认识的一般规律,即按照事件发生的时间顺序,或者因果顺序,或者从大到小,或者从小到大,或者从局部到整体,或者从整体到局部,顺藤摸瓜,循序渐进。这样容易理解,容易问清。我国诉讼法和司法解释规定的法庭调查质证的顺序,实际上也是按照事情的自然发展规律进行的。

(3)要让当事人解释。法官进行实体性调查时,其问话不同于公诉人的问话,也不同于辩护律师的问话。公诉人和律师为了得到自己想要得到的信息,常常要控制对方当事人或被告人。法官不能这样做,因此,让被告人在答话之后做一些解释,听一听解释(尤其是那些被告人不服指控的案件),有利于全面、准确、客观、公正地了解真相,公正判决。

(4)不要与当事人较劲。法官要心态平和,不要当事人一说出为自己开脱的话,就跟他较劲。有一刑事案件的被告人说他害怕,法官马上讥讽道:"你别害怕了,都30多岁了。"这种话都不是法官应该说的。被告人一般总要为自己的行为开脱,找理由,这很正常,如果法官在每一点上都要"针锋相对"、"对着干",那法官就不是法官了。

(5)不要就一个问题进行多重问话。在一个问话轮次里,可以有重复问话,也可以有多种表述,但不应同时在一个轮次里问两个命题或者内容互相独立的问话。在修辞学上,这种问话叫做"多重问话谬误"。一个问话问一个问题,这应该是法官问话的一个原则。

(6)不要在问话中提示答案。有时候,法官并非有意袒护哪一方,但是往往在问话之后,又用问话提供回答,可能法官自己也没有意识到这一点。如果这成了一个习惯

---

① 廖美珍:《法庭语言技巧(第三版)》,法律出版社2009年版,第149—162页。

的话，那是一个非常不好的习惯。作为中立的审判者，法官只能问第一个问题，若第二个问话带有提示，实际上就是诱导或偏袒。

(7)不要随意下结论。对当事人的陈述、供述、回答，不能没有经过合议庭确认当场就发表评论。这种评论性的或者结论性的话语应该留到做结论的时候再说。

二、检察官的法庭语言技巧

公诉人的语言和语言技巧取决于公诉人的法庭角色和出庭目的。当前的庭审中，控辩双方对抗功能加强，法官淡出实体调查职能，注重裁判的中立角色，原来由法官进行的调查举证现大多由公诉人担当。公诉人在庭审中承担着事实调查、举证、论证和辩论的职责，应该说的话和需要说的话比以前更多了，因此公诉人的语言及技巧显得更为重要。[①]

1. 要以理服人，不能以势压人，忌出言不逊，更不能揭人之短

公诉人代表国家指控犯罪，有国家做后盾，在法庭上，公诉人常常自以为高人一等，底气十足。一个检察官在法庭上回答不了律师提出的问题，就引用伟大导师列宁的一句话："一个白痴提的问题，十个天才也解答不了。"这话等于是骂人。还有一起在审理当地影响比较大的案子时，当律师提出该案侦查机关获取证据的手段违法，有刑讯逼供嫌疑，经过三轮辩论后，公诉人有点不耐烦，在庭上对辩护人说："你没有必要纠缠不放，你以为你在酒店里和别的女人开房的那些事人家不知道……"结果法庭效果非常不好。法庭对抗，无论多么激烈，始终都要尊重对方，不但尊重对方的人格，还要尊重对方讲的话，尊重辩护律师也是尊重自己。在庭审中，公诉人的言行应展现出对律师谦虚、尊敬的态度，因为律师也是法庭的一员。同样律师也要表现出对他人的尊重和谦逊有礼(所有的诉讼参与人都必须表现出对他人的尊重和谦逊有礼，互相尊重最明显的标志是恰当的法庭行为和举止)。完整并适当地提出当事人的抗辩理由，是律师的权利，也是他的义务，律师要把握论辩的机会，而且还应该采取适当措施，试着使其当事人获得公正、不偏袒的审判，律师的职责就是要与公诉人对抗，律师提出的观点如果有理，公诉人应该尊重，甚至在法庭上也应公正客观地表明态度予以肯定；如果律师的意见不符合客观真实、不符合法律规定的，并且属于指控案件定性定罪重大问题的，应当予以反驳，但要以理服人，不能以势压人，更不能出言不逊。

2. 准确掌握概念，仔细斟酌措辞

准确掌握用词的内涵和概念意义，是检察官(法官和律师亦然)的一个基本素质。有些看起来相似的词语具有完全不同的概念，其法律效果和效率完全不一样。辩护人

---

① 廖美珍：《法庭语言技巧(第三版)》，法律出版社 2009 年版，第 170—186 页。

特别是高手，往往会运用中国汉语的同义词或者近义词作为辩论的手段，设立圈套让你钻。关于这一点，田文昌律师谈了一次自己的经历：

> ……在东北那个企业家的案子中，就是出纳员做假证的案子，在法庭辩论结束之前，也有小小的插曲，那个公诉人的辩才是很不错的，在当地很有名气，在整个辩论过程中思路很清晰，但是在最后却出了一点问题。在最后一轮辩论中，辩护人指出，认定被告有罪的证据不足，但被告在经济问题上却有错误，这一点辩护人并不否认，被告作为一名企业管理者，在改革的大潮中放松了警惕，确实犯了一些严重的错误，对此应当引以为戒。辩护人是从宏观的角度来谈这个问题，意思是要分清犯罪与错误的界限。结果公诉人不假思索，自以为抓住辩护人的话柄，立即反击说："看来，连辩护人都不得不承认被告确实犯了严重错误，问题不是很清楚了吗？既然如此还有什么好辩护的呢？"辩护人立即回答："我非常赞同公诉人刚才所说的一番话，不能否认，被告人确实犯有严重错误，但是必须提醒公诉人，错误不等于犯罪。"①

"错误"和"犯罪"是两个完全不同的概念，公诉人没有严格把握，结果钻进了辩护人的圈套。

3. 忌夸大其词，无限上纲

公诉人语言要实事求是，符合法律规定和案件的客观事实，提法准确，恰如其分，不能过分渲染，避免不实之词。如某一公诉词曾这么说道：

> ……第二，被告犯罪情节严重，社会危害性大。被告实施犯罪行为时间跨度长，长达两年多，实施犯罪的范围广，涉及三个地区八个县、市，作案事实多达 40 余起，作案对象瞄准无辜老人和妇女，抢夺和盗取钱财多达 90 万元。从这一系列的数据可以看出，被告人为了敛财不择手段到了疯狂地步，犯罪人所到之处人心惶惶。可见其犯罪手段之卑劣，社会危害性之大，社会影响之广，是令人发指无以言表。那么今天被告站在审判席上，接受人民审判是罪有应得。

其中，"其犯罪手段之卑劣，社会危害性之大，社会影响之广，是令人发指无以言表"完全是空话，这样的话应尽量少说、不说。

4. 不要一上来就问对方认不认罪

如在某一开庭公开审理的案子中，公诉人这样发问：

---

① 田文昌：《法庭辩论技巧》，《京都律师》2006 年第 11 期。

公诉人：被告人史某某，今天北京市某某区人民法院公开审理你犯有诈骗罪的这个案件，啊，希望你能够当庭如实陈述公诉人对你的提问，如实供述你的犯罪事实，听清楚了吗？

被告人：听清了。

公诉人：啊，听清了。对于起诉书中指控的你犯有诈骗罪，你认罪吗？

被告人：认罪。

公诉人：认罪？

被告人：嗯。

公诉人一开始就问被告人认罪不认罪，本案中，被告人已经认罪了，那还有再问下去必要吗？如果被告人不认罪，你这不是自己给自己找麻烦吗？被告人有没有犯罪，犯有什么罪，以证据说话，不是以被告人认罪与否定罪。相对而言，公诉人这样问话比较合适："对于起诉书指控的你犯有诈骗罪有无异议？"如果有异议，再有针对性地发问。如果是案情不复杂的案子，可以一开始就进入实质性的询问。

5. 举证符合逻辑顺序，条理清晰

举证是公诉人一项非常重要的工作。举证的语言，举证的逻辑性、条理性，对证据的说服力、证据的效力、庭审的效率具有重要意义。在重庆市中级人民法院进行的张君故意杀人案的审理中，公诉人的举证语言非常有条理，富有逻辑性，语言平实，是一个很好的范例。

审判长：下面由公诉人就起诉书所指控的事实向法庭举证。

公诉人：审判长，下面就 1991 年 6 月 25 日发生在湖南省金石市汽车站香烟门市抢劫案分两组向法庭举证。首先举示第一组：

1. 报案材料(具体内容本文略)；
2. 立案表(具体内容本文略)；
3. 现场勘察笔录及照片；
4. 法医检验报告。

由于这个案子涉及许多被告人、被害人和证人，证据非常多，但是公诉人将证据理得非常顺，大的部分分成一组组的，每一组中又按照案件发生的顺序或者空间关系一一举出，并用数字标示；这样，法庭对案件的来龙去脉很容易形成一个完整的概念，有一个全面的了解和掌握。

6. 避免废话

审判长宣布公诉人开始询问之后，公诉人应该直截了当地进入实体询问。但是有些公诉人经常会说一些废话，有的已经成为习惯或者模板。

审判长：下面由公诉人对被告人进行讯问，被告人可以坐下了。

被告人：谢谢。

公诉人：被告人张某，今天根据法律规定对你进行讯问，你听清楚了吗？

被告人：听清楚了。

这种话语是多余的。审判长宣布由公诉人对被告人讯问，就是宣布法律规定，程序性的说话本是法官的职责，你无须再说，公诉人只是想通过这样的问话来表达自己的权威，震慑被告人而已。

7. 巧用预设，忌诱导和指供

公诉人出庭的目的是指控犯罪，并经法庭审理后使罪犯得到法律追究，因此法庭上公诉人对被告人的指控、讯问和公诉词中，均应围绕指控的犯罪事实和适用的法律进行，证明罪犯犯罪事实存在是公诉人的职责。

公诉人：你非法卖给他的那个房屋，给他开具的收据是哪儿来的？

被告人：收据是公司给的。

公诉人在问话中把被告的行为当做"非法"的行为，当成事实，因此，他关心的不是被告人是否犯法，而是犯法的程度。由于这种预设一般都通过导语传达，而导语不是问话举动的焦点，所以粗心的答话人有时因把注意力放在问话核心语上而忽视了问话的预设命题。答话人一旦忽略了导语中的预设，就给问话人留下了进一步攻击的缺口。在上面这个问话互动中，被告人没有对公诉人的导语中的预设"非法卖房屋"提出异议，等于是认可了自己是非法卖屋。

8. 审判不等于惩罚

法庭审理是审判人员通过开庭的方式，在公诉人、当事人、辩护人以及其他诉讼参与人的参加下，调查核实证据，弄清案件事实，全面听取各方对案件事实和定罪量刑的意见，依法确定被告人是否有罪，应否受到刑事惩罚的诉讼活动。也就是说，法庭审理是一个诉讼活动，审理和判决是不同的定义。公诉人应该加以区别，不能等同。由于长期来受有罪推定的思想影响，公诉词中经常会出现"今天在这里接受审判"，认为被告人站在被告席上就是在接受人民审判，把"审理"和惩罚等同起来。法庭审理过程实际上是调查事实，确认事实、证明有罪无罪、此罪彼罪、罪重罪轻的过程。提起公诉，只是检察机关代表国家指控被告人有犯罪嫌疑，按照无罪推定原则，"任何人在其未被法庭宣告为犯罪以前，应被推定为无罪"。在查清犯罪基础上，在法庭辩论的时候，公诉人可以猛烈地抨击犯罪，呼吁对罪犯惩处。但是应在公诉词中明白无误地宣称：我是在揭露犯罪，是在打击犯罪，是在宣传法制。在分析被告人犯罪根源、抨击犯罪行为时，过分渲染、感情用事、说话过头的做法，值得商榷。随着刑法无罪推定原则的修改，对公诉人出庭支持公诉的任务目的，也应随之修正。如果说法庭审判有教育功能的话，那应该体现在审理过程中，是在摆事实、摆证据、讲道理、援用法律的互动过程中潜移默化地体现出来。

三、律师的法庭语言技巧

律师出庭参加法庭辩论的目的是“说服”，辩论的形式是说理。律师出庭通过辩论说理主要是说服法官，引起法官的注意，引发法官的思考，影响法官的审判思路，进而说服法官接受自己的观点，达到保护、维护当事人、委托人合法权益的目的。律师出庭是通过说理的形式达到说服的目的，英美法系实行陪审团制度，律师辩论的说服对象首先是陪审团，然后才是法官，此点在刑事诉讼案件中表现得尤为突出。尽管中国目前的抗辩制度，与中国传统法律文化和中国国情的相关因素，和英美法系实行陪审团制度的抗辩制有很大不同，我们说服的对象其实就是熟悉和精通法律的法官和合议庭；再者中国的司法制度具有重实体、轻程序的传统，诉讼的结果不可能完全靠律师技巧决定。但律帅的说服技巧依然至关重要。“说服”主要是靠语言来完成和实现的，因此语言对律师仍然有举足轻重的作用和意义。R. 阿龙等人曾说过，“画家创作一件艺术品，不仅要花极大的心思选择最好的材料和最好的绘画用笔，还要花费同样大的心思把油彩调到最佳的色度。一个律师，实际上也是在创作一幅画，只不过这幅画是画在法官的脑子里。因此，要想赢得有利的判决结果，就必须像艺术家选择油彩那样精心选择字词和语言。”①律师技巧的全部核心就是语言的“说服力”，律师的语言技巧就是如何提高增强说服力。②

1. 以法“理”语言降服

这个“理”首先是法理，合法性。成功地说服基础是“法理”。法的力量要靠语言才能显现，语言要依靠法才能产生力量。在法庭上，语言的技巧在于善于依靠法，依靠法理。在某一经济纠纷案件中，被告律师一出庭就表现得非常张狂，出言不逊，想以此夺得先机，先发制人。但是原告的律师发现被告的律师引用了一部已经失效的法律。这时，原告律师马上抓住机会问道：

原告律师：我可能听错了，被告律师引用的法律条款，是否出自1982年的《工商企业登记管理条例》？请明白地重述一下好吗？

被告律师：没错，一点不假。

原告律师：这就错了，1998年颁布的《企业法人登记管理条例》第39条已明确规定，1982年的（工商企业登记管理条例）作废。当然，引用作废条例

① 廖美珍：《法庭语言技巧（第三版）》，法律出版社，2009年版，第192页。

② 同①，第193—195页。

可能是一时疏忽，不算什么大问题，纠正就行了，不过，这与对方一上庭就宣传行讼多年，精熟法律之言不大相称。看来这种话不宜出口。

被告律师：……

被告律师一时无言以对，原告律师一番话，成功地制止了对方的张狂，这种征服力来自哪里？来自于法律、法律之理。他成功利用法的原理好好的“教训”和反击了被告律师。被告律师在法庭上的被动和尴尬同样源自于对法理的疏忽和无知。因此，在法庭上不是你的嗓门大，你就能说服人，也不是你的用词华丽，就能说服人；更不是虚张声势，出口狂言，就能说服人。

2. 以“逻辑”语言制服

有理还要有逻辑。逻辑的力量，或者说逻辑学之所以能够存在的生命源泉，在于逻辑学可以根据思维规则产生判断和推理。这种推理对法律的应用具有直接的实际价值，语言和法律借助逻辑，力量就会更大，要注意将自己在学校学到的关于形式逻辑和辩证逻辑的基本知识，应用到法庭辩论中去，有的时候这种逻辑的力量比华丽的词藻更能够说服人。原告某科研单位向被告某小企业订购一种精密仪器仪表，原告接受合同约定的标的物后，发现产品根本不具备应有功能，于是要求退货，并索回货款，但被告坚持该仪表符合标准，不同意退款。原告于是诉诸法庭。庭审中，原告代理律师向被告方法定代表人发问：

原告律师：请问贵厂有高级工程师几名？

被告：没有。

原告律师：工程师几名？

被告：没有。

原告律师：技术员呢？

被告：两名。

原告律师：两名技术员任职资格由什么机构评定？

被告：是由本厂决定。

原告律师：有没有国家统一颁发的职称证书？

被告：暂时没有。

原告律师：有没有外聘工程师、技术员？

被告：没有。

原告律师：既然这样，我想请教被告，某某仪器系一种高级精密仪器，贵厂既没有工程师，也没有国家统一考核评定的技术员，又没有外聘技术骨干，你们是怎么保证某某仪器达到国家统一质量标准呢？

被告：……

原告律师的问话过程就是逻辑推理的过程，律师在这里运用的逻辑推理方式是：首先大前提：生产某某高级精密仪器需要一定水平的技术骨干；其次小前提：该厂没有高级工程师，没有工程师，没有技术员，也没有外聘的技术骨干；最后结论：因此，该厂生产的仪器无法达到国家的统一质量标准。但是，在实际发问的时候，原告律师一开始并没有明确陈述自己的大前提，也不是通过陈述命题提出自己的小前提，而是通过对方对自己的问话的回答来确定推理的小前提。换言之，原告律师用以推理的小前提都是由被告人的回答确定的。因此，当原告律师用被告的回答来确立自己的结论时，对方无言以对，这是问话推理的妙处所在。

3. 以礼貌语言征服

使用礼貌语言是律师个人的魅力之一，一个真正优秀的律师是一个讲究礼貌的律师。语言礼貌不仅是对对方的尊重，也是对自己职业的尊重，尊重对方就是尊重自己。其一，尊重对方，经常是从细节表现出来，包括语言、表情，甚至肢体动作、肢体语言。其二，用语文明；尽量避免使用激烈的、极端的语言，特别是不用可能带有人身侮辱的语言。即便对手有不得体的表现，也决不用同样的语言回应，所谓“以牙还牙，以眼还眼”。甚至可以说，当对手使用不得体的语言时，实际是给了自己一个表现“风度”的机会。这种风度，在辩论中是会得分的。其三，宽容平和。当对手表现失当时，只要指出其失当之处，点到即止，留有情面，不使对手过分难堪，也不要表现出瞧不起的神情。一定要记住，辩论不是逞一时口舌之利，追求个人表现，辩论是通过说理的形式和过程，达到说服法官的目的。而法官是专家，所以只要你的道理讲清楚，就可以了。其四，张弛有度。张弛，指的是语气有咄咄逼人，也有娓娓而谈，语言有言词犀利，也有平稳缓和。有度，指的是有节制，恰到好处。如何理解张弛有度，一切视不同的人，不同的风格，不同的案件，以及法庭辩论中的不同情况而定，绝无千篇一律的模式。

四、法庭语言运用的功力积淀

1. 综合职业素养

法庭论辩语言的功力是综合因素促成的，需要通过长期的学习和培养才能达到。综合素养是一个大前提。同时还必须注重专业能力的充实，它们相融在一起，就是综合的职业素养。综合的职业素养强调总体工作能力的培养和提升，而不是只专不广。没有广泛的知识、修养的积累，专业的技能也无从谈起，它们是相辅相成的。

2. 适应情境的良好心理素质

口语表达是一种适应场合、适应相关主题的语言行为，所以需要分辨和确认语境的性质与要求，并且能够将思维、感觉调整到准确的状态。法庭是语言交锋的场所，更需要冷静地熟悉语境，尽快进入话语情景，达到语境要求，发挥口语表达的优势，实现法定语言程序的目的。与综合职业素养问题密切联系，这显示着一个法庭语言的使用者是否有能力调试出良好的心理状态。

3. 有足够量的实践磨练

从最基本最朴素的层面讲，没有大量的长期的实战磨练，法庭语言运用的能力不会提升，不能寄希望于一蹴而就，练习是通向成熟必须的过程和手段。除了有目的地模仿、学“说”，亲临法庭话语现场多“听”，这种“听”也是学习的必然阶段和组成部分，亲临现场的积累是最直接最珍贵的经验。之后，还可以在模拟情境中做说的练习，在模拟中“真刀真枪跌打滚爬”，为真正的实践奠定基础。

第四编
模拟法庭综合演练篇

本编精心挑选了刑事诉讼、民事诉讼和行政诉讼各一个完整的案例，在法庭举证质证、法庭询问和法庭辩论等单项庭审技能演练的基础上，结合刑事诉讼法、民事诉讼法和行政诉讼法的具体规定，进行案件审理的完整演练，以期将单项演练的成果落实在仿真的综合演练之中。

第十二章　刑事案件综合演练

第一节　刑事案件庭审行为与语言规范

一、开庭准备

1. 审判长应对合议庭做出明确分工，认真做好庭审前的各项准备工作。

2. 速录员检查法庭设施是否齐备，摆放是否规范。

3. 书记员查明当事人及其他诉讼参与人是否到庭。注意认真查看开庭传票，出庭通知书和身份证明后通知其入庭。（如有证人出庭，需告知证人的权利义务，让其在如实作证的保证书上签字后，安排其在庭外等候传唤。）

4. 书记员宣布法庭纪律。

（1）未经法庭许可，不得记录、录音、摄像和摄影。

（2）不得随意走动和进入审判区。

（3）不得鼓掌、喧哗、哄闹和实施其他妨害审判的行为。

（4）不得随意发言、提问。

（5）不得随意吸烟和随地吐痰。

（6）关闭移动电话和传呼机。

（7）如对法庭审判活动有意见，可在庭后以书面形式提出。

（8）如违反法庭纪律，人民法院可以采取训诫、责令退出法庭、罚款和拘留。对严重扰乱法庭纪律的，依法追究刑事责任。

5. 书记员宣布：全体起立！

请检察人员入庭。

请审判人员入庭。

6. 审判长宣布：请坐。

7. 书记员报告：报告审判长：被告人已提押到候审室，公诉人、当事人、辩护人及有关诉讼参与人已全部到庭。庭前准备工作就绪，报告完毕。

二、庭审开始

1.审判长宣布：现在开庭。传被告人某某某到庭。

2.审判长(核对被告人身份)：

姓名、性别、出生日期、民族、籍贯、文化程度、职业和住址，是否受到法律处分。

审判长：被告人某某某，你被采取强制措施(刑事拘留、逮捕、取保候审)的时间；收到起诉书副本的时间；收到附带民事起诉状的时间。

(如有多名被告人，须依次核对。)

3.审判长宣布：

(1)某某市某某区人民法院刑事审判庭今天开庭，依法对某某市某某区人民检察院提起公诉的被告人某某某盗窃一案进行公开审理，并于开庭前依法进行了公告。

如案件涉及个人隐私或国家机密不公开审理的，应宣布：因涉及个人隐私或国家机密，根据《中华人民共和国刑事诉讼法》第183条第1、第3款的规定，本案不公开审理。

(2)如案件涉及未成年人犯罪不公开审理的，应宣布：因涉及未成年人犯罪，根据《中华人民共和国刑事诉讼法》第274条的规定，本案不公开审理。

4.审判长宣布：

本合议庭由审判员某某担任审判长，与审判员某某某、审判员某某共同组成。书记员某某担任法庭记录。

经本院依法通知，某某市某某区人民检察院某某检察员、某某某代理检察员出庭支持公诉。

被害人某某某(或法定代理人、附带民事诉讼的原告人及其代理人)到庭参加诉讼。

受被告人及其亲属的委托，律师事务所某某律师出庭为被告人某某某进行辩护(如被告人未委托辩护人依法须指定辩护人的，应宣布：接受本院指定，天津市法律援助中心律师某某某出庭为被告人进行辩护)。

5.审判长宣布：根据《中华人民共和国刑事诉讼法》第28条、第29条、第30条、第31条、第32条、第33条、第154条、第156条、第159条、第160条的规定，当事人在诉讼中享有以下权利：

(1)被告人除委托辩护人进行辩护外，有自行辩护的权利；

(2)被害人、被告人有提出证据、申请新的证人到庭、调取新的证据、重新鉴定和勘验的权利；

(3)在法庭质证阶段经审判长许可，被害人、被告人可以向证人、鉴定人发问；

(4)经审判长许可，可以对证人和案件情况发表意见，并且可以相互辩论；被告人在法庭辩论结束后，有作最后陈述的权利；

(5)如认为审判人员、检察人员和书记员与本案有利害关系,可能影响本案的公正处理,可以申请上列人员回避。

6.审判长询问被告人、被害人等是否申请回避:

被害人某某(或代理人、附带民事诉讼原告人)是否申请回避?

被告人某某某是否申请回避?

三、法庭调查

1.审判长宣布:现在开始法庭调查。在法庭调查过程中,控辩双方当事人的讯问和发问,应当遵循以下原则:

(1)讯问和发问的内容应当与案件事实相关;

(2)禁止提出具有提示性或者诱导性倾向的问题;

(3)不得威胁当事人;

(4)不得损害当事人的人格尊严。

2.审判长(或审判长指定的主审法官主持法庭调查)宣布:

下面,由公诉人宣读起诉书。

被害人(或法定代理人)就起诉书指定的犯罪事实进行陈述。(如有附带民事诉讼,可宣读附带民事诉讼状,也可在刑事部分审理后对民事部分进行审理时宣读。)被告人对起诉书的指控进行陈述。

3.在审判长和主审法官的主持下,公诉人、被害人(或法定代理人)、辩护人就案件事实、情节,依次对被告人讯问和发问。必要时,合议庭成员可以对被告人发问。

4.审判长(或主审法官)宣布:

由公诉人针对起诉书指控的犯罪事实向法庭提供相关证据。(征询被告人和辩护人的意见)

5.审判长(或主审法官)询问:

被害人(或法定代理人)是否有证据向法庭提供?(如有证据提供,应征询公诉人、被告人及其辩护人的意见)

6.审判长(或主审法官)询问:

被告人及其辩护人是否有证据向法庭提供?(如有证据向法庭提供,应征询公诉人、被害人或代理人的意见)

质证、认证应依照我院《庭审证据规则》进行。质证过程中,审判人员可以讯问当事人或向其他诉讼参与人发问。

7.审判长宣布:

经合议庭研究认为,本案事实已经调查清楚。现在,法庭事实调查结束,下面进行法庭辩论。

四、法庭辩论

法庭辩论开始，审判长(或主审法官)宣布：

通过法庭事实调查和当庭举证和质证，本案的争议焦点是：……各方可以围绕争议焦点就全案事实、证据、法律适用等问题进行辩论。

辩论应依照以下顺序进行：

(1)公诉人发表意见；

(2)被害人(或法定代理人)发表意见；

(3)被告人自行辩护；

(4)辩护人发表意见；

(5)相互辩论。

法庭辩论结束，审判长宣布：经合议庭研究，控辩双方的意见以及相互辩论的焦点均已明确，法庭已经记录在案。如有新的辩论意见，可自休庭后提交法庭。现在，法庭辩论结束。

五、最后陈述

审判长宣布：被告人，你可以向法庭作最后陈述。

六、附带民事调解

1. 审判长宣布：依据《中华人民共和国民事诉讼法》第 9 条、第 128 条的规定，人民法院在审理民事案件时，应当以具有资源和各法的原则进行调解。

2. 审判长(或主审法官)询问：附带民事诉讼原告是否愿意在本院主持下与被告调解？

注意把握：

(1)如当事人愿意调解，应征询调解方案；

(2)如当事人愿意调解，但不能立即提出调解方案，可在休庭后继续调解或择日调解。

(3)如一方当事人不同意调解，可按程序继续审理。

七、宣判

1. 当庭宣判：

(1)审判长宣布：现在休庭____分钟。本合议庭将在已查明的事实、证据的基础上，充分考虑各方的意见和有关法律规定进行评议。评议后进行宣判。

审判长宣布:现在继续开庭。经合议庭评议(并提交审判委员会讨论决定),已经作出判决。现在进行宣判。

全体起立。

(审判长或主审法官宣读判决主文。)

请坐下。

(3)审判长宣布:被告人某某某,刚才对你进行了口头宣判,判决书将在五日内给你送达。如不服判决,可在接到判决书的第二日起十日内,通过本院或者直接向某某市中级人民法院提出上诉。

(4)审判长宣布:现在闭庭。

被告人(当事人)阅读笔录,其他人员退庭。

2.定期宣判:

(1)审判长宣布:今天开庭到此结束。本合议庭休庭后将在已查明的事实、证据的基础上,充分考虑各方的意见和有关法律规定进行评议。宣判日期另定。

(2)审判长宣布:现在休庭。被告人(当事人)庭下阅读笔录,其他人员退庭。

第二节　刑事模拟案件的综合演练素材

一、案情简述

被告周存辉(女)于2011年9月3日上午,与被害人韩梅一起在绍兴县嘉绿苑公园游玩时,以拍照片为由,向韩梅借用项链、戒指等首饰,被告人周存辉拿到韩梅的项链、戒指等首饰后,猛然将站在河边的韩梅顶到河中,并搬起岸上的石头向落入水中的韩梅砸去(未砸中韩梅),在逃至公园门外时,被路人刘某抓获。

二、案件证据材料

证据1:讯问笔录(第一次)

时间:2011年9月3日12时10分至2011年9月3日13时0分

地点:绍兴县公安局

绍兴县公安局　侦查员:徐翔、陆品敏

绍兴县公安局　记录员:陆品敏

犯罪嫌疑人:周存辉　别名:无　曾用名:无　身份证号:33032319690915××××

性别:女　民族:汉族　出生日期:1969-09-15　出生地:浙江

籍贯:浙江乐清　户籍所在地:浙江乐清　现住地:浙江绍兴县柯桥锦绣小区19-9-302室

文化程度:高中　工作单位及职业:绍兴县翻斗乐儿童用品有限公司

家庭成员情况:

丈夫:莫永华,48岁,绍兴柯桥轻纺城经商,已离婚

儿子:莫可帆,22岁,绍兴柯桥轻纺城经商

简历:高中毕业,后一直在绍兴县翻斗乐儿童用品有限公司工作。2009年下岗。目前无业。

曾受刑事或行政处罚情况:自述无。

现在对犯罪嫌疑人宣告有关诉讼权利和义务。

根据《中华人民共和国刑事诉讼法》的规定,在公安机关对案件进行侦查期间,犯罪嫌疑人有如下诉讼权利和义务:

(1)有权用本民族语言文字进行诉讼。

(2)对于公安机关及其侦查人员侵犯其诉讼权利和人身侮辱的行为,有权提出控告。

(3)对于侦查人员、鉴定人、记录人、翻译人员有下列情形之一的,有权申请他们回避:①是本案的当事人或者是当事人的近亲属;②本人或者他的近亲属和本案有利害关系的;③担任过本案的证人、鉴定人、辩护人、诉讼代理人的;④与本案当事人有其他关系,可能影响公正处理案件的。对于驳回申请回避的决定,可以申请复议一次。

(4)有权辩解。犯罪嫌疑人在接受公安机关讯问时有权为自己辩解。

(5)有权聘请律师提供法律帮助。犯罪嫌疑人在接受第一次讯问后或者被采取强制措施之日起,可以聘请律师提供法律咨询、代理申诉、控告,如果被逮捕,聘请的律师还可以为其申请取保候审。但如果本案涉及国家秘密,聘请律师应当经公安机关批准。

(6)犯罪嫌疑人及法定代理人、近亲属、聘请的律师对于采取强制措施超过法定期限的,有权要求解除强制措施。

(7)对于侦查人员的提问,应当如实回答。但是与本案无关的问题,有拒绝回答的权利。

(8)有核对讯问笔录的权利,如果犯罪嫌疑人没有阅读能力,侦查人员应当向其宣读,如果讯问笔录记载有遗漏或者差错的,可以提出补充或者改正。对讯问笔录、勘验检查笔录、搜查笔录、扣押物品、文件清单以及送达的各种法律文书确认无误后,应当签名或者盖章。

(9)依法接受拘传、取保候审、监视居住、拘留、逮捕等强制措施和人身检查、搜查、扣押、鉴定等侦查措施。

问:以上诉讼权利和义务,你听清楚了没有?

答:听清楚了。

问:你是否申请回避。

答:不申请。

问:你是否聘请律师为你提供法律帮助?

答:不需要。

问:你讲讲你今天上午发生在嘉绿苑公园的事情?

答:今年9月2日,我邀请好友韩梅到绍兴来玩。9月2日下午,她从江西南昌坐火车到了绍兴,当晚,我在新顺兴酒店请她吃了晚饭。晚上她住阳光宾馆。第二天(9月3日)上午,我到宾馆等她,然后带她到绍兴城里去逛了一圈,回宾馆前,我觉得离吃中饭的时间还有点早,就决定带她到宾馆附近的嘉绿苑公园去游玩。我们在公园里兜了一圈,来到了一小亭子,我对韩梅说:这时的风景蛮好,我们来拍些照片,留个影。我用照相机给我拍几张照片后,对她说:你的项链很好看,特别地别致。她说:项链是老公从法国买来的,样式很别致。于是,我对她说:能不能借给我戴一戴,我也照几张照片。她很爽快地说:没有问题。于是就将项链、耳坠和戒指都从身上除了下来。我一一将项链和戒指戴到了身上,还请她帮我将耳坠挂到耳朵上去,我不断地夸奖:项链和耳坠很漂亮、很别致。戴好以后,我就站在亭子的平台边,请她给我拍照,她马上用相机给我拍了几张照片。拍完后,我走到她身旁,拿回了相机在翻看刚刚拍的照片。当时,我在内侧,离河有点距离,韩梅她在我的外侧,离河很近。突然,我用胳膊肘用力地顶了她,她好像没有任何防备,一下子掉到了河里,身子在河里挣扎,嘴里不断地在叫喊:“快拉我上来!快拉我上来!”两只手不断地在向上挥舞,想抓住什么东西。我害怕她从河里爬上岸来,于是,就拿起亭子边的一块石头向她砸去。砸完后,我迅速地向公园门外跑去。刚跑到公园门口,就被一个男的拦住了,那个男的问我:里面发生了什么事情?好像有人在叫救命。我说我没有听到,不关我的事,自顾自地向公园门外走去。突然,韩梅从后来追了上来,对那个男的喊“快抓住她!快抓住她!”我马上加快了脚步,但是,那个男的从公园门那边向我追了过来,很快就追上了我,一把将我的左手抓住,说:“你们要说说清楚,到底发生了什么事情。”我不断地想挣脱,但是那个男的死死地拿住我的左手。韩梅这个时候已经从后面赶了上来,她叫那个男的给警察打电话,说是我抢了她的金首饰。那个男的就用手机打了电话。过了没有几分钟,你们警察就来了。

问:你从被害人韩梅身上拿到哪些东西?

答:一根项链、一副金耳坠、一枚钻石戒指。

问:是不是这些首饰?(民警徐翔出示了金项链、金耳坠和戒指的实物以及相关照片)

答:(周存辉查看了实物及相关照片后)是的。

问：你看看以上的记录，是否和你所讲情况属实，相符？

答：属实。

以上笔录我看过，和我讲的相符。

周存辉（签字盖章）

2011年9月3日

证据2：询问笔录

时间：2011年9月3日14时05分至2011年9月3日14时45分

地点：绍兴县公安局刑侦大队

侦查员：陆品敏　　　　记录员：徐翔

被询问人：韩梅　性别：女　年龄：40岁　民族：汉族

身份证号：36010119711120××××

工作单位及职业：无业

现住址：江西省南昌市柯桥镇双池巷111号

问：我们是绍兴县公安局的工作人员，今天向你了解一下情况，请你如实反映情况，告知：《刑法》《刑诉法》有关规定，希望你能如实反映情况，否则，将负法律责任。你听清楚了吗？

答：我知道。

问：你是干什么工作的？

答：我原来是南昌市量具刃具厂的职工，1998年4月因单位改制，我下岗回家待业。下岗以后，我也曾经做过些小生意，现在基本上就待在家里，享享福了。

问：你在事发之前认识周存辉吗？

答：认识的，但不是很熟悉。

问：你是什么时候因为什么原因与周存辉认识的？

答：我是今年4月份在网上聊天室里认识周存辉。我们先是在网上打打牌、搓搓麻将，后来又谈谈家常，可能我与她的年龄差不多大，有一些共同爱好比如打牌啊，所以，我们在聊天的时候很谈得来，周存辉这个人也很热情，一直邀请我来绍兴杭州游玩。所以，这次我来绍兴，也是她在几个月之前就跟我说好的。

问：你了解周存辉的个人情况吗？

答：我不太了解，只是通过网上聊天，知道她一些情况，这些情况我也不知道是不是真实的。

问:你知道哪些情况?

答:她在聊天的时候跟我说过:她几年前跟丈夫离过婚,因为她丈夫在外面搭识了其他女人,就想方设法地要和周存辉离婚,据她说当时离婚的时候她丈夫给了她好大笔钱。平时我和她聊天的时候,总是听她说在买这个名牌买那个名牌的,昨天我到了绍兴的时候,她到火车站来接我,还大方地在饭店里请我吃过饭。我真的没有想到她为什么要抢我的金首饰。

问:你谈谈今天在嘉绿苑公园发生的事情?

答:好的。今天上午,周存辉一早就来到宾馆,昨天我们约好今天一起在绍兴逛逛街。所以我跟着她在外面的大街上转了一圈。离中午吃饭的时候还有些时间,她就说在宾馆附近有一个公园,很漂亮,带我去看看。这样,她就带着我来到了那个公园,那个公园的确很不错,有小桥,有小河的。后来,她提议拍几张照片,我说那好啊,所以,先是她给我拍了些照片,后来,她大概是看到了我的项链和首饰,说这些首饰很漂亮,她想戴着作为照相的小道具,我一点都没有怀疑,很放心地将首饰从身上摘下来,递给了她。她戴在身上一个劲地夸首饰漂亮啊别致啊。我给她拍完照片后,她拿着照相机回看我给她拍的照片。我就站在她身边,刚看没几张,她突然用胳膊肘很猛地顶了我一下,我根本没有任何准备,一下子就掉到了河里,河里的水有点深,我根本就站不住又不会游泳,只能在水里一边挣扎,一边叫她把我拉到岸上去。可是,她非但没有拉我,反而拿起岸上的一块石头猛地朝我的头部砸过来,可能是我在水里挣扎,身子不断地动,也可能是她没有砸准,石头离我的头只有这么点距离(韩梅用手比划着)大概就差几个厘米,我要是被那块石头砸到的话,那就没命了,我跟周存辉没怨没仇的,干吗要对我下这么个毒手。

问:她砸了石头以后,又发生了什么事情?

答:她砸完石头后,眼见着没有砸到我,马上转身向公园门外跑去了。这时候,我也挣扎着抓到了河边的小树,也从河里爬到了岸上,全身湿漉漉的,我也顾不得这些,上岸后马上也向公园门外追过去。刚刚追到公园的门口,看见有一个男的正和周存辉说着什么话,我拼命地喊:抓住她,抓住她。周存辉很快地向公园外跑去,好在那个男的反应很快,马上追了上去,抓住了周存辉。不一会儿,我也赶到了,我对那男的说:她抢了我首饰,帮帮我给警察打个电话,那男的二话没说,马上给警察打了电话。不过五分钟,警察就来了,他们就将我和周存辉都带到了派出所。

问:周存辉从你身上拿走的首饰有哪些?

答:百利恒的钻石戒指一枚,周大福的金项链一条、周大福的耳坠一副。

问:你为什么会将这些贵重首饰交给周存辉呢?

答:当时她说是借给戴在身上作个道具拍拍照片的,我根本没有想到她戴了这些首饰后马上逃走了。我当时太大意了，太相信她了。

问：你看看是不是这些首饰？（民警徐翔出示了金项链、金耳坠和戒指的实物以及相关照片）

答：（韩梅查看了实物及相关照片后）是的。这些首饰就是我的。

问：你看看以上的记录，是否和你所讲情况属实，相符？

答：属实。

韩梅（签名）

2011年9月3日

证据3：询问笔录

时间：2011年9月5日14时05分至2011年9月5日14时45分

地点：绍兴县公安局刑侦大队

侦查员：陆品敏、徐翔　　记录员：徐翔

被询问人：刘为民　性别：男　年龄：45岁　民族：汉族

工作单位及职业：绍兴市客运服务有限公司

现住址：浙江省绍兴市柯桥镇兴隆巷71号

问：我们是绍兴县公安局的工作人员，今天向你了解嘉绿苑公园当时所发生的情况，请你如实反映情况，告知：《刑法》《刑诉法》有关规定，希望你能如实反映情况，否则，将负法律责任，你听清楚了吗？

答：我知道。

问：请你讲讲当时你在嘉绿苑公园门口所发生的事情。

答：好的。前天（9月3日）中午大概十一点半左右，我从嘉绿苑公园经过，当我刚走到公园门口的时候，隐隐约约地听到有人在喊"快拉上去，快拉上去"，声音很急促也很紧张，我正准备走进公园内，想去看个究竟。这时候，有个女人急匆匆地从公园里面走出来，她走得很快，似乎是在跑，我拦了她一下，问她：里面发生了什么事情？她稍微停了几步，说了几句话，好像在说：她也不知道发生什么。转身从我身边走了过去。我刚走到公园门口，就听到有一个女的在拼命喊：抢戒指了抢戒指啊，快快帮帮我。我看见有个女人浑身湿漉漉地从公园里面跑出来，一边跑一边在喊抓住她，抓住那个女的。我立即转过身来，看见刚才遇到的那个女的在跑，我马上跑步追过去，我跑了大概一百来米就追上了那个女的，我说你停下来，公园里有人抢金项链，她理都没理我，脸色很难看，我说你说清楚了再走，那个女的一个劲地想挣脱。这时，后来的女的追了上来，很气愤地骂前面的那个女的：你这个不要脸的，抢了我的戒指还想淹死我。她对我说：大哥，你帮帮我给110报个警，她把我的项链和戒指给抢了。我马上抓住前面那个女的手，说你不要跑了，等警察来了，让警察来解决吧。那个女的开始求饶了，说是将项链和戒指还出来。我掏出了手机让那个浑身湿漉漉的女的打报警电话。没过多久，警察开着一部警车就来了，警察问我们，是谁报的警，那个打我手机的女的说："是我。"然后用手指着另外一个女的说：是她抢走了我的戒指和项链。警察叫两个女的都坐到警车上去。然后，有一个警察拿着一个记录本，要我将姓名、工作单位、家庭地址和联系方式写上去，我将这些都填好后，警察开着警车走了。

问：你之前见到过那两个女的吗？

答：没有。我当时听那两个女的口音，一个好像是本地人，而另一个好像是外地人。

问：你在哪个单位工作？

答：我在绍兴市客运服务公司开中巴车。

问：你的联系方式？

答：手机号码：137××××6509。

问：谢谢你接受我们的调查，请你看看我们的笔录，是否与你讲的情况相符？

答：是的，都是我讲的。

以上笔录与我讲的情况相符。

刘为民(签字)

2011年9月5日

证据4：讯问笔录(第2次)

时间：2011年9月4日9时30分至2011年9月4日10时10分

地点：绍兴县看守所

侦查员姓名、单位：陆品敏、徐翔，绍兴县公安局

记录员：徐翔　　　　单位：绍兴县公安局

犯罪嫌疑人：周存辉

问：我们是绍兴县公安局的民警，现依法对你进行讯问，你必须如实回答我们的提问，不得做伪证或隐瞒事实，否则将负法律责任。你听清楚了吗？

答：我听清楚了。

问：周存辉，你因涉嫌诈骗罪和故意杀人罪(未遂)，根据《中华人民共和国刑事诉讼法》第61条之规定，现在宣布对你实施刑事拘留。你听清楚了吗？

答：我听清楚了。

问：你是否认罪？

答：我当时在嘉绿苑公园，只是想骗韩梅的首饰，我根本没有想杀死她。

问：你是什么时候，与韩梅一起到嘉绿苑公园的。

答：2011年9月3日上午，已经近11点钟。

问：你在嘉绿苑公园对韩梅做了什么？

答：我先是与她一起在公园转了一圈，后来，我在给她拍照片的时候，发现她的项链和首饰都很好看，当时，就提出来想借来戴在身上拍些照片。

问：你向韩梅提出来要借她的项链和首饰，是为了什么目的？

答：是为了拍照片，因为我很喜欢这些首饰。

问：你拍完照片以后，有没有将这些首饰还给韩梅？

答：没有，我想逃走。

答：刚才，你还说向韩梅借首饰是为了拍照片，我现在再次问你：你向韩梅借首饰的目的是什么？

问：我很喜欢这些首饰，起初的确是想拍些照片，但、但是后来，我将这些首饰戴在自己身上发现特别地般配，我就不想还给她了，想借机逃走。

问：你是因为特别喜欢这些首饰就想占为己有，还是有其他别的原因？

答：我最近很缺钱，因为，一些债主在逼债，我一时还不了债，所以，我看到韩梅身上的首饰特别是项链很值钱，我就动坏脑筋了。

问：什么是"坏脑筋"？

答：我就想把她的首饰项链骗过来，逃走。

问：你将韩梅的首饰和项链戴到你自己身上以后，你又做什么？

答：我叫韩梅给我拍照，然后我们一起在回看照片，刚刚看了几张，我就用胳膊肘把韩梅顶到河里去了。

答：你为什么要将韩梅顶到河里去？

问：我想戴着首饰和项链脱身，她一直站在我身边，我没有办法逃走，我当时想把她推到河里后，我就有时间来得及逃走了。所以，就一胳膊肘将她顶到河里去了。

问：你知道韩梅会游泳吗？

答：不知道。

问：如果你不知道韩梅是否会游泳，一胳膊肘把她顶到河里，你想到过你的行为会发生什么后果吗？

答：我没有想得这么详细，我当时只是考虑想什么办法能够脱身；至于韩梅会发生什么后果，我想都没有想。

问：韩梅被顶到河里后，又发生了什么事情？

答：韩梅掉到河里后，手和脚都在乱蹬乱划，我怕她可能会很快爬到岸上来，所以，便拿起了岸上的一块石头朝她砸了过去。

问：是不是这块石头？（出示石头的照片）

答：是的。

问：你用这块石头砸她之前，有没有想过：万一这块石头砸中她的话，是会死人的？

答：我没有想到，我只是为了不让韩梅马上能爬到岸上来追我。

问：后来呢？

答：我逃到公园大门口就碰到一个男的，他问我：公园里面好像有人在叫救命，问我里面发生了什么事，我说：不知道。那个男的好像不相信我的话，想拦住我。我根本没有理会他，直接往公园外面走，但是，大概走了一百多米的路，那个男的就追上来了，抓住了我的手，说要我说说清楚，我说不关你的事，一边想挣脱他，但是那个男的力量很大，我根本没有力量挣脱他的手，很快，韩梅就从后面追上来了。后来，他们就报警了，警察就来了，把我和韩梅带到了派出所。

问：你还有没有其他事情需要向我们说的？

答：没有了。另外，我觉得我自己对不起韩梅。

问：这是我们的讯问笔录，请你看看是否与事实一致？

答：好的，我看看。

笔录与我所说的事情是一致的。

周存辉（签名）

2011 年 9 月 4 日

证据 5：讯问笔录（第 3 次）

时间：2011 年 9 月 6 日 10 时 30 分至 2011 年 9 月 6 日 11 时 45 分

地点：绍兴县看守所

侦查员姓名、单位：陆品敏、徐翔，绍兴县公安局

记录员：徐翔　　　　单位：绍兴县公安局

犯罪嫌疑人：周存辉

问：我们是绍兴县公安局的民警，现依法对你进行讯问，你必须如实回答我们的提问，不得做伪证或隐瞒事实，否则将负法律责任。你听清楚了吗？

答：我听清楚了。

问：将你在嘉绿苑公园发生的事情再讲一下。

答：好的。3日上午快近中午的时候，我与韩梅一起到嘉绿苑公园游玩，我在给她拍照片的时候，发现她佩戴的戒指和项链很值钱，想把它骗过来。我当时提出来，让韩梅将项链和戒指给我戴一戴，作为拍照的道具，让我拍拍照片。韩梅马上就同意了并将戒指、项链和耳坠卸了下来，递给我，我把这些首饰戴好后，请韩梅给我拍照，拍了好几张。然后，我拿过相机来回看刚拍的照片，我招呼韩梅站到我身边，我和她一起回看了照片，刚看了几张，我见韩梅就站在亭子平台边，我立即用胳膊肘猛地顶在她肩部，她掉到了河里。这时候，我想迅速逃走，但是，看到韩梅在河里一边大声地喊叫"快拉我上来"，一边还在水里挣扎，我怕她的叫喊声被人听到，就拿起在河边的一块石头，朝韩梅的头部砸去，但是，没有砸准，这时，我就转身往公园门外逃走。但是，刚跑到公园门口时，就遇到了一个男的，他问我：公园里发生了什么事情，有人在叫喊。我说"不知道"。转身就逃了。但是，没有逃出多少距离，那男的就追了来，抓住我的手，要我说说清楚，我和那男的争辩了一段时间，这时，韩梅就赶了过来。她叫那男的报警，后来，你们警察就来了。

问：在案件发生之前，你和韩梅认识吧？

答：认识的。我是去年在网上和她认识的。后来，经常在网上和她打牌和搓麻将。慢慢地就熟悉起来了。

问：韩梅为什么会到绍兴来？

答：是我在8月份的时候向她发出邀请的。我当时说8月份，江南一带景色不错，请她有空的时候来绍兴玩。当时，她说没有时间，以后有时间的话再定。上个星期，她在QQ上给我留言，说是想最近到绍兴来游玩。

问：你为什么想请韩梅到绍兴来游玩？

答：因为，我和韩梅今年在网上认识，两个人都很聊得来，而且我们两个女的，年龄差不多，经历也有点相似，大家都谈得来，所以，很快就成了无话不谈的朋友了。她有时也会请我到南昌去玩，我也会请到绍兴来玩，就是好朋友。

问：你请韩梅来绍兴，还有其他目的吗？

答：没有其他目的，就是请她来游玩的。

问：你刚才说：你和韩梅年龄差不多，经历也有点相似，你们的经历有哪些相似的地方？

答：一、我们俩都先后下岗，二、我们都离婚了，三、我们的离婚原因就是原来的丈夫在外面花天酒地背叛了我们。所以，我们心中都有一股对那种男人的怨恨，这使得我们无话不谈了。

问：你目前有没有正当的工作？有没有正当的收入？

答：2003年我从单位下岗以后，一直没有再去找工作，一是因为自己的年龄也不小了，二是文化程度不高，很多工作岗位都没法做，所以，就没有再找过工作。一直待在家里。平时也没有正当的收入。就靠以前家里的一点积蓄。

问:你说你没有正当的收入,那么,平时你靠什么来生活?

答:2003年下岗以后,当时我还没有离婚,家里的一切开支都是靠丈夫的收入,后来,2006年的时候,我的丈夫在外面有了情人,他提出要和我离婚,当时我死活都不肯离。后来,我丈夫根本不回家了,整天在外住宾馆,我觉得这样生活对大家都没有意思,所以,2007年他再提离婚的事,我就同意,我当时提出的条件是:原来我们住的房子归我,另外,他再给30万元钱,儿子愿意跟谁生活,就跟谁生活。但是,后来,儿子高中毕业了,就到他父亲的公司去工作了,所以,一年到头很少到我这里。说实在的,我也是苦命人。

问:你为什么要骗韩梅的项链?

答:近段时间,我手头上比较紧,有些人在逼我还债;另外,我觉得韩梅这个人很宽绰,也很大意。她好像很相信我。

问:你刚才说是有人在逼你还债。你为什么会向人借债的?

答:我待在家里,没事可做,经常到棋牌房去跟人赌,欠人家三五万块钱。最近他们逼我还债,我手头也没有这么多的钱,所以很想能弄到钱。

问:你以拍照片为由,骗取韩梅的首饰以后,你为什么要将韩梅顶到河里?

答:我想摆脱她,然后就逃走。当时,我也没有多想,就是想将她顶到了河里,让她没有办法去报案,也没有办法来追我。

问:我知道嘉绿苑公园里那条河的深度吗?

答:我不清楚那条河是不是很深。

问:你有没有想过:你将韩梅顶到河里后,她有可能面临淹死的可能?

答:我当时没有想这么多,我一心在想怎么样能摆脱韩梅。其他我想都没有想。

问:你将韩梅顶到河里后,你为什么还要用石头去砸她?

答:我将她顶河里后,她在水里不断挣扎,还大声地在叫喊"快把我拉上来"。声音很尖很大,我很害怕被人听到,一不做二不休,用石头砸她,她就不会再喊了。

问:你用石头砸她,你的目的是朝她身体的哪个部位砸的?

答:我用石头朝她的头部砸过去的。

问:你刚才说:用石头砸她,她就不会再叫喊了。你知不知道用这样的石头而且向她的头部去砸她,她可能会被砸死的,你有没有想到这种后果?

答:我根本没有想到用石头砸死她,我只是想用石头砸晕她,让她喊不出来。

问:你是如何用石头砸她的?

答：当时，她在水里大声叫喊，我很紧张，也很害怕。就是想让她喊不出来，我看到岸上有一块大石头，我搬起来，向她的头部砸过去，但，石头有点重，我搬的时候，心里很紧张，没有拿稳就砸过去了，所以，没有砸到她的头。

问：你想过你用石头砸过去的后果吗？

答：我当时没有想过，现在想起来有点害怕，万一当时砸到她的头的话，她真的有可能被砸死。

问：你和韩梅为什么要选择到嘉绿苑公园去拍照？

答：没有别的目的，就是我们在绍兴转了一圈回到宾馆，觉得离吃中饭还早，还有点时间，就想到宾馆附近还有个公园，临时决定去看看。

问：你有没有想过，你骗了韩梅的首饰后，韩梅马上会向警方报警，我们会很快发现你的，因为，你与韩梅相识了近半年时间，她那里会有你的身份信息。

答：我在嘉绿苑公园骗她项链的时候，我曾经想过，但是，我猜韩梅是不可能再找到我的。因为她根本不知道我的真实姓名，她只叫辉姐，我也不在我自己的家里上网聊天，我都在网吧上网的，所以，我觉得她是无法找到我的。

问：你平时是通过什么方式与韩梅联系的？

答：我们基本上是通过 QQ 聊天的。

问：你和韩梅认识将近半年时间了，韩梅知道你的真实信息吗？

答：我想她是不应该知道的，因为我们在网上聊天的时候，从来没有说过真实的姓名、住址，甚至手机和电话号码都没有告诉过，她只是到绍兴来之前，因为火车接站的方便，才将她的手机号码告诉过我。

问：你的 QQ 号码是什么？

答：辉姐 2007。

问：这个 QQ 号是不是你经常与韩梅联系的？

答：是的。

问：你和韩梅还有其他联系方式吗？

答：没有。

问：你还有没有事实问题需要向我们交待的？

答：没有。

问：你看看我们的笔录，是否与你讲的情况相符？

答：是的，都是我讲的。

以上笔录与我讲的情况相符。

周存辉(签字)

2011 年 9 月 6 日

证据6:询问笔录

时间:2011年9月7日10时05分至2011年9月7日10时55分

地点:绍兴县公安局刑侦大队

侦查员:陆品敏　　　　　　　　记录员:徐翔

被询问人:韩梅　性别:女　年龄:40岁　民族:汉族

工作单位及职业:无业

现住址:江西省南昌市柯桥镇双池巷111号　身份证号:36010119711120××××

问:我们是绍兴县公安局的工作人员,今天向你了解一下情况,请你如实反映情况,告知:《刑法》《刑诉法》有关规定,希望你能如实反映情况,否则,将负法律责任。你听清楚了吗?

答:我知道。

问:有关嘉绿苑公园的事情,我们还有几个问题想再问问你。

答:好的。

问:你是什么时候怎样认识周存辉的?

答:今年4月份吧,先是我们一起在网上打牌,我觉得她打牌的水平很高,思路很清楚,我经常和她做配合,时间一长,我们相互交换了QQ号,后来,就通过QQ开始聊天了。

问:她的QQ号是什么?

答:辉姐2007。

问:你们除了QQ以外还有其他联系方式吗?

答:没有。

问:你在案发之前知道周存辉的具体情况吗?

答:在网上聊天,大家对真实的身份信息都很忌讳,一般不会主动问对方的真实身份。我也是这样的,一直没有了解她的真实身份,只是知道她也和我一样是个下岗职工,也离了婚,现在都待在家里,没有正当的工作。

问:既然,你不太了解周存辉的真实身份,你怎么会贸然地来到绍兴?

答:我想一来我不会花她一分钱,二来在聊天的时候,我们很聊得来,很投缘。我是很相信她的。

问:你在嘉绿苑公园怎么会将首饰等贵重物品交给周存辉的?

答:她说是借给她做道具拍几张照片,她说很喜欢这些首饰,特别是那枚戒指。所以,我根本没有在意,就给了她。现在想想,我当时太大意了,不慎重。

问:你们拍照时,用的是谁的相机?

答：是周存辉的，她带来的，我的相机一直放在包里没有用。

问：你详细地再说说你在嘉绿苑公园落水的经过。

答：好的。我给周存辉拍完照片后，她走到我跟前，拿过相机在回放我刚才拍的照片，我站在她身旁，比较靠近河边，她在里侧。还没有看几张照片，周存辉突然用右边的胳膊肘顶到我的肩膀上，我根本没有心理准备，一时站不稳，掉到河里。我不会游泳，这个河里的水有点深，我没有办法站住，只能用两只手在乱挥舞，嘴里在喊"快拉我上来"。嘴里还吸进了几口河水，我当时脑子里一片空白，只是希望周存辉会来拉我上岸，我一直以为周存辉可能不小心把我撞下了河，我根本没有想到她是故意将我撞下去。但是，后来，我看到她两只手举着一块石头，我心里想：糟糕了，她是要砸死我了，我当时挣扎着身体，手还是在水里乱拍乱划，脸上都是水，我模模糊糊地看到她将石头举过了头，朝我砸了过来，还好我命大，那块离我脸孔5—6厘米的地方砸进水里，砸出很多的大水花。我还以为她会拿第二块石头砸我，拼命地用手在水里往岸边划，还好，这个时候，我的手好像抓到了一把水草还是一根小树枝，我也不清楚到底是什么东西，猛地用力一拉，人就往岸边移动了一段距离，我用脚探一探了河里，好像已经够得到，就勉强地用脚踩住，然后双手抓住河岸上的石头，很吃力地爬到岸上。当我爬到岸上，我看到周存辉已逃出两三百米远的样子，我浑身湿漉漉的，一边大声喊"抓住她，有人抢东西"，一边跑着去追她。大概我跑了十来米的时候，远远地看到：她停了下来，好像在跟人说话。我用足力量地喊："有人抢东西。帮帮我。"好像那个人听到了我的声音，用手想拉她，那个人也转过身来追她，等我追到的时候，那个男的已经抓住了她的手，她好像在求那个男的，我当时气喘吁吁地对那个男的说："她抢了我的首饰。"我请男的帮忙打了报警电话，那个人很好的，马上掏出手机打了电话。大概过了五六分钟，警察就开警车到了。后来，警察将我和周存辉一起带到了派出所。

问：你和周存辉认识以后，有没有存在矛盾？

答：没有，我们一直很客气的。

问：你知道她为什么要用石头砸你？

答：我实在想不通，她为什么要用石头砸我，大概是她担心我会从水里爬上来去追她吧，用石头将我砸昏或者砸死，就不会有人去追她了。

问：你会不会游泳？

答：不会游泳。

问：周存辉知不知道你不会游泳？

答：应该不知道。我们从来没谈到过游泳的事情。

问：你还有没有其他情况需要向我们说的？

答：没有了。我只是想说我的心里话，第一是想对周存辉说，即使有再大的困难，也不能做违法害人的事情；第二是对你们民警说，周存辉这个人实在是可恨又可怜的，她活着还很不容易，我希望你们司法机关能给她一个改过自新的机会，能够对她从轻发落。

问：我们司法机关一定会以事实为依据，以法律为准绳，对周存辉作出合理、合法的处理。这是我们的询问笔录，请你看看是否与事实一致？

答：好的，我看看。

以上笔录与我讲的情况一致。

韩梅（签名）

2011年9月7日

证据7：讯问笔录（第4次）

时间：2011年9月10日13时30分至2011年9月10日14时30分

地点：绍兴县看守所

侦查员姓名、单位：陆品敏、徐翔，绍兴县公安局

记录员：徐翔　　　　单位：绍兴县公安局

犯罪嫌疑人：周存辉

问：我们是绍兴县公安局的民警，现依法对你进行讯问，你必须如实回答我们的提问，不得做伪证或隐瞒事实，否则将负法律责任。你听清楚了吗？

答：我听清楚了。

问：你在嘉绿苑公园拍照片的时候，你从韩梅那里拿到几件金首饰？

答：3件，一个是项链，一件是钻石戒指，还有一件是一副耳坠。

问：是不是这些首饰？（出示了项链、戒指和耳坠的照片）

答：是的。（详细地看了照片以后）

问：你是怎么样从韩梅那里拿到这些首饰的？

答：我对韩梅说：我想戴着她的首饰拍些照片，我很喜欢她的首饰。韩梅一点都没有戒备，马上就从身上一件一件地摘下来，递给我，她还帮我挂好项链。

问：你想首饰真的就是为了拍照吗？

答：起先真的是想拍照的。但是后来，我发现韩梅的项链很高级，也很值钱的，我就想拿着这些首饰逃掉，就把她顶到河里去了。

问：你说一下当时将韩梅顶到河里去的详细情况。

答：当时，韩梅给我拍完照片后，我将韩梅叫过来一起回看刚拍的照

片，我故意站在靠内的一侧，将靠外的一侧，也就是靠近河的一侧让给她，这样我在内，她站在靠外，我们俩人一起看了几张照片，我还夸她拍的照片很漂亮，她一点也没有思想准备，突然间，我用右边的胳膊肘猛地顶了她一下，她一个趔趄，马上就整个身子掉到了河里。

问：韩梅被你顶到河里以后，你看到了什么情况？

答：我看到她在水里慌乱地挣扎，两只手在水里乱划，嘴巴时还在叫"快，快，快把我拉上去"。

问：当时你又做了什么动作？

答：我理了理照相机。然后，就从地上拿起了一块石头，向她砸了过去。

问：是不是这块石头？（出示石头的照片）

答：是的。

问：你详细地说说你是怎样把石头砸过去的？

答：我理好了照相机，看到韩梅在河离岸边很近的，我怕她爬上岸来抓我，当时，我看到地上正好有一块石头，我马上就拿了起来，当时她的整个身子都浸在水里，只有头和两只手露在水面，我就朝她的头部砸了过去。我把石头扔过去的时候，可能是石头重的缘故还是其他什么原因，我的手还是腰软了一下，石头根本没有扔得很远，没有砸到她的头，就掉到了水里。

问：你拿石头之前，韩梅在水里距离岸边有多远？

答：大概是这个距离。（用手比划着）

问：按照你比划的距离，你现在估计一下当时她离岸边的距离大致是多少。

答：大概有一米多的距离吧。

问：你为什么要拿石头砸韩梅？

答：我不想砸死她，只是将石头砸过去让她不能马上爬到岸上来抓我。

问：你刚才说：把石头砸过去，是不让韩梅马上爬到岸上来抓你。那么，你为什么要将石头朝她的头部砸过去？

答：当时，她只有头和手露在水面，我也没有故意瞄准她的头砸。实际上，当时我瞄都没有瞄，直接就砸了过去。

问：这是我们的讯问笔录，请你看看是否与事实一致？

答：好的，我看看。

以上笔录与我讲的情况一致。

周存辉（签名）

2011年9月10日

证据8:绍兴县价格认证中心

财产评估鉴定结论书

绍县价估字〔2011〕18号

关于对"周存辉诈骗案"中涉案物品价值的评估认证

绍兴县公安局:

根据你单位2011年9月13日的委托,遵循独立、客观、公正的原则,按照规定的标准、程序和方法,我中心依法对"周存辉案"中涉案的黄金戒指的价值进行评估鉴定。现将有关鉴定结果综述如下。

一、价格鉴定标的

"周存辉诈骗案"中涉案的黄金戒指一只。

二、价格鉴定目的

为你单位办理该案件提供涉案物品被盗时的价值。

三、价格鉴定基准日

2011年9月3日。

四、价格定义

价格鉴定标的在价格鉴定基准日,采用有关市场价格标准所确定的市场价值。

五、价格鉴定依据

1.《扣押、追缴、没收物品估价管理办法》;

2.《浙江省涉案物品价格鉴证管理条例》;

3.《浙江省涉案物品价格鉴证操作规程》;

4.委托方提供的委托书及有关资料;

5.鉴定方收集和了解的有关资料。

六、价格鉴定方法

市场法。

七、价格鉴定过程

我中心接受委托后,派出价格鉴定人员对委托标的进行调查,标的为"周存辉诈骗案"中涉案的钻石戒指一枚、白金项链一条、黄金耳坠一副。根据案发时的市场黄金饰品价格水平进行评估,具体评估如下:

1.百利恒钻石戒指一枚

金属纯度Au750

材质:白金,钻石戒指

宝石种类:钻石　镶嵌方式6爪

长度17毫米　直径17毫米

金属总重2克　戒指圈口12

镶嵌物数量 1

宝石(主石)重量 0.7 克拉,色度 H,纯净度 VS

2007 年购置,2011 年 9 月 3 日被骗,被骗时价值 47125 元。

2. 白金项链(足金、带爱恋心型吊坠)一条

项链为意大利产,成分为足金白金,重 5g

爱恋心型吊坠,成分为足金白金,重 3.5g

2009 年购置,2011 年 9 月 3 日被骗,被骗时价值 18500 元。

3. 黄金耳坠一副

千足金,重 8.20 克

2007 年购置,2011 年 9 月 3 日被骗,被盗时价值 5150 元。

小计:70775 元。

八、价格鉴定结论

"周存辉诈骗案"中涉案的百利恒钻石戒指一枚、白金项链(足金、带爱恋心型吊坠)一条和黄金耳坠一副,案发时价值人民币柒万零柒佰柒拾伍元整(￥70775 元)。

九、价格鉴定限定条件

委托方提供的材料客观、真实。

十、声明

1. 本鉴定结论受上述限定条件限制;

2. 鉴定机构和鉴定人员与鉴定标的没有利害关系,也与有关当事人没有利害关系;

3. 如对本鉴定结果有异议,可于接到本鉴定结论之日起 15 日内向本中心提出补充鉴定、重新鉴定或直接委托绍兴市价格认证中心复核裁定。

十一、价格鉴定作业时间

2011 年 9 月 13 日至 2011 年 9 月 18 日。

十二、价格鉴定机构

机构名称:绍兴县价格认证中心

资质证书:浙 361122

法定代表人:韩荣城

十三、价格鉴定人员:陈来福(签名)、王忠(签名)

绍兴县价格认证中心(公章)

2011 年 9 月 18 日

证据 9:百利恒钻石戒指一枚

证据 10:白金项链(足金、带爱恋心型吊坠)一条

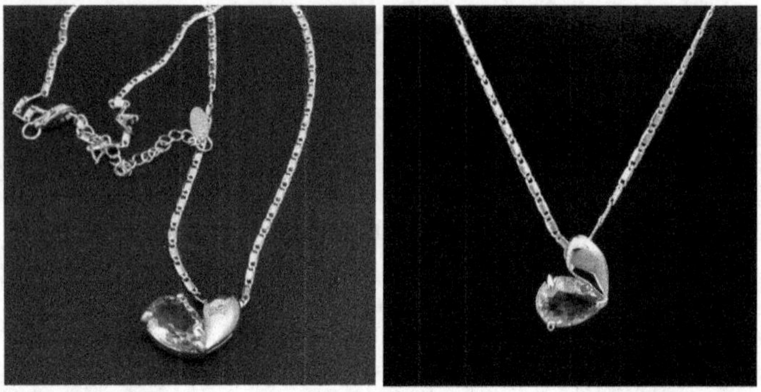

证据 11:黄金耳坠一副

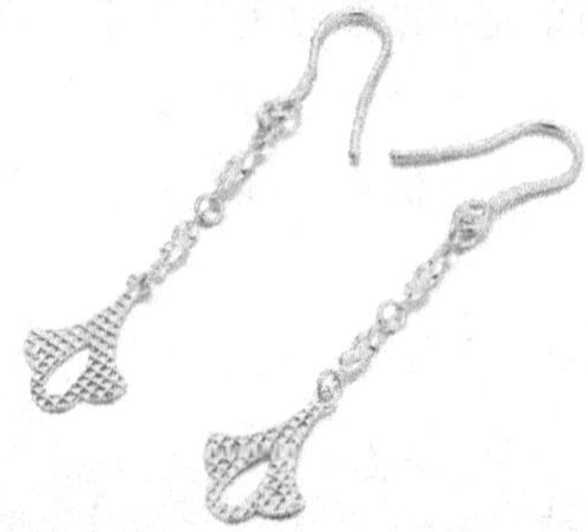

证据 12:案发现场(1)

证据 13:案发现场(2)

证据 14:犯罪工具(1)

证据 15:犯罪工具(2)

第三节 刑事模拟案件的训练目的和训练要求

一、训练目的

(一)训练学生针对案情和证据材料分析案情、寻找案件主要争议焦点、查询法律规范、分析法律规范、适用法律规范的能力

在阅读、分析本案全部案件材料的基础上,由学生自行查找与本案相关的法律规范和法学理论知识以及人民法院对类似案例已有的判决书。在研读相关的法律规范、法学原理和判例的基础上,明确本案中的案件性质,确定应当适用的实体法律规范。

(二)训练学生论证、说理的法律思维能力

通过对案件进行全面、系统的论证,确认案件的性质以及相应的法律关系,阐明应适用哪些法律,通过对适用法律的说理,证明法律规定与案件事实之间的必然联系,证明适用法律的唯一性。努力培养学生的逻辑思维能力,条理清晰、严谨缜密地论证自己观点和意见的合理性;并且能够及时预判对方的反驳或反对意见并作出有理有据的反驳。

(三)训练学生法庭语言组织和表达能力

熟练掌握庭审的常用术语、称谓。在庭审中使用规范的法言法语,锻炼学生庭审控辩的语音、语调、仪态等。在法庭控辩中努力做到:脱稿,表述明确、简洁;吐字清晰;控制语速。

二、训练要求

(一)审前要求

1. 角色分配:在学生自愿报名和推荐的基础上,确定扮演审判长、审判员、书记员、公诉人、被告、被告辩护人、法警的人选。在这个过程中,教师应加强组织和指导,必要时可以邀请有审判实践经验的法官进行指导,增强真实性。

2. 审理前要求控辩双方进行充分的准备,对实体法和程序法内容都有透彻的了解,并查阅、收集相关的法律法规,分析案件相关的证据材料,按照《刑事诉讼法》的要求,准备相关的诉讼文件。

3. 审判员必须对诉讼程序、庭审规则、法律用语以及刑事实体法律有深刻的了解,审判员还必须具有根据法律规定和法律知识解决实际问题的能力。

(二)诉讼代理人、合议庭、书记员的要求

1.公诉人两名出庭支持公诉,被告人委托辩护人两名。

2.明确采用的诉讼程序,确定合议庭的人数。本案可由审判员独任审判或者组成合议庭。

3.书记员一名。

(三)公诉人的具体要求

1.根据案件证据材料,根据《中华人民共和国刑法》和《中华人民共和国刑事诉讼法》的相关规定,拟定本案的刑事起诉书。

2.根据我国法律的规定及本案的证据材料,拟定公诉词。

(四)被告辩护人的具体要求

1.根据法律的规定以及本案的证据材料的具体情况,拟定辩护律师调查、收集证据的计划。

2.根据法律的规定、本案的证据材料,拟定本案的辩护词。

(五)审判员的具体要求

1.平衡控、辩双方在庭审中的地位与作用,积极引导举证与质证。

2.及时归纳和总结案件争议焦点,有效掌控法庭辩论的方向与节奏。

3.根据本案的事实及相关法律的规定,拟定本案的刑事判决书。

第十三章 民事案件综合演练

第一节 民事案件庭审行为与语言规范

一、法庭准备阶段

(一)书记员

1.查点当事人及其诉讼参加人到庭情况并请入席。

2.现在宣布法庭纪律:

(1)到庭所有人员应听从审判长(员)统一指挥,一律关闭通讯工具,遵守法庭秩序,不准吸烟。

(2)旁听人员必须保持肃静,不得喧哗、鼓掌、插话,不得进入审判区,有意见可以在闭庭后提出。

(3)当事人及其诉讼参与人不得中途退庭,如擅自退庭,是原告的作撤诉处理;是被告的则依法缺席判决。

(4)审判人员或法警有权制止违反法庭纪律,妨碍民事诉讼活动的行为,对不听制止的,可依法予以训诫、责令退出法庭或者予以罚款、拘留;对情节严重的依法追究其刑事责任。

3.全体起立,请审判长、审判员入庭。

4.报告审判长,当事人均已到庭,请开庭。

(二)审判长:谢谢书记员,全体坐下

审判长:现在开庭,首先核对当事人身份。

由原告向法庭报告你的姓名、年龄、民族、出生年月日、工作单位、职务及家庭住址;或报告单位名称、住所地、法定代表人姓名。

原告:(按要求如实报告)

审判长:由原告委托代理人(分别)向法庭报告你们的姓名,说明你们的

工作单位、职务及代理权限。

原告代理人：（按要求如实报告）。

审判长：由被告向法庭报告你的姓名、年龄、民族、出生年月日、工作单位、职务及家庭住址；或报告单位名称、住所地、法定代表人姓名。

被告：（按要求如实报告）

审判长：由被告委托代理人（分别）向法庭报告你们的姓名，说明你们的工作单位、职务及代理权限。

被告代理人：（按要求如实报告）。

经过审查，上述当事人及诉讼代理人的身份及委托权限与庭审前提交的材料一致，对方当事人未提出异议，出庭资格有效，准许参加诉讼，现在开庭。（敲法槌）

审判长：依照《中华人民共和国民事诉讼法》第 40 条第 1 款、第 120 条的规定，×××人民法院今天依法公开开庭审理原告×××诉被告×××（案由）一案。下面宣布合议庭组成人员，本案由审判员×××、×××、人民陪审员组成合议庭，审判员×××担任审判长，书记员×××担任法庭记录。依照《中华人民共和国民事诉讼法》第 45 条、第 46 条的规定，当事人有申请回避的权利。审判人员有以下三种情况，可能影响案件公正审理的，当事人有权口头或书面申请他们回避：(1)是本案当事人或者是当事人、诉讼代理人的近亲属；(2)与本案有利害关系；(3)与本案当事人有其他关系，可能影响对案件的公正审理的。提出回避申请应当在开庭前提出；在开庭过程中得知需要回避事项的应当在法庭辩论终结前提出，并且向法庭说明正当理由。

审判长：原告，对于本合议庭组成人员及书记员是否提出回避请求？

原告：不申请/申请并说明理由。

审判长：被告是否申请回避？

被告：不申请/申请（并说明理由）。

审判长：本案开庭前本院的立案流程机构已经向当事人送达了开庭须知，须知中已经载明了法庭审理过程中当事人享有的诉讼权利和必须履行的诉讼义务。对此，原告方是否已经明确：

原告：明确。

审判长：被告方？

被告：明确。

二、法庭调查阶段

审判长：下面进行法庭调查，当事人对自己提出的主张有责任提供证据，反驳对方的主张应当说明理由。先由原告陈述诉讼请求、事实及理由。

原告：……

审判长：下面由被告针对原告的起诉进行答辩。

被告：……

审判长：接下来进行法庭证据调查。由于在庭审前本院的立案庭已经对双方的证据清单和证据材料复印件送达了对方当事人，因此在举证、质证的过程中，双方当事人应当按照庭前所提交的证据清单中载明的证据的顺序以及证据所要证明的对象进行举证，如有补充的证据，应当声明。质证应当围绕证据的真实性、合法性、关联性、有无证据资格以及证明效力大小发表意见。首先由本案的原告举证。

原告举证：……

审判长：被告对原告的证据发表质证意见。

被告：……

审判长：现在由被告举证。

被告举证：……

审判长：原告对被告的证据发表质证意见。

原告：……

审判长：原、被告在事实方面有无补充？原告有无问题需要向被告发问？被告有无需要向原告发问？

原告：……

被告：……

审判长：经过刚才的法庭调查，原、被告双方已经陈述了案件事实和诉讼请求。双方当事人是否还有新的证据向法庭提供？

原告：……

被告：……

审判长：法庭调查结束。

三、法庭辩论阶段

下面进入法庭辩论阶段。根据刚才双方在庭上的陈述和举证、质证，本庭总结本案的争议焦点如下：……对此，原告有无异议或补充？

原告：……

审判长：被告有无异议或补充？

被告：……

审判长：法庭辩论请围绕上述争议焦点发表辩论意见。各方当事人在辩论中应遵守以下原则：第一，不得进行人身攻击；第二，在辩论的时候不重复发表意见，包括不重复事实、不重复证据以及质证意见。下面进行法庭辩论，首先由原告方发表辩论意见。

原告：……

审判长：原告代理人发表代理意见。

原告代理人：……

审判长：下面由被告方发表辩论意见。

被告：……

审判长：被告代理人发表代理意见。

被告代理人：……

审判长：原告及代理人有无新的代理意见或补充。

原告：……

审判长：被告及代理人有无新的代理意见或补充。

被告：……

审判长：刚才双方围绕争议焦点进行了法庭辩论，就案件事实、证据认定、法律适用等发表了充分的辩论意见，法庭也认真听取了双方的这些意见。现法庭辩论结束。接下来由双方当事人进行最后陈述，在最后陈述阶段双方当事人可以简单明确地表明对本案的处理意见和各自是否坚持诉讼主张的意愿。先由原告作最后陈述。

原告：……

审判长：现在由被告进行最后陈述。

被告：……

四、法庭调解、判决阶段

审判长：依据我国民事诉讼法的规定，本庭将对本案进行调解，调解必须等待双方同意。原告，你是否同意调解？

原告：……

审判长：被告，是否同意调解？

被告：……

审判长：由于原、被告都不同意调解，本庭不再组织调解。（敲法槌）现在休庭十分钟，合议庭将对本案进行评议。

五、合议庭评议阶段

书记员：全体起立，请合议庭退庭。（合议庭成员离开法庭）

（十分钟后）

书记员：请全体起立，请合议庭人员到庭。（合议庭成员进入法庭）

审判长（坐定后）：请坐下。

六、宣布判决阶段

审判长：（敲法槌）现在继续开庭，经过开庭审理，合议庭经过认真评议，并作出判决，现在进行宣判。

……

综上，依照……的规定、判决如下：

（书记员：全体起立）

审判长：……（判决内容）

如不服本判决，可在判决书送达之日起十五日内，向本院递交上诉状正本一份、副本两份，上诉于××市中级人民法院。

审判长：（敲法槌）闭庭。

审判长：庭审结束，双方当事人、代理人请在五日内到书记员处阅读庭审笔录，核对、补正无误的请签名。

书记员：全体起立，请审判人员退庭。

第二节　民事模拟案件的综合演练素材

一、案情简介

2010年6月17日下午5时左右，在数字电视管线铺设工程施工中，施工队负责人刘冬被倒下的水泥电线杆压伤，经鉴定，刘冬的身体损伤程度为四级伤残。该工程的承包人为杭州大方通信有限公司。刘冬与杭州大方通信有限公司之间签订有劳务分包协议。尽管该工程有发包人，但刘冬不愿要求发包人赔偿。刘冬与杭州大方通信有限公司之间就刘冬伤害赔偿一事协商不成。刘冬诉诸法院，要求杭州大方通信有限公司赔偿。

二、案件证据材料

(一)原告收集的证据

1. 事发地长兴县和平镇石泉村村委会出具的证明

证　明

兹有刘冬于2010年6月17日下午5时左右，在本村章家里自然村辖区安装长兴数字电视有线电视工程施工时出现工伤事故被砸伤。情况属实，特此证明。

长兴县和平镇石泉村村民委员会(盖章)

2011年5月24日

2. 村民证明(原为手写)

各村民：

您好！

于2010年6月17日17点左右，本人在长兴县和平镇石泉村做广电线路施工当中，在立杆过程中，不幸被电线杆压成重伤，由于电线杆有8米之长，直径有30～50厘米之粗，有1000斤之重的物体压在本人身体的腰部上，导致脊椎严重损伤，造成下半身瘫痪，走不能走，站不能站。每天都是生活在轮椅上，连生活都不能自理，现在医药费债务累累，家中有大小5口人，还有一位年迈的老母亲，生活经济没来源。由于各部门都不承担一点责任，直到现在连一分钱医药费都没有拿，故我恳请在事故发生现场的亲眼看见事情经过的人做一个目击证人，谢谢您对我的关心和合作！

证明人：周来发(指印)　费贞英(指印)0572－969××××

证明人：朱芳芳(指印)　0572－123××××

殷爱仙(指印)0572－868××××

翟　宏(指印)131××××4748

3. 雇主责任险保险单明细表

收款确认：2010年3月26日17时3分35秒 生成保单：2010年3月26日17时3分38秒
保单打印：2011年3月16日15时0分29秒 POS交易号/支票号：123

雇主责任险保险单明细表

保单号：1195017012010000006

一、被保险人名称：
杭州大力通信有限公司

二、营业性质：

三、被保险人营业处所：
衢州　　　　邮编：310000

四、保险期限：
自 2010年3月27日0时起，至 2011年3月26日24时止。

五、雇员信息、赔偿限额及保费

雇员分类	人数	币种	每人伤亡赔偿限额	伤亡赔偿费率‰	合计伤亡赔偿保费	每人医疗费用赔偿限额	医疗费用费率	合计医疗费用保费
外勤人员（销售、技术服务等）（死亡/伤残费用）	25	CNY	200,000.00	0.3167	4,401.66	0.00	0.0000	0.00
外勤人员（销售、技术服务等）（医疗费用）	25	CNY	0.00	0.0000	0.00	20,000.00	4.6667	6,486.66
合计	50	CNY	—	—	4,401.66	—	—	6,486.66

六、每次事故绝对免赔：
无

七、附加险/附加条款：（具体内容后附）
无

八、总保险费：
（大写） 人民币 壹万零捌佰捌拾捌元叁角贰分　　　（小写）CNY 10,888.32

九、付费截止日期：
2010年4月11日

十、司法管辖：
本保险合同项下被保险人对第三者的赔偿责任适用：中华人民共和国管辖（港澳台除外）

十一、保险合同争议解决方式
诉讼

十二、特别约定：
1. 本保险合同的成立以保险人核保后签发书面保险单为标志。
2. 本保险合同一律采用书面形式，任何口头或其他形式的非书面约定，对本保险合同[illegible]没有法律约束力。
3. 本保险合同适用中国保险监督管理委员会1998年12月2日颁布的《责任险2000年问题除外责任条款》（保监发【1998】3号）。
4. 除另有书面约定外，投保人未在本保险合同约定的付费日期前一次性足额交纳全部保险费或约定的首期保险费的，本保险合同不生效。
5. ⑴、每次事故绝对免赔100元后按90%赔付。
⑵、本保单涉及医疗费用部分按照浙江省基本医疗保险的标准核定。

（附包括刘冬在内的 25 人名单）

4. 刘冬在解放军第九八医院的门(急)诊病历

湖州市区医疗机构门（急）诊病历

9823089634　　住:240405

初诊病人应如实向医院提供本人基本情况，出示身份证件，确保一人一本。

姓名 刘冬　监护人姓名______　性别 男　民族______

年龄 37　出生年月______　职业______　婚姻状况______

家庭住址（或工作单位）江西

过敏药物______　联系电话______

市级通用　患方保管　复诊请带

医疗机构门诊号填写处

湖州市中心医院门诊号	医院咨询电话：2055120
湖州市第一人民医院门诊号	医院咨询电话：2039251
湖州市第三人民医院门诊号	医院咨询电话：2031542
湖州市妇幼保健院门诊号	医院咨询电话：2210114
湖州市中医院门诊号	医院咨询电话：2025219
解放军第九八医院门诊号	医院咨询电话：3269511

初　诊　记　录

2010-6-17　19:45　BP 128/73 mmHg

主诉：外伤致腰背痛伴双下肢麻木1小时

现病史：1小时前不慎被重物砸伤致腰背部疼痛伴双下肢麻木不适，无抽搐，无恶心，呕吐。急送至我院

既往史：既往体健，否认药物过敏史

个人史：无殊

家族史：

月经史：初潮　岁，经期　日/周期　日。末次月经：

婚育史：初婚　岁；足月产　胎，早产　胎，流产　胎，人流　胎

末次妊娠　年

体格检查：神志清楚，精神软，痛苦貌，双瞳孔等大等圆，对光反射灵敏，颈软无压痛，胸部无压痛，肝、脾区叩击痛，腰椎压痛明显，双下肢感觉减退，运动丧失，余阴性。

辅助检查：

CR、CT、B超

初步诊断（中医诊断）：

1. [illegible]

2. [illegible]

3. [illegible]

处理意见：[illegible]

医师签名：[illegible]

2

病 历 记 录

医师签名：

3

病 历 记 录

2020-12-13

[illegible]

医师签名：[illegible]

4

病 历 记 录

医师签名：

5

5. 刘冬在解放军第九八医院的出院小结

中国人民解放军第九八医院病历

姓名：刘冬　病区：五　床号：49　ID 号：0003089634　住院号：240445

出院小结

入院日期：2010-06-17　　出院日期：2010-07-20　　住院时间：33 天

入院诊断：1.腰 1 椎爆裂性骨折脱位；2.脊髓损伤（Frankel A 级）；3.左侧第 7 肋骨骨折；4.左侧少量气胸；5.迟发性腹腔脏器伤待排？

出院诊断：1.腰 1 椎爆裂性骨折脱位；2.脊髓损伤（Frankel A 级）；3.左侧第 7 肋骨骨折；4.胸 11 右侧横突骨折；5.左侧少量气胸；

入院时情况：患者中年男性，37 岁，因"重物砸伤致胸背部疼痛伴活动受限 1 小时"入院。查体示：神清，左侧胸部压痛，肺呼吸音尚清晰，未闻及干、湿性罗音或胸膜摩擦音。脊柱腰段前凸加重，腰背肌无痉挛，胸 11-腰 1 棘突及棘间隙肿胀，压痛明显，叩击痛阳性，脊柱胸、腰段活动受限，颈部活动正常，胸廓挤压试验阳性，双骶髂关节无压痛，骨盆挤压试验阴性，腹股沟平面以下感觉运动消失，双下肢肌张力无增高，双下肢直腿抬高试验不能做，双髂腰肌、股四头肌、股二头肌、小腿三头肌、胫前肌、伸趾及屈趾肌力均为 0 级，马鞍区皮肤知觉消失，腹壁反射、肛门反射、提睾反射、双膝腱反射及跟腱反射未引出，巴彬斯基征、奥本汉姆氏征、戈登氏征未引出。X 片示：胸 12 椎爆裂性骨折，胸 11 椎前方压缩约 2/3，骨折累及关节突，胸 12 椎体向右侧移位，胸 11 右侧横突骨折。胸椎 CT 提示：胸 12 椎体爆裂性骨折，椎管内占位明显，椎管内骨块翻转

治疗经过：患者入院急诊手术指征明确，急诊在全麻下行腰 1 椎爆裂性骨折脱位切开、复位、减压后外侧植骨经椎弓根 GSS 系统复位内固定术，手术顺利，麻醉满意，术后给予抗炎、止血（后期活血）、脱水、激素、神经营养、高压氧及针灸等对症支持治疗，切口甲级愈合，今为术后 1 月，患者及其家属要求到杭州进一步治疗，经请示黄飞主任后给予安排出院，已将出院事宜向患者及其家属交代清楚。

出院时情况：目前患者病情基本平稳，无特殊主诉，神清，大小便基本能自解，手术切口已按期拆线，无感染、渗液、裂开等情况，双上肢活动、感觉较好，骨盆挤压试验阴性，脐平面以下感觉部分恢复，双下肢肌张力无增高，双下肢直腿抬高试验不能做，双髂腰肌、股四头肌、股二头肌肌力约 I 级，小腿三头肌、胫前肌、伸趾及屈趾肌力 0 级，马鞍区皮肤知觉部分恢复，腹壁反射、肛门反射、提睾反射、双膝腱反射及跟腱反射不明显，巴彬斯基征、奥本汉姆氏征、戈登氏征未引出。

出院医嘱：

1. 建议继续神经营养治疗，适当加强全身、患肢的主被动功能锻炼；并术后 3 月后门诊复查。
2. 注意休息，加强营养。
3. 定期门诊复查并随诊。
4. 建议到外院进一步康复治疗。

黄飞/彭林

6. 刘冬在解放军第九八医院治疗的收费票据

中国人民解放军医疗单位专用收费票据

（住院类）　　(2010)南字 00041216

院址：浙江省湖州市车站路9号　　收费许可证号 02014327

姓名：刘冬　　住院号：240445

住院时间：自 2010-06-17		至 2010-07-20	
以下收费属公费劳保医疗报销范围			
项目	金额	项目	金额
小计（大写）零分		¥0.00	
以下收费不属公费劳保医疗报销范围			
项目	金额	项目	金额
西药费	12735.06	治疗费	21536.91
手术费	3050.00	护理费	456.21
检查费	220.00	床位费	1482.28
化验费	1260.00	其它	462.00
放射费	815.00		
小计（大写）肆万贰千零佰壹拾柒元肆角陆分		¥42017.46	
合计（大写）肆万贰千零佰壹拾柒元肆角陆分		¥42017.46	
预收金（大写）叁万捌千零佰零拾零元零角零分		¥38000.00	
实收：4017.46			
应退：0.00			
医保支付：0.00			

二、报销凭证（翌年一季度前有效）

开票日期：2010-07-20　　收费员：0006

7. 刘冬在解放军第九八医院出现结算费用清单

中国人民解放军第九八医院

劳保(参照医保)出院结算费用清单

出院科室：　　姓名：刘冬　　病案号：240445　　住院日期：2010-06-17　至

分类	项目名称	规格厂家	数量单位	费用金额	自付比例
西药费	注射用头孢拉定	0.5g哈药集团	1支	2.30	5% 乙
	注射用头孢米诺钠	1.5g山东罗欣	31支	4014.50	5% 乙
	头孢克洛缓释片	375mg浙江昂利康	78片	448.50	5% 乙
	注射用氨曲南(雅河润)	2g海南灵康	1瓶	112.70	5% 乙
	盐酸左氧氟沙星氯化钠注射液（左克）	100ml:0.2g扬子江药业	21瓶	653.10	0% 甲
	注射用氯诺昔康(达路)	8mg浙江震元	3支	57.90	5% 乙
	依托咪酯脂肪乳注射液	10ml:20mg徐州恩华	3支	136.86	5% 乙
	吸入用七氟烷	120ml江苏恒瑞	0.35瓶	400.58	5% 乙
	维库溴铵(自付5%)	4mg仙居制药厂	3支	67.50	0% 甲
	罗库溴胺注射液(爱可松)	50mg:5ml进口	2支	184.00	10% 乙
	注射用维生素C	0.5g北京利祥	28支	95.20	0% 甲
	复合磷酸氢钾注射液	2ml天津金耀	7支	343.00	5% 乙
	甲拨尼龙(自付5%)	40mg美国	1支	30.80	10% 乙
	氢化泼尼松注射液	2ml:10mg西安利君制	18支	588.60	5% 乙
	氟吗西尼注射液	0.5mg/5ml浙江奥托康	1支	114.00	0% 甲
	喘可治注射液	2ml珠海健心	54支	1447.20	5% 乙
	注射用泮托拉唑钠（丽生）	60mg湖南五洲通	7瓶	457.10	5% 乙
	硫酸阿托品注射液	0.5mg浙江瑞新	1支	0.35	0% 甲
	盐酸托烷司琼注射液(普洛林)	5ml:5mg扬州四厂	1支	151.80	5% 乙
	开塞露	20ml浙江大东吴	6支	6.60	0% 甲
	注射用氨甲环酸	0.5g金华康恩贝	6支	207.00	0% 甲
	肝素钠注射液	1.25wu江苏万邦	4支	46.80	0% 甲
	羟乙基淀粉200/0.5氯化钠注射液	500ml民生药业	2瓶	218.00	5% 乙
	甲钴胺片	0.5mg华北康欣	45片	190.81	5% 乙
	注射用血凝酶(巴曲亭)	1u山东北大高	2支	97.40	5% 乙
	5%葡萄糖注射液(软袋)	250ml安徽丰原	1瓶	5.54	0% 甲
	5%葡萄糖注射液(软袋)	250ml江苏四环	8瓶	44.32	0% 甲
	5%葡萄糖注射液(软袋)	500ml江苏四环	2瓶	13.52	0% 甲
	葡萄糖氯化钠注射液(软袋)	500ml安徽丰原	7瓶	48.16	0% 甲
	0.9%氯化钠注射液(软袋)	100ml江苏四环	38瓶	178.22	0% 甲
	0.9%氯化钠注射液(软袋)	250ml安徽丰原	48瓶	257.28	0% 甲
	0.9%氯化钠注射液(软袋)	250ml江苏四环	8瓶	42.88	0% 甲
	0.9%氯化钠注射液(软袋)	500ml安徽丰原	2瓶	13.14	0% 甲
	0.9%氯化钠注射液(软袋)	500ml江苏四环	1瓶	6.57	0% 甲
	果糖氯化钠注射液（甘乐力）	250ml：125四川科伦	1瓶	42.60	5% 乙
	果糖注射液	250ml:25g四川科伦	1瓶	72.40	5% 乙
	0.9%氯化钠注射液	10ml常州康普	32支	14.40	0% 甲
	0.9%氯化钠注射液	10ml扬州中宝	27支	12.15	0% 甲
	复方氯化钠注射液(软袋)	500ml安徽丰原	5瓶	31.90	0% 甲
	注射用糜蛋白酶	4000u上海第一生	54支	205.20	5% 乙
	枸橼酸舒芬太尼注射液(舒芬尼)	1ml:50ug德国	1支	96.80	10% 乙
	苯巴比妥钠注射液	0.1g天津金耀	1支	0.66	0% 甲
	盐酸咪达唑仑(自付5%)	5mg徐州恩华	1支	14.80	0% 甲

打印日期：2010-07-20　　合计金额：42017.46　　页码：1 / 5

中国人民解放军第九八医院

劳保(参照医保)出院结算费用清单

出院科室：　　姓名：刘冬　　病案号：240445　　住院日期：2010-06-17 至

分类	项目名称	规格厂家	数量单位	费用金额	自付比例
西药费	生军胶囊	0.4g未定	255粒	44.82	5%乙
	健骨口服液	10ml九八医院	100支	185.00	5%乙
	养血安神糖浆	250ml九八医院	4瓶	30.00	5%乙
	脉血康胶囊	0.25g贵州信邦	224粒	268.10	5%乙
	丹红注射液(20ml)	20ml济南步长	10支	952.00	5%乙
	清肺化痰口服液	10ml九八医院	40支	82.00	5%乙
小计：				12735.06	
治疗费	住院诊查费	/	33日	132.00	0%甲
	静脉注射（包括静脉采血）	/	4次	9.20	0%甲
	动脉采血（包括动脉加压注射）	/	1次	5.00	0%甲
	静脉输液（包括输血）	/	14床日	126.00	0%甲
	高压氧舱治疗	/	2次	120.00	0%乙
	氧气吸入（包括鼻导管吸氧、面罩吸氧）	/	50.28小时	201.12	0%甲
	电针(包括普通电针、电热针灸、电冷针)	/	402穴位/次	120.00	0%甲
	导尿	/	2次	20.00	0%甲
	单人舱治疗	/	20次	1600.00	20%乙
	术中自体血回输	/	1次	1200.00	0%甲
	清洁灌肠	/	1人次	25.00	0%甲
	肌肉注射（包括皮下、皮内注射等）	/	2次	2.40	0%甲
	普通针刺(包括体针、快速针等)	/	305穴位/次	300.00	0%甲
	大换药	/	7次	175.00	0%甲
	小换药	/	4次	28.00	0%甲
	中心静脉穿刺置管术	/	1次	50.00	0%甲
	静脉穿刺置管术	/	3次	30.00	0%甲
	保护膜	50*40cm未定	2张	22.20	0%甲
	肝素帽	bd扬州顺达	3只	17.40	0%甲
	可吸收缝线	c0090914湖州宏坤	1根	78.02	0%甲
	明胶海绵	/湖州华圣	1包	43.05	0%甲
	气管插管	带钢丝扬州康龙	1个	178.50	0%甲
	气囊导尿管	双腔f8张家港保区	2只	90.30	0%甲
	全套单腔中心静脉导管	arkow未定	1套	162.75	0%甲
	输氧管	10#未定	2支	6.40	0%甲
	一次性采血器	/未定	1付	15.75	0%甲
	一次性注射器	1ml浙江康泰	1付	0.23	0%甲
	一次性注射器	20ml浙江康泰	1付	0.49	0%甲
	一次性注射器	5ml浙江康泰	3付	0.69	0%甲
	动静脉留置针	bd20*扬州顺达	1支	22.05	0%甲
	动静脉留置针	bd22*扬州康龙	3支	66.15	0%甲
	安信纳米切口贴	9cm*20cm安信纳米	4片	60.00	0%甲
	安信纳米创伤贴	5.5*7.5cm安信纳米	1片	4.64	0%甲
	三通	*湖州欣可耐	1根	6.11	0%甲
	氧气雾化面罩	一次性内蒙古	1套	49.35	0%甲
	呼吸通路过滤器(人工鼻)	/杭州汉威	1只	111.30	0%甲

打印日期：2010-07-20　　合计金额：42017.46　　页码：2 / 5

中国人民解放军第九八医院

劳保(参照医保)出院结算费用清单

出院科室：　　姓名：刘冬　　病案号：240445　　住院日期：2010-06-17 至

分类	项目名称	规格厂家	数量单位	费用金额	自付比例
治疗费	激光胶片	cr14*17阿克发公司	4片	77.72	100%丙
	激光胶片	ct14*17阿克发公司	3片	76.23	100%丙
	计算机图文报告	/	1人次	8.00	100%丙
	手术切口无菌保护膜	45*45CM浙江淳安	1片	8.70	0%甲
	创伤贴	50*150山东印迹	2片	108.40	100%丙
	一次性真空采血管	分离胶亚能	7套	9.56	0%甲
	钛合金椎弓根钉	II型万向开口浙江广慈	4个	10200.00	5%乙
	椎体后路连接棒	长度50-500浙江广慈	2根	1029.00	5%乙
	椎体后路连接体	均号浙江广慈	1根	2550.00	5%乙
	传感器	动脉广州夏美顿	1个	367.50	5%乙
	氧气雾化吸入	/	54/	432.00	0%甲
	留置导尿	/	20.35日	40.70	0%甲
	更换引流袋	/	10每次	20.00	0%甲
	膀胱灌洗(膀胱冲洗)	/	51次	1530.00	0%甲
小计：				21536.91	
手术费	麻醉中监测	/	1次	50.00	0%甲
	全身麻醉(包括吸入或吸静复合以及靶控输/		1次	400.00	0%甲
	胸腰椎骨折切开复位内固定术	/	1每椎骨	2600.00	0%甲
小计：				3050.00	
护理费	一般专项护	/	99次	198.00	0%甲
	等级护理	/	32.28天	258.21	0%甲
小计：				456.21	
检查费	床旁B超检查(包括术中B超检查)	/	2每部位	30.00	0%甲
	彩色多普勒超声常规检查	/	3每部位	180.00	10%乙
	常规心电图检查	/	1次	10.00	0%甲
小计：				220.00	
床位费	三人间(新)	/	33天	1320.00	0%甲
	卧气垫床	/	32.46日	162.28	0%甲
小计：				1482.28	
化验费	凝血四项	/	1次	48.00	0%甲
	乙肝三系定量	/	1次	100.00	0%甲
	血浆D-二聚体测定　(D-Dimer)	/	1项	50.00	0%甲
	血气分析	/	1次	86.00	0%甲
	血常规（五分类）	/	3次	45.00	0%甲
	尿液自动化分析（尿常规）	/	2次	18.00	0%甲
	尿有形成份定量	/	2次	24.00	0%甲
	甲型肝炎抗原测定(HAVAg)	/	1项	10.00	0%甲
	乙型肝炎病毒外膜蛋白前S1抗原测定	/	1项	20.00	0%甲
	乙型肝炎病毒外膜蛋白前S2抗原测定	/	1项	20.00	0%甲
	丙型肝炎抗体测定(Anti-HCV)(包括IgG、I/		1项	15.00	0%甲
	戊型肝炎抗体测定(Anti-HEV)(包括IgG、I/		1项	15.00	0%甲
	庚型肝炎IgG抗体测定(Anti-HGVIgG、IgM/		1项	15.00	0%甲
	梅毒螺旋体特异抗体测定	/	1项	30.00	0%甲

打印日期：2010-07-20　　合计金额：42017.46　　页码：3 / 5

中国人民解放军第九八医院

劳保(参照医保)出院结算费用清单

出院.　　姓名：刘冬　　病案号：240445　　住院日期：2010-06-17 至

分类	项目名称	规格厂家	数量单位	费用金额	自付比例
化验费	甘氨酰脯氨酸二肽氨基肽酶	/	2项	20.00	0%甲
小计：				**1260.00**	
其它	病房空调费（包括急诊留观空调）	/	33日	396.00	100%丙
	陪客躺椅	/	33天	66.00	100%丙
小计：				**462.00**	
放射费	C型臂术中透视(含透视下定位)	/	5次	100.00	0%甲
	数字化摄影(CR、DR)	/	2体位	70.00	10%乙
	数字化摄影(CR、DR)	/	3体位	105.00	10%乙
	X线计算机体层(CT)平扫	/	3每部位	540.00	5%乙
小计：				**815.00**	

打印日期：2010-07-20　　合计金额：42017.46　　页码：5/5

8. 刘冬在杭州万事利医院的门诊病历

病　历　记　录

2010年07月20日

主诉：见副页

现病史：

既往史：

个人史：

婚姻史：

月经生育史：

家族史：

体格检查：

病 历 记 录

2010 年 07月20日

[illegible]

9. 刘冬在杭州万事利医院的住院证

杭 州 万 事 利 医 院
（邵逸夫医院康复医学科协作病区）
住 院 证

姓　名 刘冬　男　年龄 34 岁
出生年月 ~~1976.6.26~~ 1974-4-27　住院号 2094448
病　区 ＿＿ 民族 ＿＿ 职业 ＿＿
工作单位 江西省[illegible]市[illegible]王家村
地址 ＿＿ 省 ＿＿ 县 ＿＿ 乡 ＿＿ 村
是否急诊　是否病危　家属姓名 ＿＿
身份证号：
入院诊断 T12压缩性骨折伴截瘫
估计住院天数 ＿＿ 估计住院费用 ＿＿
费用自理已交 ＿＿ 公费医疗 ＿＿

医嘱：
入院康复治疗

医师 [illegible]
签订20 10 年 7 月 19 日 时

杭州万事利医院
医疗专用章

10. 刘冬在杭州万事利医院的住院病历

万事利医院康复科住院病历

姓名 Name	刘冬	民族 Race	汉
性别 Gender	男	工作单位及电话 Business Address and Phone No	个体经营户
出生日期 Birthday	1974-4-25	家庭住址及电话 Home Address and Phone No	江西乐平市农科院王家村 15336530211
婚姻 Marital Status	已婚	入病房时间: Admission Date	2010-7-20 1300
籍贯 Birth Place	江西乐平	病史陈述者 Source of History	患者本人

主诉 Chief Concern:

重物砸伤致双下肢活动不利1月余

现病史 History of Present Illness:

患者于2010-6-17因重物砸伤致胸背部疼痛，双下肢活动不能，当时意识清楚，无胸闷气促，无恶心呕吐，急送湖州九八医院，查X线示“胸12椎爆裂性骨折，胸11椎前方压缩约2/3，骨折累及关节突，胸12椎体向右侧移位，胸11右侧横突骨折”，胸椎CT示“胸12椎体爆裂性骨折，椎管内占位明显，椎管内骨块翻转”，急诊在全麻下行“腰1椎爆裂性骨折脱位切开、复位、减压后外侧植骨椎弓根GSS系统复位内固定术”，术后予以抗炎、止血、营养神经、高压氧、针灸等治疗，病情平稳出院。目前患者双下肢活动不能，大小便失禁，今为了改善双下肢功能来我院就诊，门诊以“脊髓损伤”收住入院。

患者病来，神志清，精神可，饮食睡眠可，二便失禁，体重未见明显减轻。

医院医疗专用章

万事利医院康复科 浙江大学附属邵逸夫医院康复科合作病区	Patient Name: Med Record No. 2274 Bed No.　41

过去史 Past History

一般健康状况：　平素体健。

内科疾病史：　高血压　否认　　心脏病　否认
　　　　　　　糖尿病　否认
手术外伤史　否认　　输血史　否认
药物食物中毒史　否认
传染病史　结核病　否认　　病毒性肝炎　否认
　　　　　其他：　无殊
长期用药情况(包括可能成瘾的药物)：　否认
过敏史(包括食物和药物)：　否认　　预防接种史：按预防接种计划执行
系统回顾
呼吸系统　无慢性咳嗽，无咯痰咯血，无呼吸困难，无胸痛。
循环系统　无心悸，活动后气促，无下肢水肿，无心前区痛，无晕厥。
消化系统　无恶心呕吐、无腹痛腹泻腹胀；无呕血黑便；
生殖泌尿系统　无腰痛，无尿频尿急尿痛，无排尿困难，无血尿，无尿量异常，无夜尿增多，无浮肿。
内分泌系统　无畏寒多汗，无食欲亢进及减退，无多饮多尿，，无显著肥胖及消瘦，无毛发增多及脱落，无性功能改变。
血液系统/淋巴系统　无乏力，无头晕眼花，无牙龈出血及鼻出血，无皮下出血，无骨痛。
肌肉骨骼系统　见现病史。
神经系统　见现病史。

个人史 Personal History

出生生长史　江西乐平市　　冶游史　否认
疫区居留史　否认　　化学或放射性毒物接触史　否认
工作性质　电线施工工人
婚姻家庭关系和睦　和睦
个人习惯史　吸烟　否认　　饮酒　否认

婚姻月经及生育史 Marriage, Menstrual history, Childbearing History

婚姻　已婚　结婚年龄　24岁　配偶健康状况　体健　子女及其健康状况 1子1女体健
生育史　( )-( )-( )-( )
月经史　( )天 / ( )天　　月经量及性质

家族史 Family History

家庭成员类似病史　否认
直系家族成员的健康疾病及死亡情况　父亲死于脑梗死，母亲及兄弟姐妹均体健
两系三代内遗传性疾病或遗传倾向性疾病　否认家族性遗传病史

万事利医院康复科 浙江大学附属邵逸夫医院康复科合作病区	Patient Name: 刘[illegible] Med Record No.2274 Bed No. 41

2

体格检查 Physical Examination

一般情况:意识: 清晰　血压: 110/70mmHg　脉搏: 76次/分　呼吸: 19次/分　体温: 36.0℃
身高: 平卧　体重: 平卧　发育　正常　营养　良好　查体合作性　合作

皮肤: 色泽　无黄染　水肿　无　皮疹　无　出血　无
浅表淋巴结: 全身浅表淋巴结未触及肿大

头: 外形　正常　畸形　无　包块　无　压痛　无　凹陷　无

眼: 眼睑　无水肿下垂　眼球运动　自如　巩膜　无黄染　结膜　无充血　角膜　无溃疡
瞳孔 等大等圆，对光反射正常　视力粗测 正常
耳: 耳廓外形　正常　外耳道　正常　乳突压痛　无　听力粗测　正常

鼻: 外形　正常　鼻通气　畅　副鼻窦压痛　无　出血　无

口: 唇　无紫绀　舌　伸舌居中　牙　无龋齿　齿龈　无肿痛　腮腺 无肿大
粘膜　无破溃　扁桃体　无肿大　咽　无充血　声音　无嘶哑

颈: 软硬度　软　气管位置　居中　颈动脉 未及异常　颈静脉　无充盈怒张　甲状腺　无肿大

胸部: 外形　正常　对称　对称　乳房　正常成年男性乳房　扩张静脉及血流方向 无

肺: 望诊: 呼吸类型　腹式呼吸为主　呼吸运动　正常对称
触诊: 语音震颤　双侧正常对称
叩诊: 叩诊音　清音　肺底位置　双侧肩胛下角线第 10 肋间
听诊: 呼吸音　正常　罗音　双肺未闻及干湿性罗音　摩擦音　未闻及

心: 望诊: 可见心尖搏动　是
触诊: 心尖搏动的位置在左第 5 肋间 锁骨中线内 0.5 厘米　震颤　无
叩诊: 心脏左右浊音界如右图　锁骨中线至前正中线距离　9.0 厘米

右(cm)	肋间	左(cm)
2.0	II	3.0
2.0	III	4.5
2.0	IV	6.0
	V	8.5

听诊: 心率 76次/分　心律　齐　心音　$P_2 < A_2$　亢强　无　心包磨擦音 未闻及
杂音 未闻及病理性杂音
血管: 桡动脉脉率　76次/分　节律　齐　动脉壁弹性　正常　周围血管征　阴性

腹: 望诊: 外形　正常　曲张静脉　无　血流方向　手术瘢痕 无　蠕动波 无
触诊: 紧张度　软　压痛 无　反跳痛　无　包块　无

万事利医院康复科
浙江大学附属邵逸夫医院康复科合作病区

Patient Name: 刘文
Med Record No. 2274
Bed No. 41

3

肝：大小 肋下未及 质地 边缘 压痛 表面光滑度 结节

胆囊 肋下未及

脾：是否可触及 否 大小 硬度 压痛
表面光滑度 边缘

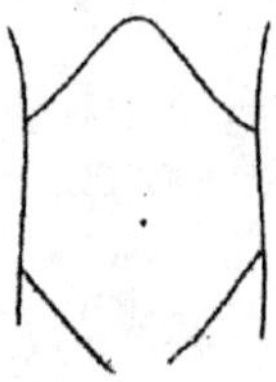

肾：肋下未及 膀胱 未及

叩诊：叩诊音 鼓音 肝浊音界 右锁骨中线6—9肋间 脾浊音界 左腋中线9—11肋间
移动性浊音 阴性 肾区叩痛 无叩痛

听诊：肠鸣音 5次/分 气过水声 未闻及 血管杂音 未闻及

泌尿系统：未见异常

直肠肛门：未见异常

脊柱：见专科

四肢关节：见专科

神经系统：
颅神经 见专科 感觉 见专科 运动 见专科

浅反射 见专科 深反射 见专科 病理反射 见专科

专科检查 Special Exam of Area of Concern

生命体征： 血压：110/70mmHg，脉搏：76次/分，呼吸：19次/分，体温：36.0℃。神清，平车推入病房。口唇无紫绀，全身浅表淋巴结未触及肿大，两肺呼吸音清，未闻及干湿性罗音。心律齐，未闻及明显病理性杂音。腹平，肝脾肋下未及，双下肢无明显无水肿。小便外接集尿器。感觉平面：T11，左侧47分，右侧46分。运动得分：左侧27分，右侧26分。球肛门反射存在，肛周感觉存在，肛门运动存在。ASIA：B级。双上肢肌力正常。双下肢肌力：右侧髂腰肌肌力1级，左拇长伸肌肌力1级，左趾屈肌肌力1级，余肌力均为0级。全身关节活动度正常，双侧腹股沟处压痛(+)。髌上15cm围度，左侧32.5cm，右侧33.5cm；髌下10cm围度：左侧26.5cm，右侧27cm。巴氏征（-）。独立坐位不能。ADL能力：5分。

万事利医院康复科
浙江大学附属邵逸夫医院康复科合作病区

Patient Name：刘×
Med Record No. 2274
Bed No. 41

4

辅助检查 Diagnostic Test

实验室检查：

暂缺

影像学检查：

暂缺

其他：

暂缺

初步诊断 Impression

T12、L1椎体骨折内固定术后

脊髓损伤（T11，ASIA：B）

双下肢功能障碍

膀胱直肠功能障碍

修正诊断 Revised Diagnosis

诊断依据 Reason for Impression

1，患者，男，36岁。

2，重物砸伤致双下肢活动不利1月余。

3，体格检查：神清，平车推入病房。口唇无紫绀，全身浅表淋巴结未触及肿大，两肺呼吸音清，未闻及干湿性罗音。心律齐，未闻及明显病理性杂音。腹平，肝脾肋下未及，双下肢无明显无水肿。小便外接集尿器。感觉平面：T11，左侧47分，右侧46分。运动得分：左侧27分，右侧26分。球肛门反射存在，肛周感觉存在，肛门运动存在。ASIA：B级。双上肢肌力正常。双下肢肌力：右侧髂腰肌肌力1级，左拇长伸肌肌力1级，左趾屈肌肌力1级，余肌力均为0级。全身关节活动度正常，双侧腹股沟处压痛(+)。髌上15cm围度，左侧32.5cm，右侧33.5cm；髌下10cm围度：左侧26.5cm，右侧27cm。巴氏征（-）。独立坐位不能。ADL能力：5分。

4，辅助检查：暂缺

康复及治疗计划

1、完善相关检查：三大常规、生化、心电图、腰椎正位片及膀胱容量及残余尿测定；

2、药物治疗：甲钴胺针营养神经；

3、康复训练：运动疗法+电刺激治疗为主；

4、康复目标：维持双下肢关节活动度，起立床站立40度。

书写医生签名：	马玲玲 R	日期/时间：	2010年 7 月20 日1400 时
上级医生审核签名：	Fellow	日期/时间：	2010年 7 月20日 1430时
	Attending	日期/时间：	2010年 7 月20日1100时

万事利医院康复科

浙江大学附属邵逸夫医院康复科合作病区

Patient Name:

Med Record No. 2274

Bed No. 41

5

11. 刘冬在杭州万事利医院的出院小结

万事利医院出院小结

病人姓名Pt. Name 刘冬　　性别Gender 男　　出生年月Birthday 1974-4-25

入院日期Admission 2010-7-20 1300　出院日期Discharge 2010. 12. 4.　主诊医生Attending 寿依群A

入院原因Reason for Admission　　主诉：重物砸伤致双下肢活动不利1月余

入院诊断 Impression	T12、L1椎体骨折内固定术后 脊髓损伤（T11，ASIA：B） 双下肢功能障碍 膀胱直肠功能障碍	出院诊断 Discharge Diagnosis	T12、L1椎体骨折内固定术后 脊髓损伤（T11，ASIA：B） 双下肢功能障碍 膀胱直肠功能障碍

住院诊治经过（包括重要发现和结论、接受的手术和操作、药物和其它治疗）
Hospital Course (Contains Any Significant Findings, Procedure Performed, Medication and Other Treatments)

入院查体：神清，轮椅入病房，胸廓支具固定。口唇无紫绀，全身浅表淋巴结未及肿大，心肺腹查体无殊，双下肢无明显水肿。小便外接集尿器。感觉平面：T11，左侧47分，左侧46分。运动得分：左侧27分，右侧26分。肛周感觉存在，肛门运动存在。ASIA：B级。双上肢肌力正常，右侧髂腰肌1级，左拇长伸肌1级，左趾屈肌力1级，余肌力均0级。全身关节活动度正常。髌上15CM围度：左32.5cm，右33.5cm；小腿围度：左26.5cm，右27cm。双侧巴氏征（-），独立坐位不能。ADL能力5分。入院后予完善相关检查，三大常规及生化全套均未见明显异常。药物予甲钴胺针营养神经等治疗，康复训练予运动疗法+电刺激改善肢体功能。患者现生命体征平稳，髂腰肌肌力2+级，膝伸肌群2级，踝背伸肌群肌力、趾屈肌力、拇长伸肌肌力均1级。感觉平面：L1，以下感觉减退。ADL能力60分。今要求出院，予康复宣教后出院。

出院状况Patient's Condition on Discharge:
好转

出院去向Disposition:　　回家

出院带药Discharge Medications:
弥可保片针 500ug*14支/1支 im qd

出院指导Follow-up Instructions:
1、回家后继续康复锻炼。2、如有不适，门诊随访。

记录者Signature of Recorder: 王任之 R　　日期Date: 2010. 12. 4.

Patient Name: 刘冬
Med Record No. 2274
Bed No. 41

12. 刘冬在杭州万事利医院的医疗费发票

第 2 页/共 2 页

涉税举报电话
1 2 3 6 6

浙江省医疗服务（住院）专用发票

（印章：浙江省地方税务局监制 发票联）

本发票限于2010年12月31日前填开使用有效。

发票代码：233000970243
发票号码：00007302

费用性质：自费病人　　结算日期：2010 年 12 月 03 日

姓名：刘冬		工作单位：江西省乐平市 王家村				病区：		
住院号：00002274		住院日期：自 2010 年 7 月 20 日至 2010 年 12 月 3 日共 136 天						
收费项目	金额	收费项目	金额	收费项目	金额	自理费用	床位费	
床位费	5,490.00	治疗费	14,734.95	其它	740.18		药品费	
诊察费		材料费	116.40				材料费	
检查费	138.00	手术费	40.00	小计	21,804.83		陪客费	
		输血费		西药费	2,202.82		伙食费	
放射费	170.00	输氧费						
	178.00			中成药	138.30		其它	
化验费	[illegible]	护理费		小计	2,341.12		小计	
合计金额（大写）	贰万肆仟壹佰肆拾伍元玖角伍分						总计	24,145.95
补交金额	200.00	退找金额	54.05				预交款	24,000.00
备注								

（印章：杭州万事利医院有限公司 330100768275607 发票专用章）

领款（签章）：　　制单：sf001　　收款人：sf001

收款单位盖章　　手写无效

第二联：发票联

盖章有效　遗失不补

13. 刘冬在杭州万事利医院住院费用清单

杭州万事利医院住院费用清单

住 院 号: 0000 2274　　姓　　名: 刘冬　　病区名称: 康复医学科(住[3-19

费用类别: 自费病人　　统计日期: 2010 年 07 月 20 日 至 2010 年 12 月 03 日

项目/药品名称	单位	单价	数量	金额	比例	项目/药品名称	单位	单价	数量	金额	比例
(丙)X光胶片 14*17	片	6.50	8.0	52.00	100%	(丙)弹性绷带 绉纹	只	4.50	4.0	18.00	100%
(丙)计算机图文报告	人次	8.00	1.0	8.00	100%	(丙)检查手套 中	只	0.60	2.0	1.20	100%
(丙)康惠尔	张	28.00	1.0	28.00	100%	(丙)棉签	包	0.38	1.0	0.38	100%
(丙)陪客椅	天	2.00	1.0	2.00	100%	(丙)陪客椅	天	5.00	135.0	675.00	100%
(丙)三通管	只	4.65	2.0	9.30	100%	(丙)纱布 8CM*8CM	片	0.20	1.0	0.20	100%
(丙)纱布40cm*40cm	片	3.50	2.0	7.00	100%	(丙)摄片费	次	58.00	1.0	58.00	100%
(丙)神经阻滞注射针	次	580.00	1.0	580.00	100%	(丙)体温计	支	3.60	1.0	3.60	100%
(丙)一次性换药碗	只	0.40	2.0	0.80	100%	(丙)一次性换药碗	只	0.55	2.0	1.10	100%
(丙)一次性手套 (薄膜)	只	0.05	0.0	0.00	100%	(丙)中末消毒	次	30.00	1.0	30.00	100%
(甲)ABO血型鉴定	次	8.00	1.0	8.00	0%	(甲)CT胶片	张	24.00	2.0	48.00	0%
(甲)Rh血型鉴定	次	8.00	1.0	8.00	0%	(甲)X线摄影检查	次	10.00	6.0	60.00	0%
(甲)膀胱持续冲洗	次	30.00	1.0	30.00	0%	(甲)常规心电图检查	次	10.00	1.0	10.00	0%
(甲)床位费	天	40.00	136.0	5440.00	0%	(甲)床位费	天	50.00	1.0	50.00	0%
(甲)大便常规检验	项	3.00	1.0	3.00	0%	(甲)单纯直流电治疗 (≥3部(	人次	24.00	212.0	5088.00	0%
(甲)导尿	次	10.00	2.0	20.00	0%	(甲)等级护理(一级医院)	日	5.00	137.0	685.00	0%
(甲)电针(电冷针) (2穴位)	次	3.00	75.0	225.00	0%	(甲)电针(电热针灸) (2穴位)	次	3.00	6.0	18.00	0%
(甲)钙测定	项	5.00	1.0	5.00	0%	(甲)肌酐测定	次	4.00	1.0	4.00	0%
(甲)肌肉注射	次	1.20	97.0	116.40	0%	(甲)钾测定	项	5.00	1.0	5.00	0%
(甲)静脉采血	次	2.30	1.0	2.30	0%	(甲)灸法(艾条灸)	人次	20.00	2.0	40.00	0%
(甲)康复评定	次	20.00	16.0	320.00	0%	(甲)氯测定	项	5.00	1.0	5.00	0%
(甲)镁测定	项	5.00	1.0	5.00	0%	(甲)钠测定	项	5.00	1.0	5.00	0%
(甲)尿素氮测定	次	4.00	1.0	4.00	0%	(甲)尿液常规检验	次	9.00	5.0	45.00	0%
甲)葡萄糖测定	次	6.00	1.0	6.00	0%	(甲)普通针刺 (体针) (>5穴	次	20.00	28.0	560.00	0%
甲)气垫床	天	5.00	6.0	30.00	0%	(甲)乳酸脱氢酶测定	项	8.00	1.0	8.00	0%
甲)神经阻滞治疗	人次	40.00	1.0	40.00	0%	(甲)头皮针	次	20.00	0.0	0.00	0%
甲)无机磷测定	项	5.00	1.0	5.00	0%	(甲)膝关节骨性关节炎推拿治	次	30.00	1.0	30.00	0%
甲)穴位贴敷治疗	每穴位	5.00	24.0	120.00	0%	(甲)血清白蛋白测定	项	5.00	1.0	5.00	0%
甲)血清低密度脂蛋白胆固醇	项	5.00	1.0	5.00	0%	(甲)血清甘油三酯测定	项	5.00	1.0	5.00	0%
甲)血清高密度脂蛋白胆固醇	项	5.00	1.0	5.00	0%	(甲)血清谷丙氨酸氨基转移酶	次	3.00	1.0	3.00	0%
甲)血清肌酸激酶—MB同工酶	项	12.00	1.0	12.00	0%	(甲)血清肌酸激酶测定	项	6.00	1.0	6.00	0%
甲)血清碱性磷酸酶测定	次	3.00	1.0	3.00	0%	(甲)血清尿酸测定	项	4.00	1.0	4.00	0%
甲)血清天门冬氨酸氨基转移	项	3.00	1.0	3.00	0%	(甲)血清直接胆红素测定	次	3.00	1.0	3.00	0%
甲)血清总胆固醇测定	次	4.00	1.0	4.00	0%	(甲)血清总胆红素测定	次	3.00	1.0	3.00	0%
甲)血清总蛋白测定	项	5.00	1.0	5.00	0%	(甲)血液常规 (三分类)	次	10.00	1.0	10.00	0%
甲)一般专项护理 (褥疮护理	次	2.00	6.0	12.00	0%	(甲)隐血试验(OB)	项	3.00	1.0	3.00	0%
甲)运动疗法	次	50.00	118.0	5900.00	0%	(甲)直流电药物离子导入治疗	人次	24.00	2.0	48.00	0%
甲)住院诊查费	日	2.00	136.0	272.00	0%	(乙)绷带10*600cm	只	3.45	0.0	0.00	3%
)彩超常规检查	部位	60.00	2.0	120.00	10%	(乙)电动起立床训练	次	20.00	32.0	640.00	10%
)螺旋CT平扫 (一个部位)	部位	130.00	1.0	130.00	5%	(乙)一次性导尿管	根	1.50	2.0	3.00	3%
)一次性静脉输液针	支	0.25	1.0	0.25	3%	(乙)一次性输液器5.5#	付	1.70	1.0	1.70	3%
)一次性延长管	只	4.50	1.0	4.50	3%	(乙)一次性真空采血器	付	1.60	2.0	3.20	3%
)一次性注射器 2ML	只	0.70	97.0	67.90	3%	(丙)板兰根颗粒 10g*10袋	包	2.90	2.0	5.80	100%
)聚维酮碘溶液 100ml	瓶	12.30	1.0	12.30	100%	(甲)板兰根颗粒 10g*10袋	包	2.90	2.0	5.80	0%
)开塞露 20ml	支	1.10	66.0	72.60	0%	(甲)利多卡因针 5ml:0.1g	支	0.52	1.0	0.52	0%
)氯化钠针 0.9%10ml*5	支	0.30	1.0	0.30	0%	(甲)消旋山莨菪碱片 5mg*10(	片	0.06	400.0	22.40	0%
注射用水 50*5ml	支	0.22	94.0	20.68	0%	(乙)苁蓉通便口服液 10ml*6	盒	31.10	1.0	31.10	3%
恒古骨伤愈合剂 25ml	瓶	54.00	0.0	0.00	3%	(乙)甲钴胺片 0.5mg*60S	片	0.90	120.0	107.64	3%
甲钴胺针 0.5mg	支	17.40	7.0	121.80	3%	(乙)甲钴胺针 0.5mg	支	17.90	101.0	1807.90	3%
(乙)强力枇杷露 200ml	瓶	20.00	1.0	20.00	3%	(乙)注射用水 50*5ml	支	0.22	14.0	3.08	3%

合计费用: 24,145.93

14. 刘冬在杭州留下镇临时居住的证明

原户口类别		居住人口登记表	居住地	房主姓名	董信
居住证编号	330106200900170405			与房主关系	

基本情况	姓名	刘冬	性别	男	
	别名		民族	汉族	
	信仰		出生日期	1974年04月25日	
	身份证件号	360281197404257033			
	户口详址	江西省乐平市农业科技园区王家村6号			
	地区分类	省外县辖镇	文化程度	初中	
	婚姻状况	已婚	原职业		
居住情况	来本地日期	2009年05月20日	居住事由	务工	
	居住处所	租赁房屋	现从事职业		
	工作处所	邮电局	责任人		
	居住地址	330106006193横街村142号			
	发证日期	2009年05月20日	有效期限	一年	
	注销原因	原证有效期满	注销日期	2010年05月24日	
	去向				

直系亲属	关系	姓名	性别	出生日期	管理号
函调情况			社区	横街社区	

登记变动事项记载	变更项目	变更后内容	变更日期

本省新增项目					
	延期日期			延期期限	
	居住时间	一月至一年	计生措施	房主电话	85221981
	到期日期	2010年05月20日	居住人口电话传呼		
	婚育证明		催办标志		
	劳动合同		合同查验		
备注					

填表单位：西湖分局留下派出所　　填表人：西湖分局留下派出所　　填表日期：2009年05月20日

15. 刘冬户籍地派出所、村委会的证明

刘冬家庭基本情况

刘冬同志系江西省乐平市农科院王家村人，男，现年 38 岁，职业农民，文化程度初中毕业。该同志系自改革开放以后，一贯从事电信装配工作，业务很熟练。家庭生活全靠他一人支撑，他是家庭唯一的顶梁柱。现在他患难在外，往后的日子不知如何是好，敬请上级有关领导予以交涉解决。

附：家庭主要成员概况：

母亲李冬妹，家庭老妇，现年 65 岁；

妻子王雪芬，家庭妇女，现年 36 岁；

长女刘　楠，小学生，现年 14 岁；

长子刘冬生，小学生，现年 9 岁。

长哥刘春达，农民工，现年 45 岁；

二哥刘　奎，公务员，现年 43 岁。

经查，刘冬系我辖区王家村人，其上述家庭成员情况属实。

乐平市王家村委会（章）

2011 年 2 月 22 日

乐平市公安局农科院派出所户口专用（章）

2011 年 2 月 22 日

16. 刘冬户籍地民政办、村委会的证明

证　明

兹有我村委会王家村村民刘冬，男，1974 年 4 月 25 日出生。现生育一男一女，还有一个年迈老母亲。全家 5 口人，老的老，小的小，靠他一人务农生活无法维持，只好外出务工，生活刚刚好转，可就在 2010 年农历 5 月 6 日那天，立电信杆时不幸被杆子压伤腰椎，现瘫痪在床，生活不能自理，全家 5 口人生活更是无法维持。情况属实，特此证明。

乐平市某某小区民政办（章）

乐平市王家村民委员会（章）

2011 年 2 月 18 日

17. 刘冬及亲属户口本

注　意　事　项

一、居民户口簿具有证明公民身份状况以及家庭成员间相互关系的法律效力，是户口登记机关进行户籍调查、核对的主要依据。户口登记机关工作人员进行户籍调查、核对时，户主或本户成员应主动交验居民户口簿。

二、户主对居民户口簿应妥善保管，严禁私自涂改、转让、出借。如有遗失，须立即报告户口登记机关。

三、居民户口簿登记权属于户口登记机关，其他任何单位和个人不得在簿上作任何记载。

四、[illegible]记事项发生变动，应持居民户口簿。

户别	农业家庭户口	户主姓名	刘冬	
户号	001805	住址	王家村委会6号	

江西省公安厅 户口专用 省级公安机关户口专用章

乐平市公安局 户口登记机关户口专用章 [illegible]派出所

承办人签章　　2005 年 5 月 31 日 签发

住址变动登记

变动后的住址	变动日期	承办人签章

常住人口登记卡

姓名	刘冬	户主或与户主关系	户主
曾用名		性别	男
出生地	江西省乐平市	民族	汉
籍贯	江西省乐平市	出生日期	1974年4月25日
本市(县)其他住址		宗教信仰	无
公民身份证件编号	360281197404257[illegible]3	身高 164	血型 不明
文化程度	小学	婚姻状况 已婚	兵役状况 未服兵役
服务处所	王家村	职业	粮农
何时由何地迁来本市(县)	无迁移		
何时由何地迁来本址	所内移居2000年12月9日农科园派出所王家村 2005 5 31		

承办人签章： 登记日期： 年 月 日

登记事项变更和更正记载

项　　　目	变　更　、　更　正　后	变动日期	承办人签章

常住人口登记卡

姓　名	王[illegible]		户主或与户主关系	妻	
曾用名			性　别	女	
出生地	江西省乐平市		民　族	汉	
籍　贯	江西省[illegible]市		出生日期	1976年8月7日	
本市(县)其他住址			宗教信仰	无	
公民身份证件编号	36028119760807[illegible]	身高 156		血型	不明
文化程度	小学	婚姻状况 已婚	兵役状况	未服兵役	
服务处所	王家村		职　业	粮农	
何时由何地迁来本市（县）	九迁移				
何时由何地迁来本址	所内移居2000年12月9日农科园派出所王家村				

承办人签章：　　　　　　　　　登记日期：2005 年 5 月 31 日

登记事项变更和更正记载

项目	变更、更正后	变动日期	承办人签章

常住人口登记卡 15536530211

姓名	[illegible] 派出所 户口登记专用章		户主或与户主关系	子	
曾用名			性别	男	
出生地	江西省乐平市		民族	汉	
籍贯	江西省乐平市		出生日期	2003年2月8日	
本市(县)其他住址			宗教信仰	无	
公民身份证件编号	3602812003020[illegible]	身高		血型	不明
文化程度	学龄前儿童	婚姻状况	未婚	兵役状况	未服兵役
服务处所			职业		
何时由何地迁来本市(县)	无迁移				
何时由何地迁来本址	出生申报2003年2月17日				

承办人签章： 登记日期： 2005 年 5 月 31 日

登记事项变更和更正记载

项　　　目	变　更　、　更　正　后	变动日期	承办人签章

常住人口登记卡

姓　名	刘楠	户主或与户主关系	长女		
曾用名		性　别	女		
出生地	江西省乐平市	民　族	汉		
籍　贯	江西省乐平市	出生日期	1998年2月24日		
本市(县)其他住址		宗教信仰	无		
公民身份证件编号	3602811998022[illegible]	身高		血型	不明
文化程度	学龄前儿童	婚姻状况	未婚	兵役状况	未服兵役
服务处所	王家村	职　业			
何时由何地迁来本市（县）	无迁移				
何时由何地迁来本址	所内移居2000年12月9日农科园派出所王家村 2005 5 31				

承办人签章：　　　　　　　　登记日期：　　年　　月　　日

登记事项变更和更正记载

项目	变更、更正后	变动日期	承办人签章

常住人口登记卡

姓名	李冬妹		户主或与户主关系	母亲		
曾用名			性别	女		
出生地	江西省乐平市		民族	汉族		
籍贯	江西省乐平市		出生日期	1947年1月1日		
本市(县)其他住址				宗教信仰		
公民身份证件编号	360281194701017024		身高	155厘米	血型	
文化程度	小学	婚姻状况	已婚	兵役状况	未服兵役	
服务处所	王家村			职业		
何时由何地迁来本市(县)						
何时由何地迁来本址	2011年2月21日因投靠亲属所内移居由[illegible]派出所农业科技园区王家村6号迁来本址					

承办人签章：　　　　登记日期：2011 年 02 月 21 日

18. 刘冬购买康复器具发票

浙江增值税普通发票

3300094620　　　№ 05120785

开票日期：2010年08月09日

校验码 55504 03099 04009 70176

购货单位	
名称	刘冬
纳税人识别号	
地址、电话	
开户行及账号	

密码区：
485*9+3/73-877646>800
26/>7*506-<2<-<6*165/
4+/3>>71+4<008836>7*5
*173223*04825*45>>>*8

加密版本：01
3300094620
05120786

货物或应税劳务名称	规格型号	单位	数量	单价	金额	税率	税额
胸腰椎矫形器		具	1	1300.00	1300.00		
合计					¥1300.00		¥0.00
价税合计（大写）	⊗壹仟叁佰圆整				（小写）		

销货单位	
名称	浙江省残疾人康复指导中心（省壹儿康复中心）
纳税人识别号	330165738449226
地址、电话	杭州市马塍路1号 86772608
开户行及账号	华夏银行杭州分行4230200001819400007615

备注：

收款人：　　复核：　　开票人：余丰敏　　销货单位：（章）

国税函〔2009〕410号海南华森实业公司

第二联：发票联　购货方记账凭证

印章：浙江省残疾人康复指导中心　330165738449226　发票专用章

浙江增值税普通发票

3300102620　　　№ 02285809

开票日期：2010年12月27日

校验码 79858 37696 26844 58037

购货单位	
名称	刘冬
纳税人识别号	
地址、电话	
开户行及账号	

密码区：
4>12>2>46+<-0493-34<-
5086456450<+->>55386/
3*528-9*+0<0-/6/0/+1+
79/9->5>246/72<90>>4>

加密版本：01
3300102620
02285809

货物或应税劳务名称	规格型号	单位	数量	单价	金额	税率	税额
膝部矫形器		具	2	1100.00	2200.00		
合计					¥2200.00		¥0.00
价税合计（大写）	⊗贰仟贰佰圆整				（小写）		

销货单位	
名称	浙江省残疾人康复指导中心（省壹儿康复中心）
纳税人识别号	330165738449226
地址、电话	杭州市马塍路1号 86772608
开户行及账号	华夏银行杭州分行4230200001819400007615

备注：

收款人：　　复核：　　开票人：余丰敏　　销货单位：（章）

国税函〔2010〕48号海南华森实业公司

第二联：发票联　购货方记账凭证

印章：浙江省残疾人康复指导中心　330165738449226　发票专用章

19. 作为交通费的加油费发票

手写无效

中国石油化工股份有限公司
浙江杭州石油分公司机打发票

发票代码:133001043089
发 票 号:00835804
开票日期:2011-1-19　流水号:00835804
客户名称或车号:个人
品名　数量　单价　金额
石化IC卡充值款
1000.00

合计金额:¥1,000.00
人民币(大写):壹仟元整
开票地址:秋涛路发卡点(备用)
联系电话:86071565
开票人:方琼
税控码:4171 3533

中国石油化工股份有限公司浙江杭州石油分公司 330000722781742 发票专用章

浙国税2010.11×250000份　杭州豪波印务有限公司印

中国石油化工股份有限公司
浙江杭州石油分公司机打发票

发票代码:133001043089
发 票 号:00835801
开票日期:2011-1-19　流水号:00835801
客户名称或车号:个人
品名　数量　单价　金额
石化IC卡充值款
1000.00

合计金额:¥1,000.00
人民币(大写):壹仟元整
开票地址:秋涛路发卡点(备用)
联系电话:86071565
开票人:方琼
税控码:4319 0176

中国石油化工股份有限公司浙江杭州石油分公司 330000722781742 发票专用章

浙国税2010.11×250000份　杭州豪波印务有限公司印

手写无效

中国石油化工股份有限公司
浙江杭州石油分公司机打发票

发票代码:133001043089
发 票 号:00835803
开票日期:2011-1-19　流水号:00835803
客户名称或车号:个人
品名　数量　单价　金额
石化IC卡充值款
1000.00

合计金额:¥1,000.00
人民币(大写):壹仟元整
开票地址:秋涛路发卡点(备用)
联系电话:86071565
开票人:方琼
税控码:0890 1415

中国石油化工股份有限公司浙江杭州石油分公司 330000722781742

浙国税2010.11×250000份　杭州豪波印务有限公司印

20. 住宿费发票

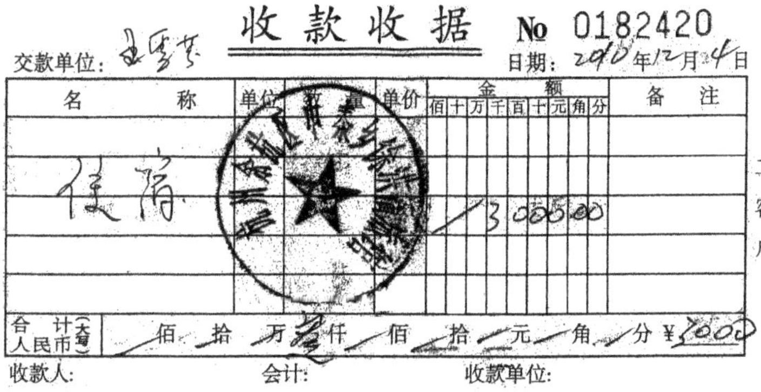

收款收据　No 0182420

交款单位：　　　　日期：2010年12月4日

名称	单位	数量	单价	金额	备注
住宿				3000.00	

合计人民币（大写）　佰　拾　万　叁仟　佰　拾　元　角　分　¥3000

收款人：　　会计：　　收款单位：

二客户

21. 刘冬在杭租房临时居住的证明

证　　明

兹有刘冬在我房屋内居住，从2009年初至2010年6月17日，刘冬在我房屋内的物品，还有部分至今未取走，刘冬在我处居住期间，因工作原因，偶尔要出差。

房东：黄信（签名）

杭州市西湖区留下街道横街社区居民委员会（章）

2011年5月10日

22. 刘冬兄弟姐妹人数证明

证　　明

兹有我村委会王家村村民李冬妹生育三个子女，长子刘春达，1967年12月26日出生；次子刘奎，1969年12月16日出生；三子刘冬，1974年4月25日出生。无其他子女。情况属实，特此证明。

证明人：王自全　电话：0198—7653803

2011年5月16日

乐平市王家村民委员会（章）

乐平市公安局农科院派出所户口专用（章）

23. 刘冬伤残鉴定书

杭州明皓司法鉴定所

司法鉴定意见书

司法鉴定许可证号:330105005

声　明

1. 委托人应当向鉴定机构提供真实、完整、充分的鉴定材料，并对鉴定材料的真实性、合法性负责。
2. 司法鉴定人按照法律、法规和规章规定的方式、方法和步骤，遵守和采用相关技术标准和技术规范进行鉴定。
3. 司法鉴定实行鉴定人负责制度。司法鉴定人依法独立、客观、公正地进行鉴定，不受任何个人和组织的非法干预。
4. 使用本鉴定文书应当保持其完整性和严肃性。

地　　址：杭州市延安路508号省医药大楼8楼

邮政编码：310006

联系电话：0571-85166061　85176860　85103781

杭州明皓司法鉴定所
法医临床司法鉴定意见书

杭州明皓[2010]法医（活检）鉴字第 1162 号

一、基本情况

委 托 人：刘冬

委托事项：进行伤残等级鉴定

受理日期：2010 年 12 月 20 日

送检材料：刘冬的有关病历资料、影像片

鉴定日期：2010 年 12 月 20 日

鉴定地点：本所法医室

在场人员：被鉴定人亲属

被鉴定人：刘冬，男，1974 年 4 月 25 日出生，家住江西省乐平市农业科技园区王家村 6 号

二、检案摘要

据被鉴定人刘冬述：2010 年 6 月 17 日因立电线杆时被压伤，致胸背部疼痛，经医院诊断为椎体爆裂性骨折、脊髓损伤等。经住院手术、康复等治疗，目前，伤情已基本稳定，但仍遗有双下肢活动不能、腰背疼痛、脚筋收缩等。现因事故处理的需要，要求进行伤残等级鉴定。

三、病史摘要

据解放军第九八医院刘冬出院小结（住院号：240445）记载：住院时间：2010 年 6 月 17 日～7 月 20 日。患者因“重物砸伤致胸背部疼痛伴活动

共4页 第2页

受限 1 小时”入院。查体：神清，左侧胸部压痛，肺呼吸音尚清晰。脊柱腰段前凸加重，胸 11-腰 1 棘突及棘间隙肿胀，压痛明显，叩击痛阳性，脊柱胸、腰段活动受限，颈部活动正常，胸廓挤压试验阳性，腹股沟平面以下感觉运动消失，双下肢肌张力无增高，双下肢直腿抬高试验不能做，双髂腰肌、股四头肌、股二头肌、小腿三头肌、胫前肌、伸趾及屈趾肌力均为 0 级，马鞍区皮肤知觉消失，腹壁反射、肛门反射、提睾反射、双膝腱反射及跟腱反射未引出，巴彬基斯征、奥本汉姆氏征、戈登氏征未引出。X 片示：胸 12 椎爆裂性骨折，胸 11 椎前方压缩约 2/3，骨折累及关节突，胸 12 椎体向右侧移位，胸 11 右侧横突骨折。胸椎 CT 提示：胸 12 椎体爆裂性骨折，椎管内占位明显，椎管内骨块翻转。患者入院急诊手术指征明确，急诊行“腰 1 椎爆裂性骨折脱位切开、复位、减压后外侧植骨经椎弓根 GSS 系统复位内固定术”，术后给予抗炎、止血（后期活血）、脱水、激素、神经营养、高压氧及针灸等对症支持治疗，切口甲级愈合，术后 1 月，患者及其家属要求到杭州进一步治疗。出院时患者病情基本平稳，无特殊主诉，神清，大小便基本能自解，手术切口已按期拆线，无感染，渗液、裂开等情况，双上肢活动、感觉较好，脐平面以下感觉部分恢复，双下肢肌张力无增高，双下肢直腿抬高试验不能做，双髂腰肌、股四头肌、股二头肌肌力约 I 级，小腿三头肌、胫前肌、伸趾及屈趾肌力 0 级，马鞍区皮肤直觉部分恢复，腹壁反射、肛门反射、提睾反射、双膝腱反射及跟腱反射不明显，巴彬斯基征、奥本斯基征、奥本汉姆征、戈登氏征未引出。出院诊断：1.腰 1 椎爆裂性骨折脱位；2、脊髓损伤（Frankel A 级）；3、左侧第 7 肋骨骨折；4、胸 11 右侧横突骨折；5、左侧少量气胸。

据万事利医院刘冬出院小结（住院号：2274）记载：住院时间：2010

年 7 月 20 日 ~ 12 月 4 日。患者因“重物砸伤致双下肢活动不利 1 月余”入院。查体：神清，轮椅入病房，胸廓支具固定。口唇无紫绀，全身浅表淋巴结未及肿大，心肺腹查体无殊，双下肢无明显水肿。小便外接集尿器。感觉平面：T11，左侧 47 分，右侧 46 分，运动得分：左侧 27 分，右侧 26 分。肛周感觉存在，肛门运动存在。ASIA：B 级。双上肢肌力正常，右侧髂腰肌 1 级，左拇长伸肌 1 级，左趾屈肌力 1 级，余肌力均 0 级。独立坐位不能。ADL 能力 5 分。入院后药物予营养神经等治疗，康复训练予运动疗法+电刺激改善肢体功能。患者现生命体征平稳，髂腰肌肌力 2+级，膝伸肌群 2 级，踝背伸肌群肌力、趾屈肌力、拇长伸肌肌力均 1 级。感觉平面：L1，以下感觉减退。ADL 能力 60 分。出院状况：好转。出院诊断：1. T12、L1 椎体骨折内固定术后；2、脊髓损伤（T11, ASIA: B）；3、双下肢功能障碍；4、膀胱直肠功能障碍。

四、检验过程

检验方法：以 SJD-C-2-2003《人体伤残程度鉴定作业指导书》操作规范对被鉴定人刘[illegible]进行检验。

人身检验所见：被鉴定人刘[illegible]坐轮椅上，由亲属推入检查室。一般情况可，神志清楚，对答切题，自诉大小便失禁，双下肢不能活动。查体合作。头颅五官无殊，颈软，胸背部正中处见一约 15.5cm 长的纵形手术瘢痕，胸、腹无殊。颈部活动无明显受限，颈区无明显触压痛。双上肢肌力及各大关节活动正常；戴腰围及足套，双下肢肌肉未见明显萎缩，抬腿时大腿能对抗部分的阻力，自述小腿不能抬起。在检验台上平卧时双下肢能平行移动，双下肢肌力约Ⅲ级。腹壁反射、提睾反射减弱。余未查。

阅片所见：　2010 年 6 月 17 日胸腰椎 X（80320）片示：L1 椎体爆裂性骨

共 4 页　第 4 页

折，前方压缩约 4/5 呈楔形，稍向右侧移位。

2010 年 6 月 17 日胸腰椎 CT（80320）片示：L1 椎体爆裂性骨折，骨折块突入椎管内，占位明显。

2010 年 9 月 28 日胸腰椎 CT（80320）片示：L1 椎体爆裂性骨折内固定术后改变，骨折块突入椎管内，占位较术前改善。

五、分析说明

综上检案摘要、病史摘要、审阅影像片及本所法医学检查所见，经综合分析后认为：被鉴定人 刘[illegible] 在 2010 年 6 月 17 日因立电线杆时被压伤，腰 1 椎体爆裂性骨折、伴脊髓损伤等临床诊断应予以认定。经医院住院手术、康复等治疗，目前部分功能恢复，伤情已基本稳定。但仍遗有截瘫，经本所检验其双下肢整体肌力约Ⅲ级。据上，其伤残等级，参照浙高法[2004] 264 号文件《人体损伤残疾程度鉴定标准（试行）》第 2.4.2 条之规定，其目前存在的截瘫（肌力 3 级），已构成 4 级残疾。

六、鉴定意见

被鉴定人 刘[illegible] 在 2010 年 6 月 17 日所致的损伤，其伤残等级，评定为人体损伤 4 级伤残。

鉴定人：　　周　成　才　［印：周成才印］

执业证号：330105005016

吕　大　位　［印：吕大位印］

执业证号：330105005001

鉴定书制作日期：二〇一〇年十月二十八日

［印：杭州明皓司法鉴定所 司法鉴定专用章］

附注：附送资料已随鉴定书全部退回。

司法鉴定许可证

证号：330105005

机构名称：杭州明皓司法鉴定所

机构住所：浙江省杭州市延安路508号省医药大楼八楼

法定代表人：吕大位

机构负责人：吕大位

鉴定业务范围：法医临床鉴定/文书鉴定/法医物证鉴定

有效期限：2008年01月17日至2013年01月16日　　颁证机关：浙江省司法厅

中华人民共和国司法部监制

24. 鉴定费发票

浙江省地方税务局通用机打发票

发票联

发票代码 233001173633

发票号码 01442519

开票日期：2010年12月23日　　行业分类：其他服务业

纳税人识别号：330103754907354　　机打号码：01442519

机器编号：　　税控防伪码：f4Y73FkUPH66ZL2XXf5Y

付款户名：[illegible]　　付款方式：现金

项目及摘要	单位	数量	单价	金额
法医临床鉴定费		1.00	1000.00	1000.00

合计人民币（大写）：壹仟元整　　¥1000.00

（印章：杭州明皓司法鉴定所 330103754907354 发票专用章）

开票人：沈玲娟　　收款人：沈玲娟　　收款单位盖章　　手写无效

第一联 发票联 付款方记账凭证（手开无效）

浙地税印100265 0×10.10×100000份×二联 浙江圣地票证印制中心承印

(二)被告收集的证据

1. 管线工程劳务分包协议

10-10.

管线工程劳务分包协议

工程承包人： 杭州大方通信有限公司 (以下简称甲方)
劳务分包人： 刘冬 (以下简称乙方)

依照《中华人民共和国合同法》、《中华人民共和国建筑法》及其他有关法律、行政法规、遵循平等、自愿、公平和诚实信用的原则，双方就线路工程施工事项协商一致，订立线路工程劳务分包框架协议。

一、承包方式与合作范围

布放光缆、等工程实行包工不包料。

二、质量标准和质量保证

1、工程质量按建设单位对单项工程有关质量的约定、原邮电部有关通信线路工程验收标准及工程承包人工程施工标准和要求。

2、工程建设实行保修的期限始于竣工验收交付，期限一年。

3、建设方要求保修期超过一年的，保修期期限自动延长。

三、工程承包人的义务

1、工程开工前组织施工图纸现场交底，提供施工设计文本。

2、委派工程项目负责人对工程质量、工程进度、工程材料进行控制、监督和管理。

3、负责审核施工组织设计、统一制定各项管理制度。

4、提供质量合格符合工程要求的材料。

5、负责与建设、设计及其他有关部门联系，帮助劳务分包人协调监理及现场工作关系。

6、负责审核单项工程项目的竣工资料、工程量、材料用量。

7、按本协议，向劳务分包人支付劳动报酬。

四、劳务分包人的义务

1、对劳务分包范围内的工程量向工程承包人负责，编制单项工程施工组织设计，组织单项施工管理班子和具有相应资格证书的熟练工人投入工作；未经工程承包人授权及允许，不得擅自与建设方及有关部门建立工作联系；自觉遵守法律法规及有关的规章制度。

2、劳务分包人根据施工组织设计进度计划，按规定每月提供各项报表和下月施工计划。

3、严格按照设计图纸、施工验收规范、有关技术要求及施工组织设计精心组织施工，确保工程质量达到合格或约定的标准，保证工期按规定时间完成；认真执行有关安全规范，落实安全措施，确保施工安全；加强现场管理，严格执行有关部门和建设方对施工现场的管理规定，做到文明施工；承担由于自身责任造成的质量修改、返工、工期延误、安全事故、现场脏乱、影响承包人形象等造成的损失及各种罚款。

4、自觉接受有关部门、建设方和工程承包人的管理、监督和检查。

5、工程材料、设备搬运至施工现场或电放点，并在施工过程中妥善保管，工程完工后及时将余料返回甲方指定点。

6、按规定统一规划堆放材料、机具，设置各项临时设施及围护、材料、机具堆场不得侵占道路及安全防护设施。

7、在工程完工之日起10日内提供概预算竣工资料、废旧料回收单及相关测试资料，并交回工程余料。逾期按施工费的1%逐日扣款。

8、做好施工场地周围建筑物、构筑物和地下管线和已完工程部分的成品保护工作，因劳务分包人责任或疏忽发生损坏，劳务分包人自行承担由此引起的一切经济损失

杭州大方

及各种罚款。

9、除本协议另有约定，劳务分包人应对其作业内容的实施、完工负责；并履行本协议、有关合同及甲方委托给乙方的任务。

五、安全施工与检查

劳务分包人应遵守工程建设安全生产有关管理规定，严格按安全标准进行施工，并随时接受有关部门实施的监督检查，采取必要的安全防护措施，消除事故隐患。由于劳务分包人安全措施不力造成事故的责任和因此而发生的费用，由劳务分包人承担。

六、安全防护

1、劳务分包人在动力设备、输电线路、地下管道、密封防震车间、易燃易爆地段以及临街交通要道附近施工时，施工开始前应向工程承包人提出安全防护措施，经工程承包人认可后实施。

2、在放射、毒害性环境中工作（含存储、运输、使用）及使用毒害性、腐蚀性物品施工时，劳务分包人应在施工前10天以书面形式通知工程承包人，并提出相应的安全防护措施，经工程承包人认可后实施。

3、劳务分包人在施工现场内使用的安全保护用品（如安全帽、安全带及其他保护用品），必须安全有效。

4、劳务分包人为工程安全责任人，在施工过程中应保证文明施工，安全生产，包括警示灯（或有明显标志牌）、封闭施工、及时清理现场、定段施工，遵守当地政府、交通、环卫市容等部门的规定和要求，在施工中发生的伤亡事故和因乙方原因造成的其它损失，均由乙方负责，乙方不得因此影响工程进度。

七、事故处理

1、发生重大伤亡及其他安全事故，劳务分包人应按有关规定立即上报有关部门并报告工程承包人，同时按国家有关法律、行政法规对事故进行处理。

2、劳务分包人和工程承包人对事故责任有争议时，应按相应规定处理。

3、一切事故的处理均以劳务分包人为第一责任人，由其自行承担一切事故的后继处理事宜。

八、材料供应和机具租赁

劳务分包人施工前，向工程承包人提交主材、辅材供应计划。经确认后，工程承包人应按供应计划要求的质量、品种、规格、型号、数量和供应时间等组织货源（包括建设方应提供的材料）并及时交付；

1、劳务分包工人应按工程承包人指定地点领取工程用材料；材料出库后劳务分包人应及时进行检查，不合格、有缺陷及不能使用的材料应及时退回，并报工程承包人；

2、劳务分包人应妥善保管、合理使用建设方、工程承包人供应的材料。在工程开工至工程验收日之间发生丢失、损坏，劳务分包人应赔偿，并承担因此造成的工期延误等发生的一切经济损失；

3、工程完工后，劳务分包人应及时做好材料平衡表，并在规定时间内退回多领材料。

九、劳务报酬

1、依照原邮电部626文件编制工程施工决算。经建设单位审计后（双方各自完税）。A、布放管道光缆（144芯）；当工程质量评为合格级别的为1200元/公里；布放管道光缆（24芯）；当工程质量评为合格级别的为1000元/公里；（以上工程级别评定以建设方的终验证书为准）。

B、布放三孔子管：当工程质量评为合格级别的为 700 元/公里；（以上工程级别评定以建设方的终验证书为准）

A、以上结算单价均为人民币。

2、工程款项：工程完工提供完整准确的竣工草图时支付最高为 50%，结算时支付至审计总工程费的 100%（开具 100%工程施工发票，如不能提供发票则扣除相应金额的税金）。

3、其它工程费用参照建设单位的实际支付情况进行结算。

十、施工变更

1、施工中如发生对原工作内容进行变更，工程承包人项目经理应提前以书面形式向劳务分包人发出变更通知，劳务分包人按照工程承包人（项目经理）发出的变更通知及有关要求，进行变更。

2、施工过程中劳务分包人不得对原工程设计进行变更。因劳务分包人擅自变更设计发生的费用和由此导致工程承包人的直接损失，由劳务分包人承担，延误的工期不予顺延。

3、因劳务分包人自身原因导致的工程变更，劳务分包人无权要求追加劳务报酬。

十一、　工程验收

1、劳务分包人应确保所完成的施工质量符合建设方、工程承包工程人对工程约定的质量标准。劳务分包人施工完毕，应向工程承包人提交完工报告，由双方共同对工程进行初验；

2、初验合格后，工程承包人负责组织正式验收工作，劳务分包人应主动、积极配合；如工程质量不合格或工作内容未完成，由乙方在规定期限内返修完成，再进行补验，直至达到标准为止。

3、初验、正式验收的标准、范围、内容等由建设方或工程承包人确定；

4、验收过程中产生的劳力、使用的器具、消耗的材料及破坏性试验、检查以及隐蔽工程的检查所产生的损失和工程修复均由劳务分包人承担。

5、若采用特殊工艺的，乙方应在报竣资料中附有建设单位随工签证。

十二、　争议

工程承包人和劳务分包人在履行本协议时发生争议，可以自行和解或要求有关主管部门调解，任何一方不愿和解、调解或和解、调解不成的，双方约定由工程承包人所在地仲裁委员会仲裁，或由工程承包工程人所在地人民法院审理。

十三、　禁止转包或再分包

劳务分包人不得将本协议下的劳务作业转包或再分包给他人。否则，劳务分包人将依法承担责任。

十四、　不可抗力

1、因不可抗力事件导致的费用和延误的工作时间由双方按以下办法分别承担：

（1）工程本身的损害，由工程承包人向建设方提出，由建设方承担；建设方不能承担或不愿承担，应由劳务分包人承担。

（2）工程承包人和劳务分包人人员伤亡由双方各自承担。

（3）劳务分包人自有机械设备损坏及停工损失，由劳务分包人自行承担；

（4）工程承包工程人提供给劳务分包人使用的机械设备损坏，由建设方承担，建设方不能承担或不愿承担，应由劳务分包人承担，但停工损失由劳务分包人自行承担；

（5）停工期间，劳务分包人应工程承包人项目经理要求留在施工场地的必要的管理人员及保卫人员的费用由工程承包人向建设方提出由建设方承担；建设方不能承担或不愿承担，应由劳务分包人承担；

（6）工程所需清理、修复费用，由工程承包人向建设方提出由建设方承担；建设方不能承担或不愿承担，应由劳务分包人承担；

（7）延误的工作时间相应顺延；

十五、 **文物和地下障碍物**

1、在劳务作业中发现古墓、古建筑遗址等文物和化石或其他有考古、地质研究价值的物品时，劳务分包人应立即保护好现场并于4小时内以书面形式通知工程承包人项目经理，工程承包人项目经理应于收到书面通知24小时报告当地文物管理部门，工程承包人和劳务分包人按文物管理部门的要求采取妥善保护措施。如劳务分包人发现后隐瞒不报或哄抢文物，致使文物遭受破坏，责任人依法承担相应责任；

2、劳务作业中发现影响工作的地下障碍物时，劳务分包人应于8小时内以书面形式通知工程承包人项目经理，同时提出处理方案，工程承包人项目经理收到处置方案后24小时内予以认可或提出修正方案。

十六、 **其它**

1、若遇工程承包人劳务分包价格集体调整时，本协议价格相应进行调整。

2、对于个别个体工程若工程承包人与建设单位的结算价款有所调整，双方承包人的结算价也相应相应调整。

3、为了双方承包人能更好衔接，劳务分包人应使用与工程承包人一致的概预算编制决算，绘制竣工图。

4、双方承包人不得将协议内容向第三方透露，一经查实，协议终止执行。

5、在施工过程中，劳务分包人必须以工程承包人的名义进行与施工相关的活动。

6、本合同未尽事宜，双方共同协商解决，或以补充书面协议、附件一并执行。

7、如乙方对甲方提供的材料有所损坏，应照市场价进行赔偿。

十七、 **框架协议解除、份数、有效期**

1、依据工程承包人对劳务分包人的管理，若劳务分包人未能达到工程承包人对其的最低要求，工程承包人有权单方面解除本协议；

2、凡偷盗、变卖工程承包人或建设方工程材料及其它物资的，一经发现，工程承包人有权单方面解除本协议。劳务分包人赔偿直接损失并承担连带责任。

3、本协议一式二份，双方各执一份。

4、本协议自甲乙双方代表签字后生效。

5、如分包方接到工程承包人通知三天内不能进场施工，则承包人有权就工程进行重新分包。如对承包方造成损失的有权要求分包方承担。

附件一：安全施工协议

工程承包人：[illegible]通信有限公司　　　　劳务分包人（代表）：刘冬

地址：　　　　身份证号：360206197507157033

法人代表：[illegible]　　　　地址：江西省[illegible]王家村

2010.3.16

2. 安全施工补充协议

安全施工补充协议

发包方：杭州大方通信有限公司　　　　（以下简称甲方）
承包方：刘冬　　　　（以下简称乙方）

为了保证工程安全顺利进行，经双方协商，特补充有关安全生产及治安安全条款，以共同遵守。

一、甲、乙双方应执行国家有关安全生产和治安管理的法律、法令。

二、乙方在工程中应服从当地治安管理及规定，并教育从属人员遵守其规定。

三、乙方在组织该工程施工时，应当设有专职或兼职安全生产管理人员和治安安全管理人员。

四、乙方在工程中发现对本工程有破坏性行为或治安隐患时，应立即向当地公安部门报案，并协助处理。

五、乙方应妥善管理该工程驻地的防盗、防火、防破坏、防爆炸工作，并自主承担由此引起的事故责任和损失。

六、乙方在工程中遇与当地人员纠纷时，应当主动联系当地政府及相关部门妥善解决，纠纷严重时，应通知甲方，甲方有责予以协助。

七、甲方有权对该项工程的安全和治安管理进行检查和督促，如遇安全隐患或治安隐患严重等紧急情况发生时，有权责令停止乙方施工，并出具停工说明书；隐患消除后，经甲方项目负责人同意，方可重新施工。

八、乙方有权要求甲方在复杂地段施工可能造成地下管线损坏时予以配合；如应乙方管理不善，造成地下管线破坏或其他物资受损，乙方应承担全部责任和损失。

九、乙方工程所需的各类机具器械、车辆、爆炸品及工程安全、治安安全等均应国家规定执行，如发生各种事故，乙方均自行承担责任。

十、（手）孔的操作一定要在相应的支段维护员的指导下进行施工。

十一、乙方必须为其施工人员购买人身意外保险，每人保额不得低于人民币三十万元整。

十二、本协议为甲乙双方的框架协议，自甲乙双方签字之日起生效直至乙方不再承揽甲方工程合同解除为止。

十三、本协议一式二份，甲乙双方各执一份。

甲方：杭州大方通信有限公司　　　　乙方：

2010年 3 月 18 日　　　　2010 年 3 月 18 日

3. 租车合同

租车合同

出租方：杭州大方通信有限公司　身份证号码：4　　　　　　14650

承租方：刘冬　　　　　　身份证号码：360206197507157033

一、出租方根据承租方需要，同意将跃进牌汽车，车牌号：浙 B-2L349 租给承租方使用，经双方协商订立如下条款。

二、承租方租用的汽车只限于为乙方通信施工工程使用，不得从事营运和其它未经甲方同意的用途及违法行为。

三、承租方要负责对所租车辆进行维护保养，在退租时如给车辆设备造成损坏，承租方应负责修复原状或赔偿，修复期照收租费。

四、租用期为双方合作期限内，承租方如果停用应提前 15 日以上向出租方提出协商，否则按合同规定照收租费。

五、租金乙方每布放一公里光缆收取人民币 100 元，从合同生效日起计，每结算一次租金收取一次，布放光缆不足一公里的按一公里收费。

六、所用燃料、过桥过路费、车辆违章产生的罚款及其他费用均由承租方负责，如有事故发生，在交强险赔偿外的费用由乙方负责。

七、违约责任。出租方不得擅自将车调回，否则将按租金的双倍索赔承租方。

八、其他未尽事项，由双方协商，另订附件。

九、本合同一式 3 份，双方各执正本一份，副本送有关管理机关备案。

出租方：（盖章）　　　　　　　　承租方：（盖章）

　　　　　　　　　　　　　　　　刘冬

法定代表人签字：陈达　　　　　　法定代表人签字：

2010.3.18.

4. 车辆交接单

车辆交接单

一、交接车辆必须经过相关负责人批准，不得私自交接车辆使用。

二、交接车辆的车牌号为：浙B22349 车型：厢式·

时间：2010年 3月 18日 时 地点：大方公司·

三、交接时的公里数为：不详 油表的数量为：不详

四、该车辆的相关政见及随车工具包括：1、钥匙 1 把（√）2、废气排放证（ ）3、养路费（ ）4、车辆救援卡（ ）5、机动车保险证（ ）6、机动卡行驶证（√）7、车辆统缴卡（ ）8、说明书（ ）9、道路运输管理证（ ）10、随车工具<如警示牌（ ）备胎> 11、加油卡（ ）12、保养手册（ ）<如有以上证件，请打勾>

五、交接时该车的外表有无划痕及凹陷处：（请注明）

前：副驾驶室有撞痕. 后：

左： 右：

六、车辆的卫生情况：1、干净（ ）2、一般（√）3、脏乱（ ）

七、交车前必须检查车辆的各种性能是否完好，如灯光、制动、轮胎的磨损程度等，有不好的请当时注明：后刹车灯、左边坏.

八、驾驶员在驾驶不同车辆的时应先熟悉一下该车的性能情况在上路，如发现问题及时处理，并提出异议，以确保使用安全。接收人从接受之日起对该车辆各项性能及车辆管理负全责。

九、有关车辆职责的划分以交接时间为界。

十、交付人：陈达 接收人：刘冬

时间：2010.3.18. 时间：2010.3.18

车管人员见证： 时间：

5. 付款凭证

10-19

领（付）款凭证

2010年 10月25日

领款人 刘冬　　核准人 陈达

领款金额（大写）柒仟元整　¥7000.—

用途 暂付刘冬工程施工费（预支）

证明人（盖章）　　领款人（盖章）刘冬 [illegible]

联 85-2

领（付）款凭证

2010年 3月 18 日

领款人 刘冬施工队　　核准人 陈达

领款金额（大写）贰仟肆佰元整　¥2400.00

用途 委托大方通保购买刘冬施工队意外保险费用，共5人。

证明人（盖章）　　领款人（盖章）刘冬（补保险费）

2010.1.11

第三节　民事模拟案件的训练目的和训练要求

一、训练目的

1. 训练学生针对案情和证据材料查询法律规范、分析法律规范、分析法律关系、运用法学理论和适用法律规范的能力

在阅读完本案全部案件材料的基础上，由学生自行查找与本案相关的法律规范和法学理论知识以及人民法院对类似案例已有的判决书。在对相关的法律规范、法学原理和先例裁判的阅读、分析的基础上，厘清本案中的法律关系，分析本案的案由，确定应当适用的实体法律规范。

在本案法律关系上，针对案件素材中出现的工程承包关系、劳务承包关系、雇佣关系，进行细致缜密的分析，务必作出明确的区分，以便确定本案原、被告之间的法律关系、原告诉讼请求权的基础和适用的法律规范。

2. 训练学生分析证据和案件事实的能力

针对原、被告收集的证据，首先分析每个证据本身的证据能力和证明力、证明对象，分析单个证据与其他证据之间的关系，分析全部证据综合后是否能形成证据链？得出明确清晰的案件事实？如果认为证据不足，也应做相应分析。

在证据分析的基础上，梳理出案件基本事实，并结合已做的理论、法律分析，使案件事实与法律理论、法律规范之间形成对应关系，形成明确办案思路。

对原、被告手机的证据材料，进行分类编号，确定每个证据的证明对象，分析是否可以分为相应的证据组，然后，根据案件事实、法律规范，确定原告、被告各自应当提交哪些证据？是否有不必提交的证据？

3. 训练学生诉讼策略能力

通过阅读材料，准备起诉、应诉、庭审，让学生通过体验，认识到诉讼是依法进行的法律活动，诉讼中应当尊重事实，遵守法律。但诉讼中也应讲究策略，如何提出诉讼请求？如何陈述事实与组织证据？如何答辩？是否需要庭审发问？发问内容是什么？是否申请证人出庭？是否同意调解？调解时对自己的诉讼请求如何把握？等等。如在本案中，学生应当在厘清法律关系的基础上，考虑原告应以什么作为请求权的基础？被告应作如何应对？等等。

4. 训练学生法庭抗辩能力

法庭审判中，双方当事人之间围绕事实、证据、法律展开抗辩。如本案中，原告提出证据时，应当考虑到己方证据的瑕疵，如何提出以及如何说明证据？被告对原告的证据在提出质证意见时，应如何从关联性、合法性、真实性的角度合法有力地予以质疑甚至否定，等等。

5. 训练学生法庭语言组织和表达能力

在模拟庭审开庭前，组织学生讨论庭审语言及表达的特点，并予以引导。在庭审中，密切关注学生在庭审中的语言表达，并及时记录，在庭审结束后及时予以点评。

6. 训练学生在法庭上的专注能力

法庭审判需要庭审人员高度关注庭审中各方的观点、举动，如何保持对法庭、对方的关注？如何在关注对方动向的情况下保持己方思路？如何根据庭审变化及时调整己方的语言、策略等？模拟法官的人员如何保持对双方的关注并公正主持庭审？等等。

二、训练要求

1. 要求学生查询所有与本案相关的法律规范、法学理论知识、人民法院已有的先例裁判，并在查询的基础上，形成书面分析报告。

2. 要求学生对证据作出详细的分析，包括单个证据的分析和证据组合的分析，并形成书面报告。

3. 要求学生定位诉讼角色后撰写起诉状、答辩状。

4. 要求学生定位诉讼角色后写出证据清单。

5. 要求学生定位诉讼角色后，分析自己的诉讼策略和对方的诉讼策略。

6. 要求学生定位诉讼角色后，撰写代理词、判决书。

7. 要求学生写出模拟法庭结束后的心得体会。

第十四章　行政诉讼案件综合演练

第一节　行政诉讼案件庭审行为与语言规范

行政诉讼案件不同于刑事诉讼和民事诉讼案件。依照《中华人民共和国行政诉讼法》有关规定，人民法院对被诉行政行为的合法性进行审查，庭审中主要由被告行政主体举证。因此，行政诉讼法庭审理的进程有其特殊性。①

一、开庭阶段

书记员：现在宣布法庭规则：一、诉讼参与人和旁听人员应当自觉遵守法庭规则，维护法庭秩序，不得鼓掌、喧哗、吵闹和实施其他妨碍审判活动的行为；二、旁听人员不得随意在法庭内走动和进入审判区；三、旁听人员不得录音、录像和摄影。新闻记者未经审判长许可，不得在庭审过程中录音、录像和摄影；四、审判人员进入法庭时和审判长宣判时，诉讼参与人和旁听人员应当起立。

法庭规则宣布完毕，请审判长和陪审员入庭。（起立）

审判长：下面核对当事人及其代理人身份。（略）经核对，上述诉讼代理人的身份和代理权限，均与在庭前在本院办理的手续一致。原告、被告和第三人对对方代理人的身份及代理权限均无异议，上述诉讼代理人的出庭资格有效。

审判长：（敲打法槌一下）依照《中华人民共和国行政诉讼法》第45条的规定，________人民法院行政审判庭今天依法公开审理原告________诉被告__________一案，现在开庭。现在宣布合议庭组成人员。本案由本院行政审判庭庭长（或法官）________担任审判长，与本院法官________和人民陪审员________组成合议庭，书记员________担任法庭记录。

① 本节关于行政诉讼案件庭审行为和语言规范的内容，是参考《中国法庭》编审委员会制作的《法官庭审行为规范》系列电视教学片改编而成。具体在模拟法庭课程教学中，师生们可根据所模拟案件的不同而作必要的调整。

本院在收到原告________的起诉状后，在法定期限内予以立案，并向原告发送了受理案件通知书、权利义务告知书及举证须知，向被告________发送了应诉通知书、起诉状副本、权利义务告知书及举证须知，因________公司与本案被诉的具体行政行为有法律上的利害关系，本院依照《中国人民共和国行政诉讼法》第27条的规定，通知该公司作为第三人参加本案的诉讼，向该公司发送了参加诉讼通知书、起诉状副本、权利义务告知书及举证须知。上述诉讼文书已经载明了行政诉讼当事人在行政诉讼过程中所享有的诉讼权利和应履行的诉讼义务。

依照《中华人民共和国行政诉讼法》第47条的规定，当事人有申请回避的权利。所谓申请回避，是指当事人如果认为本合议庭成员或担任法庭记录的书记员与本案有利害关系或其他关系有可能影响公正审判的，有权申请相应人员回避，不参加本案的审理活动。原告，是否申请回避？

原告：……

审判长：被告，是否申请回避？

被告：……

审判长：第三人是否申请回避？

第三人：……

审判长：原告，是否已经明确你在诉讼过程中所依法享有的其他诉讼权利和应当履行的诉讼义务？

原告：……

审判长：被告，是否已经明确你在诉讼过程中所享有的其他诉讼权利和应当履行的诉讼义务？

被告：……

审判长：第三人，是否已经明确你在诉讼过程中所享有的其他诉讼权利和应当履行的诉讼义务？

第三人：……

二、法庭审查、辩论阶段

审判长：现在进行法庭审查。依照《中华人民共和国行政诉讼法》第5条的规定，人民法院审理行政案件，对被诉的具体行政行为是否合法进行审查。根据原告庭前向本院提交的起诉状，原告诉请本院审查的具体行政行为是__________。下面由被告说明该行为的具体内容。

被告：该行为的主要内容如下：（略）。

审判长：下面由原告宣读起诉状，陈述诉讼请求及其事实与理由。

原告：……

审判长：下面由被告进行答辩。

被告：……

审判长：下面由第三人发表答辩意见。

第三人：……

审判长：根据原告陈述的事实与理由、被告陈述的答辩意见以及第三人的诉讼意见，本合议庭认为本案庭审的审查重点是以下________个问题：(略)。各方当事人应当围绕上述庭审重点，陈述事实，提出证据，发表诉讼意见。①

审判长：首先由被告进行陈述。被告，首先来说明你机关做出被诉行政行为的经过。

被告：……

审判长：下面由原告进行陈述，原告对被告的陈述有没有异议？请具体说明。

原告：……

审判长：请第三人进行陈述。

第三人：……

审判长：下面进行证据审查。首先合议庭根据本诉性质及《中华人民共和国行政诉讼法》和《最高人民法院关于行政诉讼证据若干问题的规定》说明本案举证责任的分担及举证、质证应当注意的事项。

原告认为被告的具体行政行为违法、请求法院予以撤销，依照《中华人民共和国行政诉讼法》第 32 条、第 43 条，最高人民法院《关于行政诉讼证据若干问题的规定》第 1 条的规定，本案的被告________对被诉行政行为是否合法负有举证责任，应向法庭提供据以做出具体行政行为的证据和依据，如果不提供或无正当理由逾期提供证据的，视为被诉具体行政作为没有相应的证据和依据。依据最高人民法院《关于行政诉讼证据若干问题的规定》第 6 条，本案原告可以提供证明被诉具体行政行为违法的证据，如原告提供的证据不成立，不免除被告对具体行政行为合法的举证责任。按照《行政诉讼证据若干问题的规定》第 7 条，第三人也有权向法院提交与本案有关的证据材料。依照《行政诉讼证据若干问题的规定》第 31 条，证据应在法庭出示并经庭审质证，未经庭审质证的证据不能作为定案的依据。当事人应当围绕证据的关联性、合法性和真实

① 法庭调查一般可以针对程序和实体问题展开。比如，如果被告提出原告起诉超过起诉期限，审判长可以说："由于起诉期限涉及原告起诉是否符合法定条件，本合议庭先对这个问题进行审查。依照《最高人民法院关于执行〈中华人民共和国行政诉讼法〉若干问题的解释》第 27 条第 1 项的规定，被告认为原告起诉超过起诉期限的，由被告承担举证责任。被告，你方(或你机关)认为原告起诉已经超过起诉期限，有何事实和理由，是否在法定期限内提出、提交了能够支持上述主张的证据？"在被告进行陈述之后，审判长可以询问原告有无需说明的或反驳的意见。在双方当事人对此没有新的意见之后，审判长可以休庭就该程序问题进行评议，以决定案件审理是否继续进行。行政诉讼实体问题的审查则主要是围绕被诉具体行政行为的合法性而展开。

性，针对证据有无证明力、证明效力的大小进行质证，发表辩论意见，经法庭准许，当事人及其代理人可以就证据问题相互发问，发问的内容应当与案件的事实有关联，不得采用引诱、威胁、侮辱等语言或者方式，庭前本院的审判流程机构已经组织本案原告、被告及第三人交换了各自提交的证据材料。①

下面由被告按照你机关在庭前向本院提交的证据清单所列明的序号，说明你机关提交的证据的名称、来源，证明的对象和内容。

被告：我们提交的证明共________份。具体如下：……

审判长：原告对被告的举证有没有异议，你方是否有证据要出示，请说明。

原告：……

审判长：第三人是否有证据要提交和说明？

第三人：……

审判长：从刚才各方对提交的证据的说明中来看，现在的争执焦点在于：____________。被告，你结合刚才出示的证据（______），来说明一下这个问题（具体庭审时应明确需要说明的问题内容）。

被告：……

审判长：被告，那你对原告刚才提出的异议（庭审时具体说明异议内容），应该如何来理解？

被告：……

审判长：原告对被告的解释有没有异议？

原告：……

审判长：被告还有没有需要说明的？

被告：……

审判长：原告对被告的意见还有没有反驳意见？

原告：……

审判长：就这个问题各方当事人还有没有补充的意见？

被告：……

原告：……

第三人：……

审判长：各方当事人对本案事实和证据还有没有新的陈述意见？

原告：……

被告：……

第三人：……

---

① 对未经庭前证据交换程序的案件，则由审判长要求当事人直接在法庭上提交证据并作说明。

三、最后陈述阶段

审判长：法庭审查结束，下面进行最后陈述。在最后陈述阶段，当事人可以就本案事实和法律适用发表综合性陈述和辩论意见。刚才在法庭审查阶段，当事人就对方当事人提供的证据以及法律适用已经作了充分的陈述，那么，在最后陈述阶段，当事人可以将自己的意见作一个简要的陈述。首先由原告来讲。

原告：……

审判长：被告，发表你的最后陈述意见。

被告：……

审判长：第三人，请发表最后陈述意见。

第三人：……

审判长：合议庭休庭对本案进行评议，下面休庭15分钟。（审判长敲法槌一下）

（15分钟后）

四、宣判阶段

审判长：合议庭经评议，对各方当事人提交的证据进行如下认证：……（如，对被告提交的________证据，来源合法，形式合法，予以认证。对被告提交的________证据，予以认定。对于原告向本院提交的________证据，与本案没有直接关系，不予采纳，等等。）

综上，依照《中华人民共和国________法》[①]第________条，《中华人民共和国行政诉讼法》第________条第________款，判决如下：（请各方当事人起立）

（审判长宣读判决内容：……）

（宣读判决内容后，审判长敲法槌一下，并请各方当事人就座）

审判长：本案的受理费________元，由________承担。在本判决生效后7日内缴纳。刚才是口头宣判，判决书将于闭庭后10日内送达给各方当事人。除判决主文外，判决书的文字以庭后送达的判决书为准。如不服本判决，可于本判决书送达之日起15日内向本院递交上诉状，并按对方当事人的人数提出副本，上诉于________中级人民法院。

① 判决所基于的法律规范及其条文的引用，要视个案的具体情况而定。

原告________诉被告________________一案，现已审理终结，闭庭。（敲法槌一下）

第二节　行政诉讼模拟案件的综合演练素材

一、王敏诉之江市工商行政管理局越江分局行政处罚纠纷案基本信息

原告王敏于2011年2月10日参加浙江省之江市拍卖商行有限公司对56块汽车吉祥号牌所进行的拍卖活动，发现拍卖活动存在较多违法情况，遂向被告之江市工商行政管理局越江分局举报并要求查处违法行为。被告于2011年4月28日作出行政处罚决定，以浙江省之江市拍卖商行有限公司在拍卖前未向工商部门备案为由，对其处以8000元的罚款。原告认为被告作出的处罚过轻，对之江市拍卖商行有限公司在拍卖前未进行拍卖公告、允许不具备竞拍资格的人入场参拍及未能维护竞拍秩序等行为未进行处罚，遂向人民法院起诉，要求撤销被告的之越工商案字〔2011〕40号行政处罚决定书并责令其重新作出行政处罚决定。

法院在受理该案后，依职权将与本案有利害关系的之江市拍卖商行有限公司追加为第三人。之江市拍卖商行有限公司以第三人的身份参加了诉讼，但在诉讼过程中未向人民法院提交任何证据。

被告则辩称，其对之江市拍卖商行有限公司在对56块汽车吉祥号牌进行拍卖前未备案行为作出的行政处罚事实清楚、证据充分、适用法律正确、程序合法，因而请求人民法院依法驳回原告的起诉。

二、王敏诉之江市工商行政管理局越江分局行政处罚纠纷案证据材料

王敏诉之江市工商行政管理局越江分局行政处罚纠纷案证据材料是基于真实案件整理、编写而成，包括原告提交的证据材料（共5份证据材料）和被告提交的证据材料（共24份证据材料）两部分。第三人之江市拍卖商行有限公司虽然参加了诉讼，但没有向法院提交任何证据材料。凡是涉及当事人身份信息的证据材料如身份证复印件和身份证号码等未予列入，证据材料中当事人及其他有关人员的姓名和单位名称皆为化名，涉及当事人其他个人信息如电话号码、住址等也做了相应淡化处理。

限于篇幅，原、被告双方都提交的证据材料（如被诉的之江市工商行政管理局越江分局的行政处罚决定书、原告王敏的两份举报材料等）只在原告或被告提交的证据材

料中展示，以避免重复。被告提交的56份《之江市拍卖商行有限公司竞买证》和53份《之江市拍卖商行有限公司拍卖成交确认书》，在此分别呈现了与本案有关联的各两份材料，其他的也不予一一列出，所有竞买证和拍卖成交确认书的格式相同。除了未提供的其他54份竞买证和51份拍卖成交确认书，以及其他若干次要证据（如邮局寄送回执等），本案的所有原始案卷材料已在本节呈现。未提供的证据材料应该不会对本案的处理产生实质性影响。所有在此提供的证据材料与原件一致。

一、原告提交的证据材料[①]

（一）之江市工商行政管理局越江分局行政处罚决定书

之江市工商行政管理局越江分局

行政处罚决定书

之越工商案字〔2011〕40号

当事人：之江市拍卖商行有限责任公司，住所：之江市越江区美好苑7幢888、889室，法定代表人：珠马海，经营范围：拍卖物品或财产权利。

2011年2月15日，本局根据群众举报，对当事人经营情况进行检查，发现当事人2011年2月10日的拍卖未向工商行政管理局备案，案发当日立案调查。

经查明，2009年2月5日，当事人取得之江市（所属县市）汽车吉祥号牌拍卖资格，2011年1月24日至2月9日，之江市交警支队车辆管理所开出56块汽车吉祥号牌得进行拍卖，2011年2月10日，当事人在没有向工商行政管理局备案的情况下，擅自在之江市公共资源交易中心对56块汽车吉祥号牌进行拍卖。拍卖结束后，当事人开出53份之江市拍卖商行有限公司拍卖成交确认书。

上述事实，由以下证据证实：

1.现场检查笔录一份；

2.林英询问笔录三份；

3.当事人营业执照及拍卖经营批准证书；

4.2011年2月10日的拍卖档案；

5.《拍卖项目代理机构招标中标通知书》一份。

上述事实，由当事人的询问笔录和其他证据证实。

---

① 原告共向法院提交了5份证据材料，在这一部分共展示了3份，另外两份材料分别是《报案（举报）书》和《关于要求查处拍卖公司违法拍卖行为的请求报告》。出于上下文的连贯性考虑，而且被告也向法院提供了这两份证据材料，因此，这两份材料在被告提交的证据材料部分呈现。

关于要求查处拍卖公司违法拍卖行为的请求报告

本局认为：拍卖前向工商行政管理局备案是当事人的法定义务，目的是事前监督当事人的拍卖活动是否遵守公开、公平、公正诚实信用的拍卖原则，当事人在未向工商行政管理局备案的情况下，擅自进行的拍卖行为，违反了《拍卖监督管理暂行办法》第4条“拍卖企业举办拍卖活动，应当于拍卖前7天到拍卖活动所在地工商行政管理局备案……”之规定，根据《拍卖监督管理暂行办法》第15条“拍卖企业违反本办法第4条规定，工商行政管理机关视情节轻重予以警告，责令改正，处10000元以下罚款”之规定，责令改正，决定对当事人处罚如下：罚款8000元。

当事人自收到本处罚决定书日起15日内到之江市非税收入汇缴户缴纳罚款：账号：1××××××××3，代收银行：工行开元支行；地址：好运东路103－111号。当事人逾期不履行行政处罚决定的，本局将依法采取下列措施：(一)到期不缴纳罚款的，每日按罚款数额的百分之三加处罚款；(二)申请人民法院强制执行。

当事人如不服本处罚决定，可在收到本处罚决定之日起60日内向之江市人民政府或之江市工商行政管理局申请复议，也可在3个月内直接向越江区人民法院提起行政诉讼。当事人对行政处罚决定不服申请行政复议或提起行政诉讼的，行政处罚不停止执行。

之江市工商行政管理局越江分局(印章)

2011年4月28日

(二)之江市交警支队车辆管理所汽车号牌参拍联系单

汽车号牌参拍联系单

No. 0001350

之江市拍卖商行有限公司：

该车经本所审核购车凭证后，可以参拍登记。现车主前来联系，请予登记办理竞拍手续(参拍者报名须提前三天去之江市拍卖商行有限公司办理参拍手续，并随带有效证件及复印件一份)。

报名地址：之江市越江区美好苑7幢8楼(拍卖会凭竞买证进场)

拍卖时间：每月10号、25号下午(遇法定节假日顺延)

拍卖地址：之江公共资源交易中心(原之江市招投标中心)

4楼401交易大厅

拍卖公司电话：8×××××××　8×××××××　130××××××××

车主(单位)　王敏　　车类　　车型

发动机

原车辆牌照号码：(略)

机动车受理编号：10020800312

参拍车牌号：浙 X0000X

之江市交警支队车辆管理所（印章）

2011 年 01 月 30 日

（三）之江市拍卖商行有限公司竞买证

之江市拍卖商行有限公司竞买证

0001006

竞标号码
78

1. a：竞买人姓名（自然人）：王敏

 b：竞买单位：

2. 身份证号码：（略）

3. 电话：139××××××××

4. 付款方式：现金

5. 保证金：叁仟元整

6. 佣金：如拍卖成交，买受人同意按拍卖规则向之江市拍卖商行有限公司交付成交价 1%手续费。

竞买人签字：王敏

2011 年 2 月 3 日

二、被告提交的证据材料

（一）之江市工商行政管理局案件来源登记表

之江市工商行政管理局案件来源登记表

<table>
<tr><td colspan="2">登记时间</td><td colspan="5">2011 年 2 月 14 日 11 时 30 分</td></tr>
<tr><td colspan="2">来源分类</td><td colspan="5">（ ）监督检查（√）投诉、申诉、举报
（ ）其他机关移送（ ）上级机关交办</td></tr>
<tr><td rowspan="8">案源提供人</td><td rowspan="2">监督检查人</td><td colspan="2">姓名</td><td>郑某其</td><td>执法单位</td><td>越江分局</td></tr>
<tr><td colspan="2">姓名</td><td>雷某原</td><td>执法单位</td><td>越江分局</td></tr>
<tr><td rowspan="6">投诉人
申诉人
举报人</td><td>个人</td><td>姓名</td><td>吴某天</td><td>身份证（其他有效证件）号码</td><td></td></tr>
<tr><td rowspan="2">单位</td><td>名称</td><td colspan="3"></td></tr>
<tr><td colspan="2">法定代表人（负责人）</td><td colspan="2"></td></tr>
<tr><td colspan="2">联系电话</td><td>139××××××××</td><td>邮政编码</td><td></td></tr>
<tr><td colspan="2">联系地址</td><td colspan="3"></td></tr>
</table>

续　表

<table>
<tr><td rowspan="4">案源提供人</td><td rowspan="4">移送交办机关</td><td>名称</td><td colspan="3"></td></tr>
<tr><td>联系人</td><td></td><td>邮政编码</td><td></td></tr>
<tr><td>联系电话</td><td colspan="3"></td></tr>
<tr><td>联系地址</td><td colspan="3"></td></tr>
<tr><td>案源登记内容</td><td colspan="5">有人举报之江市拍卖商行有限责任公司在 2011 年 2 月 10 日汽车牌照拍卖中的违法行为：一、没有拍卖国有资产的资格证；二、拍卖前没有在新闻媒体上发布公告；三、事前、事后没有向工商局备案；四、竞买人和拍卖人恶意串通，抬高拍卖价格，要求工商局依法查处，并告知处罚结果。
登记人：郑某其
2011 年 2 月 14 日</td></tr>
<tr><td>案源交办意见</td><td colspan="5">请郑某其办理。
2011 年 2 月 14 日</td></tr>
<tr><td>备注</td><td colspan="5"></td></tr>
</table>

(二)之江市工商行政管理局越江分局现场笔录

之江市工商行政管理局越江分局现场笔录

时间：2011 年 2 月 15 日 14 时 30 分至 2011 年 2 月 15 日 15 时 20 分

地点：之江市越江区美好苑 7 幢 888、889 室

检查人员：郑某其、雷某原

当事人：林英

身份证(其他有效证件)号码：（略）

(单位)名称：之江市拍卖商行有限责任公司

住所(住址)：之江市越江区美好苑 7 幢 888、889 室

邮政编码：________　　　　联系电话：135××××××××

见证人：谭某某、朱某某

身份证(其他有效证件)号码：（略）

单位或者住址：之江市越江区美好苑居委会

邮政编码：________　　　　联系电话：（略）

告知情况：我们是之江市工商行政管理局越江分局的执法人员，已向你出示执法证件，你有申请回避的权利和如实回答询问、提供证据、不得阻挠的义务。

检查情况：检查人员出示证件后，依法对当事人的经营资质经营情况进行检查，在业务主管林英的配合下，现场提取相关的材料复印件，部分原件借阅。

当事人（签名或者盖章）：林英　　2011年2月15日
见证人（签名或者盖章）：　　年　月　日
检查人员（签名或者盖章）：郑某其、雷某原　　2011年2月15日

（三）之江市工商行政管理局越江分局询问（调查）笔录（1）

之江市工商行政管理局越江分局

询问（调查）笔录

时间：2011年2月17日10时30分至12时20分第1次
地点：之江市工商局越江分局经检大队103
询问（调查）人：郑某其、雷某原
被询问（调查）人：林英　性别：女　民族：________
身份证（其他有效证件）号码：（略）
联系电话：135××××××××　邮政编码：________
住址：城南
工作单位：之江市拍卖商行有限公司　职务：副经理

询问（调查）人：我们是之江市工商行政管理局的行政执法人员，已向你出示了我们的执法证件。现根据《中华人民共和国行政处罚法》第37条第1款的规定依法向你询问（调查）了解有关情况，你应当如实回答询问、协助调查。同时，根据《工商行政管理机关行政处罚程序规定》第3条第5项的规定，如果你认为办案人员与本案有直接利害关系，你有申请办案人员回避的权利。请问你是否听清楚？是否申请回避？

答：不需要回避。

问：介绍你的基本情况。

答：我是之江市拍卖商行有限公司员工，今天受法定代表人的委托，配合你局对我公司的调查。

问：请你介绍你公司的基本情况。

答：我公司系专业拍卖公司，有营业执照、拍卖经营许可证、浙江省国有资产权转让业务资格证书，现有拍卖师3名。

问：请你介绍你公司取得拍卖汽车吉祥号码的简况。

答：2009年2月5日，我公司取得全市汽车吉祥号牌的拍卖资格，取得的方式是公开投标。

问：介绍你公司汽车吉祥号码拍卖的流程。

答：流程是这样的：先由之江市交警支队车辆管理所向号码竞买人开出"汽车号牌参拍联系单"和"机动车登记受理凭证"，其主要内容为车主姓名(单位名称)、车型、机动车受理编号、拍卖的牌照号码，起拍价格，竞买人凭上述"汽车号牌参拍联系单"原件及"机动车登记受理凭证"复印件办理参拍手续，我公司开出"之江市拍卖商行有限公司竞买证"一张，收3000元拍卖保证金，每人收报名费100元，另提供"温馨提示"、拍卖须知附件各一份。竞买人在拍卖须知认可及收悉单上签字。之江市交警支队车辆管理所每个号码只开出一张联系单及附件。

问：2011年2月15日，本局对你公司进行检查，你公司提供了经营资料及2月10日的拍卖资料，部分原件本局暂借检查，现如数归还，请查收。

答：收到你局归还的全部资料(原件)。

问：请你将2月10日的拍卖汽车吉祥号码经过详细介绍一下。

答：2011年1月24日至2月9日，之江市交警支队车辆管理所陆续开出56套"汽车号牌参拍联系单"及"机动车登记受理凭证"(以下简称拍卖联系单)，56个(个人和单位)竞买人凭联系单陆续到我公司办理参拍手续，我公司根据联系单为竞买人办理了"之江市拍卖商行有限公司竞买证"，联系单上车管所已规定了谁拍卖××××号牌，规定了拍卖价格，根据联系单的内容，我公司制作了相关的清单。2月10日在之江市公共资源交易中心进行拍卖，其中52块汽车吉祥号牌全部为车管所联系单所确定的人员以起拍价成交。

问：本局在你公司查到"之江市拍卖商行有限公司竞买证"共计56份，其中39份没有竞拍人签名。17份有竞拍人签名，请你解释一下39份没有竞拍人签名情况？

答：39份没有竞拍人签名的竞买证系竞拍人委托上牌代理人进行拍卖，代理人向我公司提供了联系单后我公司给办理相关手续，因上牌代理人多次代理，和我公司比较熟悉，所以就给办理了手续。

问：上述39份竞买证有否向你公司提供拍卖书面委托书？

答：全部没提供书面委托书。

问：2月10日的拍卖你公司有否向本局备案？

答：没有。

问：今天暂时至此，你有否补充？

答：没有。

被询问(调查)人(签名或者盖章)：林英　　　　2011年2月17日

询问(调查)人(签名或者盖章)：郑某其　雷某原　　　　2011年2月17日

(四)之江市工商行政管理局越江分局询问(调查)笔录(2)

之江市工商行政管理局越江分局
询问(调查)笔录

时间:2011年3月16日10时0分至2011年3月16日11时0分第2次

地点:之江市工商局越江分局经检大队103

询问(调查)人:郑某其、雷某原

被询问(调查)人:林英　性别:女　民族:______

身份证(其他有效证件)号码:(略)

联系电话:135××××××××　邮政编码:________

住址:城南

工作单位:之江市拍卖商行有限公司　职务:副经理

询问(调查)人:我们是之江市工商行政管理局的行政执法人员,已向你出示了我们的执法证件。现根据《中华人民共和国行政处罚法》第37条第一款的规定依法向你询问(调查)了解有关情况,你应当如实回答询问、协助调查。同时,根据《工商行政管理机关行政处罚程序规定》第3条第5项的规定,如果你认为办案人员与本案有直接利害关系,你有申请办案人员回避的权利,请问你是否听清楚?是否申请回避?

答:不需要回避。

问:你公司2月10日的吉祥汽车号码拍卖有否向本局备案?

答:没有。

问:有否在新闻媒体公告?

答:2月10日拍卖,没有在新闻媒体公告。需要说明的是,2009年2月11日,我公司在《之江日报》上发布"拍卖公告"(内容详见公告),鉴于标的特殊性,所以只发布一次公告,但每次汽车号牌拍卖,均在之江市公共资源交易中心网站上发布"拍卖公告",内容与《之江日报》发布的公告相同。

问:2月10日,有多少块吉祥汽车号码拍卖?

答:有56个人(单位)参拍,上次已向你局介绍,车管所一个号码只开出一张参拍人员(单位)联系单,我公司根据联系单给参拍人(单位)办理相关的拍卖手续。

问:56个人(单位),有多少是个人(单位)参拍?有多少个人(单位)是委托参拍?

答:"竞买证"上有本人签字的,都是本人参拍的,共计17个自然人;"竞买证"上没有人签字的系委托代理人参拍的,共计39个,其中自然人25个,单位14个。

问:39个自然人(单位)委托代理竞拍,有否向你公司提供书面委托书?

答:没有。

问:在没有书面委托书的情况下,你公司为何同意参拍?

答:委托代理人大多为4S店上牌员,因多次代理,大家比较熟悉,所以没有向代理人索要书面委托书。

问:2月10日的拍卖,你公司收到多少费用(佣金和报名费)?

答:佣金5108.8元;报名费每人100元,56个竞拍人,报名费计5600元。

问:上述收入中哪些费用缴了税金?

答:5108.8元佣金中应上缴给之江市公共资源交易中心20%,应纳税金10%,人工费用30%。

以上记录属实。

被询问(调查)人(签名或者盖章):林英　　　　2011年3月16日

询问(调查)人(签名或者盖章):郑某其　雷某原　　　　2011年3月16日

(五)之江市工商行政管理局越江分局询问(调查)笔录(3)

之江市工商行政管理局越江分局

询问(调查)笔录

时间:2011年3月28日14时30分至2011年3月28日15时30分第3次

地点:之江市工商局越江分局经检大队103

询问(调查)人:郑某其、雷某原

被询问(调查)人:林英　性别:女　民族:________

身份证(其他有效证件)号码:(略)

联系电话:135××××××××　邮政编码:________

住址:城南

工作单位:之江市拍卖商行有限公司　职务:副经理

询问(调查)人:我们是之江市工商行政管理局的行政执法人员,已向你出示了我们的执法证件。现根据《中华人民共和国行政处罚法》第37条第1款的规定依法向你询问(调查)了解有关情况,你应当如实回答询问、协助调查。同时,根据《工商行政管理机关行政处罚程序规定》第3条第5项的规定,如果你认为办案人员与本案有直接利害关系,你有申请办案人员回避的权利。请问你是否听清楚?是否申请回避?

答:不需要回避。

问：3月16日调查中你陈述你公司每次拍卖前在之江市公共资源交易中心网站发布公告。请你将2月10日拍卖公告情况（时间、内容等）介绍一下。

答：2011年2月10日拍卖同一天，我公司在之江市公共资源交易中心发布公告，公告内容和2009年发布在《之江日报》上的《拍卖公告》内容基本相同，不同的是多了"附件：汽车号牌目录"（详见"之江公共资源交易网"2月10日汽车吉祥号牌拍卖公告）。

以上记录属实。

被询问（调查）人（签名或者盖章）：林英　　2011年3月28日

询问（调查）人（签名或者盖章）：郑某其　雷某原　　2011年3月28日

（六）之江市拍卖商行有限公司营业执照

企业法人营业执照

注册号 330600000116256

名　　称　之江市拍卖商行有限公司

住　　所　之江市越江区美好苑7幢888、889室

法定代表人姓名　珠马海　　注册资本　伍佰零捌万元

公司类型　有限责任公司　　实收资本　伍佰零捌万元

经营范围　许可经营项目：国家法律法规允许拍卖的物品、财产权利（有效期至2011年12月31日止）。

每年3月1日至6月30日报送年检资料，不再另行通知

成立时间　二〇〇一年二月十五日

营业期限　自二〇〇一年二月十五日至（长期）二〇一一年二月十六日

发证机关印章

发证时间：二〇〇一年二月十六日

（七）国有产权转让业务资格证书

浙江省国有产权转让业务资格证书

证书编号：ZJPM080034

根据《企业国有产权专人管理暂行办法》（国务院国资委、财政部令第3号）、《浙江国有产权转让业务资格管理方法》（浙国资发〔2005〕3号）等文件的规定，确定之江市拍卖商行有限公司具有从事国有产权转让业务的资格，特发此证。

有效日期：2008年7月1日—2011年6月30日

发证机关：印章

二〇〇八年六月五日

(八)拍卖经营批准证书

中华人民共和国拍卖经营批准证书

编码：浙之 3300101100001992

企 业 名 称：之江市拍卖商行有限公司　　　　注册资本：伍佰零捌万元

住　　　所：之江市越江区美好苑 7 幢 888、889 室

法 定 代 表 人：珠马海

经 营 范 围：国家法律法规允许拍卖的物品、财产权利。(文物除外)

有效期至二〇一一年十二月三十一日

发证机关：浙江省经济贸易委员会

二〇〇九年一月一日

(九)2011 年之江市汽车吉祥号牌目录

之江市汽车吉祥号牌目录(2011.2.10)

AA 县吉祥号牌(3 只)

编号	吉祥号牌	起拍价(元)	拍卖价①(元)	备注
1	浙 XD9506	3000	√	
2	浙 XD6766	5000	√	
3	浙 XU1888	30000	√	

BB 市吉祥号牌(1 只)

编号	吉祥号牌	起拍价(元)	拍卖价(元)	备注
4	浙 XHD009	3000	√	

CC 市吉祥号牌(3 只)

编号	吉祥号牌	起拍价(元)	拍卖价(元)	备注
5	浙 XC8119	3000	√	
6	浙 XZ9928	5000	√	
7	浙 XCC000	10000	√	

① 本目录中"拍卖价"一栏"√"代表所列吉祥牌照以起拍价拍卖成交。"×"表示一对一拍卖最终未能成交。

DD 市吉祥号牌(16 只)

编号	吉祥号牌	起拍价(元)	拍卖价(元)	备注
8	浙 XJ7881	3000	√	
9	浙 XBV558	5000	√	
10	浙 XN5055	3000	√	
11	浙 XJ6766	5000	√	
12	浙 XG5677	3000	√	
13	浙 XYN888	30000	√	
14	浙 XYG666	20000	√	
15	浙 XN1978	5000	√	
16	浙 XYY018	5000	√	
17	浙 XQC005	3000	√	
18	浙 XYD018	5000	√	
19	浙 XB9385	3000	√	
20	浙 XY8116	3000	√	
21	浙 XJN888	30000	√	
22	浙 XYY500	3000	√	
23	浙 XG8788	10000	√	

EE 县吉祥号牌(12 只)

编号	吉祥号牌	起拍价(元)	拍卖价(元)	备注
24	浙 XA3033	3000	√	
25	浙 XX3788	10000	√	
26	浙 XAH678	5000	√	
27	浙 XAG818	5000	√	
28	浙 XXY002	3000	√	
29	浙 XFD818	5000	√	
30	浙 XXZ666	20000	√	
31	浙 XA2011	3000	√	
32	浙 XRQ888	30000	√	
33	浙 XXL009	3000	√	
34	浙 XA3336	3000	√	
35	浙 XR0286	3000	√	

市区吉祥号牌(21只)

编号	吉祥号牌	起拍价(元)	拍卖价(元)	备注
36	浙 X6L777	10000	√	
37	浙 X07355	3000	√	
38	浙 X21100	3000	√	
39	浙 X07798	5000	√	
40	浙 X7888G	30000	×	
41	浙 X7888M	30000	√	
42	浙 X0001U	3000	√	
43	浙 X26655	3000	√	
44	浙 X00616	3000	√	
45	浙 X7778S	5000	√	
46	浙 X8899R	3000	√	
47	浙 X3333N	30000	×	
48	浙 X97778	5000	√	
49	浙 X85222	10000	√	
50	浙 X8B808	10000	√	
51	浙 X80808	10000	√	
52	浙 X0000X	30000	100万	
53	浙 X8F818	10000	√	
54	浙 X00835	3000	√	
55	浙 X5B588	10000	×	
56	浙 X0000Q	30000	34000元	

(十)2011年之江市汽车吉祥号牌竞买人登记表

汽车吉祥号牌竞买人登记表①(AA县)

序号	竞买人	竞投号牌	联系电话	机动车受理号	参拍联系单号	参拍汽车号牌	起拍价(元)	备注
1	县城关轴承厂	62		浙 XDV019	1325	浙 XD9506	3000	1
2	县汽车用品有限公司	80		11013038118	1336	浙 XD6766	5000	2
3	吴×	81			1312	浙 XU1888	30000	3

① 本表中“竞投号码”是之江市拍卖商行有限公司在填写竞买证时当场在“竞投号码”框内填写的号码；竞买人“联系电话”一栏中的电话号码略去。

汽车吉祥号牌竞买人登记表(BB市)

序号	竞买人	竞投号牌	联系电话	机动车受理号	参拍联系单号	参拍汽车号牌	起拍价(元)	备注
1	张×	82		11012527861	1311	浙 XHD009	3000	4

汽车吉祥号牌竞买人登记表(CC市)

序号	竞买人	竞投号牌	联系电话	机动车受理号	参拍联系单号	参拍汽车号牌	起拍价(元)	备注
1	浙江防火材料有限公司	69		11012629790	1308	浙 XC8119	3000	5
2	穆×	72		11012423235	886	浙 XZ9928	5000	6
3	市置业有限公司	79	139058××××8	10110894298	1354	浙 XCC000	10000	7

汽车吉祥号牌竞买人登记表(DD市)

序号	竞买人	竞投号牌	联系电话	机动车受理号	参拍联系单号	参拍汽车号牌	起拍价(元)	备注
1	郑×	61		11013037172	1329	浙 XJ7881	3000	8
2	张×	67		11010795249	1340	浙 XBV558	5000	9
3	浙江针纺有限公司	68		11012424222	1341	浙 XN5055	3000	10
4	何×	76		11012526869	0897	浙 XJ6766	5000	11
5	严×	83		11013037233	1335	浙 XG5677	3000	12
6	赵×	85		11012527041	1303	浙 XYN888	30000	13
7	市铝业有限公司	86		11012526204	0894	浙 XYG666	20000	14
8	徐×	87		11012834851	1322	浙 XN1978	5000	15
9	吴×	88		浙 XYD765	1326	浙 XYY018	5000	16
10	许×	89		11012834867	1344	浙 XQC005	3000	17
11	市置业有限公司	90		11013140145	1347	浙 XYD018	5000	18
12	市汽配有限公司	91		11011918416	0891	浙 XB9385	3000	19
13	玉×	92		11012836395	1333	浙 XY8116	3000	20
14	振×	93		11012527280	1304	浙 XJN888	30000	21

续　表

序号	竞买人	竞投号牌	联系电话	机动车受理号	参拍联系单号	参拍汽车号牌	起拍价（元）	备注
15	市袜业有限公司	95		11013037501	1332	浙 XYY500	3000	22
16	浙江置业有限公司	96		11013037947	1334	浙 XG8788	10000	23

汽车吉祥号牌竞买人登记表(EE县)

序号	竞买人	竞投号牌	联系电话	机动车受理号	参拍联系单号	参拍汽车号牌	起拍价（元）	备注
1	木×	51		11012424172	0892	浙 XA3033	3000	24
2	县针织有限公司	57		11012630091	1307	浙 XX3788	10000	25
3	县棉制品有限公司	60		11012836127	1328	浙 XAH678	5000	26
4	县医疗器具有限公司	71		11012629522	1301	浙 XAG818	5000	27
5	县电容器有限公司	75		11013140109	1351	浙 XXY002	3000	28
6	县纺织公司	97		11012525869	0895	浙 XFD818	5000	29
7	井×	98		11012835793	1327	浙 XXZ666	20000	30
8	戚×	99		11011713806	1310	浙 XA2011	3000	31
9	浙江置业公司	100		11013139375	1346	浙 XRQ888	30000	32
10	张小虎	109		浙 XA9B85	1318	浙 XXL009	3000	33
11	县贸易有限公司	110		10111100546	1321	浙 XA3336	3000	34
12	何×	58		11012732162	1315	浙 XR0286	3000	35

汽车吉祥号牌竞买人登记表(市区)

序号	竞买人	竞投号牌	联系电话	机动车受理号	参拍联系单号	参拍汽车号牌	起拍价（元）	备注
1	市汽配有限公司	53		11012424427	0898	浙 X6L777	10000	36
2	连×	55		11011713900		浙 X07355	3000	37
3	市广告有限公司	56		11012629021	1306	浙 X21100	3000	38

续 表

序号	竞买人	竞投号牌	联系电话	机动车受理号	参拍联系单号	参拍汽车号牌	起拍价（元）	备注
4	市五金有限公司	59		11012732840	1316	浙 X07798	5000	39
5	师×	63		11012936838	1343	浙 X7888G	30000	40
6	浙江利好机械有限公司	65			1345	浙 X7888M	30000	41
7	李×	66		11012835408	1342	浙 X0001U	3000	42
8	市日用品有限公司	70		11012630177	1309	浙 X26655	3000	43
9	王×	73		10122878489	1042	浙 X00616	3000	44
10	陈×	77		11013141087	1349	浙 X7778S	5000	45
11	赵×	101			1338	浙 X8899R	3000	46
12	何×	102		11010796886	1337	浙 X3333N	30000	47
13	周×	103		11012526241	0893	浙 X97778	5000	48
14	曹×	105		11013037521	1330	浙 X85222	10000	49
15	杨×	106		11012834920	1323	浙 X8B808	10000	50
16	梁×	107			1352	浙 X80808	10000	51
17	王敏	78		10020800312	1350	浙 X0000X	30000	52
18	邓×	111		11012835587	1324	浙 X8F818	10000	53
19	王×	112		11020141848	1356	浙 X00835	3000	54
20	李×	113		11012423480	1357	浙 X5B588	10000	55
21	市鞋业公司	108		10022201427	1353	浙 X0000Q	30000	56

（十一）之江市交警支队车辆管理所汽车号牌参拍联系单

56 张汽车号牌参拍联系单与之江市拍卖商行有限公司所拍卖的 56 个吉祥汽车牌号相对应，由之江市交警支队车辆管理所出具。被告除了提供王敏参拍汽车号牌联系单（见原告提交的证据部分）外，还提供了 No.0001345 汽车号牌参拍联系单。

汽车号牌参拍联系单

No.0001345

之江市拍卖商行有限公司：

该车经本所审核购车凭证后，可以参拍登记。现车主前来联系，请予登记办理竞拍手续（参拍者报名须提前三天去之江市拍卖商行有限公司办理参拍手续，并随带有效证件及复印件一份）。

报名地址：之江市越江区美好苑7幢8楼（拍卖会凭竞买证进场）

拍卖时间：每月10号、25号下午（遇法定节假日顺延）

拍卖地址：之江公共资源交易中心（原之江市招投标中心）

　　　　4楼401交易大厅

拍卖公司电话：8××××××× 8××××××× 130××××××××

车主（单位） 浙江利好机械有限公司　　　车类　　　车型

发动机号

原车辆牌照号码：（略）

机动车受理编号：

参拍车牌号：浙X7888M

之江市交警支队车辆管理所（印章）

2011年01月31日

（十二）之江市拍卖商行有限公司竞买证

被告提交了之江市拍卖商行有限公司出具的56份汽车号牌竞买证。因篇幅所限，在此不予一一呈现。王敏的竞买证请见原告提交的证据部分。另外，编号为0000994这里也予以呈现。其他竞买证的格式与这两份汽车号牌竞买证相同。被告提交的56张竞买证与原件一致。

之江市拍卖商行有限公司竞买证

0000994

竞标号码
78

1. a. 竞买人姓名（自然人）：
   b. 竞买单位：浙江利好机械有限公司
2. 身份证号码：（略）
3. 电话：139××××××××
4. 付款方式：现金
5. 保证金：叁仟元整
6. 佣金：如拍卖成交，买受人同意按拍卖规则向之江市拍卖商行有限公司交付成交价1%手续费。

竞买人签字[①]：

年　月　日

① 本张竞买证无竞买人签字。

(十三)之江市拍卖商行有限公司拍卖成交确认书

之江市拍卖商行有限公司拍卖成交确认书①

拍卖人:之江市拍卖商行有限公司

买受人:王敏

标的编号:52

竞投号码:78

成交标的物:浙 X0000X

成交价(人民币):1000000 元

佣金:成交价的 1%

拍卖日期:2011 年 2 月 10 日下午 2 时 30 分

买受人签字(代理人):王敏

受理号:10070800312

备注:买受人同意在拍卖交易中遵守本公司指定的《拍卖须知》;本拍卖成交确认书一式四份,买受人、车管所、科技科、拍卖人各一份。

(十四)之江市拍卖商行有限公司授权委托书

授权委托书

之江市工商行政管理局越江分局:

兹委托林英女士(年龄:28 岁,职务:副经理)作为我单位的委托代理人,配合你局调查,陈述我单位的经营情况,提供经营资料,签收一切法律文书。

特此授权

附:营业执照、委托人身份证复印件②

法定代表人:珠马海(签字)

之江市拍卖商行有限公司(公章)

2011 年 2 月 7 日

---

① 被告共提交了 53 份拍卖成交确认书,限于篇幅和与本案的关联性考虑,其他 52 份确认书不予提供;所有确认书的格式相同。被告提交的 53 张拍卖成交确认书与原件一致。53 份确认书中的成交金额及对应的成交标的物(参拍号码)、竞买人姓名/名称及受理号等信息与本节呈现的《2011 年之江市汽车吉祥号牌目录》和《2011 年之江市汽车吉祥号牌竞买人登记表》中的相应内容一致。

② 委托人身份证复印件在此不予提供,可假设委托人所提供的身份证复印件一致,真实有效。

(十五)之江市工商局越江分局行政处罚立案审批表

之江市工商局越江分局行政处罚立案审批表

<table>
<tr><td rowspan="5">当事人</td><td>个人</td><td>姓名</td><td></td><td>身份证(其他有效证件)号码</td><td></td></tr>
<tr><td rowspan="2">单位</td><td>名称</td><td colspan="3">之江市拍卖商行有限公司</td></tr>
<tr><td>证照编号</td><td></td><td>法定代表人(负责人)</td><td>珠马海</td></tr>
<tr><td colspan="2">联系电话</td><td></td><td>邮政编码</td><td></td></tr>
<tr><td colspan="2">住所(住址)</td><td colspan="3"></td></tr>
<tr><td>案发地</td><td colspan="5">之江市越江区</td></tr>
<tr><td>案件来源</td><td colspan="5">其他</td></tr>
<tr><td>案源登记时间</td><td colspan="5">2011 年 2 月 14 日</td></tr>
<tr><td>检查情况及立案(不予立案)理由</td><td colspan="5">经查:当事人未经公告,于 2011 年 2 月 10 日定向拍卖汽车吉祥号牌,其行为违反了《拍卖法》有关规定,为查清当事人的违法事实,建议立案调查。
办案人员:郑某其 雷某原(签字)
2011 年 2 月 17 日</td></tr>
<tr><td>办案机构负责人意见</td><td colspan="5">同意,建议立案,由郑某其、雷某原负责调查处理此案。
负责人签字
2011 年 2 月 17 日</td></tr>
<tr><td>机关负责人意见</td><td colspan="5">同意办案机构意见。
负责人签字
2011 年 2 月 17 日</td></tr>
<tr><td>备注</td><td colspan="5"></td></tr>
</table>

(十六)之江市工商局越江分局行政处罚建议审批表

之江市工商行政管理局越江分局行政处罚建议审批表

<table>
<tr><td>当事人</td><td colspan="3">之江市拍卖商行有限公司</td></tr>
<tr><td>案件性质</td><td>违法拍卖</td><td>立案时间</td><td>2011 年 2 月</td></tr>
<tr><td>当事人的主要违法事实、拟作出行政处罚决定的理由、依据及内容</td><td colspan="3">经查明,2009 年 2 月 5 日,当事人取得之江市(所属县市)汽车号牌拍卖资格,2011 年 1 月 24 日至 2 月 9 日,之江市交警支队车辆管理所开出 56 份“汽车号牌参拍联系单”、“机动车登记受理凭证”给当事人,委托当事人对 56 块汽车吉祥号牌进行拍卖,2011 年 2 月 10 日,当事人在没有向工商行政管理局备案的情况下,擅自在之江市公共资源交易中心对 56 块汽车吉祥号牌进行拍卖。拍卖结束后,当事人开出 53 份之江市拍卖商行有限公司拍卖成交确认书。
当事人的行为违反了《拍卖监督管理暂行办法》第 4 条之规定,根据《拍卖监督管理暂行办法》第 15 条之规定,责令改正,决定建议对当事人处罚如下:罚款 8000 元。
承办人:郑某其 雷某原(签字)
2011 年 4 月 20 日</td></tr>
</table>

续 表

办案机构意见	同意承办人意见。 负责人签字 2011 年 4 月 20 日
局领导意见	同意。 领导签字 2011 年 4 月 21 日
备注	

(十七)之江市工商行政管理局越江分局行政处罚告知书

之江市工商行政管理局越江分局行政处罚告知书

之越工商检告字〔2011〕21 号

之江市拍卖商行有限公司：

由本局立案调查的之江市拍卖商行有限公司拍卖前未备案一案，已经本局调查终结。根据《中华人民共和国行政处罚法》第 31 条和《工商行政管理机关行政处罚程序规定》第 52 条的规定，现将本局拟作出行政处罚的事实、理由、依据及处罚内容告知如下：

经查明，2011 年 2 月 10 日，之江市拍卖商行有限公司在没有向工商行政管理局备案的情况下，擅自在之江市公共资源交易中心对 56 块汽车吉祥号牌进行拍卖，其行为违反了《拍卖监督管理暂行办法》第 4 条之规定，根据《拍卖监督管理暂行办法》第 15 条之规定，责令改正，本局拟对之江市拍卖商行有限公司作如下处罚：罚款 8000 元。

根据《中华人民共和国行政处罚法》第 32 条和《工商行政管理机关行政处罚程序规定》第 53 条的规定，对上述拟作出的行政处罚，你(单位)有陈述、申辩的权利。如果有陈述、申辩意见，你(单位)应当在收到本告知书之日起三个工作日内，向本局提出。逾期未提出的，视为放弃此权利。

之江市工商行政管理局越江分局(印章)

2011 年 4 月 22 日

(十八)之江市工商行政管理局越江分局行政处罚决定书

之江市工商行政管理局越江分局之越工商案字〔2011〕40 号《行政处罚决定书》，详见原告组证据部分，因篇幅所限，在此不予重复。

(十九)之江市工商行政管理局越江分局行政处罚决定书送达回执

之江市工商行政管理局越江分局送达回执

送达文书名称及文号	行政处罚决定书 越工商案字〔2011〕40 号
受送达人	之江市拍卖商行有限公司
送达时间	2011 年 4 月 28 日
送达地点	当事人办公室
送达方式	直接送达
收件人	珠马海(签字) 2011 年 4 月 28 日
见证人	
送达人	郑某其　雷某原 2011 年 4 月 28 日
备注	

(二十)报案(举报)书

报案(举报)书

之江市工商行政管理局局长：

本人于 2011 年 2 月 10 日在之江市公共资源交易中心以 78 号竞拍牌参加竞拍之江市小汽车车牌照，在竞拍期间发生了许多让我愤怒，也令我惊恐不安的事情，现特向贵局报案，请求贵局严肃查处此事，并请及时将处理结果书面反馈给我。

现在我如实地陈述一下当天事情发生的经过：

当天与我竞拍同一车牌的是手持“65”号牌的男士，竞拍期间，有一名男子过来强按住我的手不让我举牌与“65”竞标，并抢夺我手中的号码牌，一直跟着我从拍卖会场的最后一排座位换到第一排座位，直至到拍卖讲台上。

期间，该男子多次向我提出只要我不继续竞标，愿意以金钱补偿我。被我拒绝后，该男士及另一名男士还不停地在我周边辱骂、威胁，甚至踢翻桌椅，使竞拍无法公平、正常、有秩序地进行。

令我难过的是，在事发期间，我曾多次向在场的拍卖公司工作人员提出抗议如此混乱无序的拍卖现场，并质问他们拍卖是否允许存在如此严重违反秩序的行为？但在场的工作人员却一直任由这几名男子对我辱骂、威胁、动粗。直至其中一名男子粗暴地踢翻桌椅，想动手打我时，才有一名女工作人员出来相劝，但并没有阻止其行为。在我拍到车牌后，更有一大帮人冲上台来辱骂，其中一名男子更威胁我说不用想回家了。

拍卖结束后，有工作人员告知我，说闹事的多名男子在公共资源交易中心楼下久久未离去，吓得我不敢下楼。然后在他人向公安机关 110 报警后，我才脱离现场。

后经本人了解发现，2011 年 2 月 10 日在之江市公共资源交易中心进行车牌拍卖活动中，未依法在拍卖日 7 天前公告、拍卖公司与他人恶意串通让不具备竞拍资格的人入场参拍、未向工商管理部门备案等违法程序，并未依照拍卖法规定与委托人签订书面拍卖合同，事后发现与我竞拍的 65 号举牌竞价者未登记报名参加我所举牌竞价的这块牌照，也未交我所竞拍的这块牌照的拍卖保证金，同时存在在参加竞拍的人员声称有所谓的委托，但并未按照拍卖管理办法规定，出具书面委托等违法违规事实，此类情况之江市政协与今年 3 月 18 日第 40 期的社情民意也作反映。我向贵局报案（举报），请贵局实事求是调查此事，严格依法查处相关人员，并将调查处理的结果书面告知我。

报案人：王敏
2011 年 4 月 13 日

我的通信地址：之江市越江区好望角 21 幢 401 室

联系电话：139××××××××

（二十一）之江市工商行政管理局信访处理单

之江市工商行政管理局信访处理单

编号：18　　　　收信日期：2011 年 4 月 15 日

<table>
<tr><td rowspan="3">局办填写栏</td><td>来信人</td><td colspan="2">王敏</td><td>地址</td><td>之江市越江区好望角 21 幢 401 室</td></tr>
<tr><td>来信内容</td><td colspan="4">反映机动车号牌拍卖中有违反拍卖相关规定的情况</td></tr>
<tr><td>转送件</td><td>单位</td><td></td><td>编号</td><td></td></tr>
<tr><td>交办意见栏</td><td colspan="5">请副局长阅，市场合同处要关注此事。
局长签字　　2011 年 4 月 15 日
请市场合同处会同越江分局调查并提出意见，审查后反馈。
副局长签字　　2011 年 4 月 15 日</td></tr>
<tr><td>承办单位栏</td><td colspan="5">请越江分局调查处理，并将调查处理情况按规定上报。
承办人签字　　2011 年 4 月 15 日</td></tr>
<tr><td>处理结果栏</td><td colspan="5">与当事人电话询问，因在外地，无法回信，要求书面回复。
书面回复（见附件）。
市场科负责人签字　　2011 年 4 月 26 日</td></tr>
<tr><td>领导阅知栏</td><td colspan="5">请市场与纪检配合处理此事。
领导签字　　2011 年 4 月 15 日</td></tr>
</table>

(二十二)之江市工商行政管理局信访事项受理情况告知单

信访事项受理情况告知单

王敏：

2011 年 4 月 15 日，你提出的反映机动车号牌拍卖中有违反拍卖相关规定的情况信访事项，根据《信访条例》的有关规定，本机关予以受理，并将在 60 日内作出书面答复，请耐心等待，并配合办理。

特此告知。

之江市工商行政管理局(印章)

2011 年 4 月 22 日

(二十三)之江市工商行政管理局信访事项处理结果书面答复

之江市工商行政管理局信访事项处理结果书面答复

王敏同志：

你好，2011 年 4 月 15 日，市工商局转来你反映《机动车号牌拍卖中有违反拍卖相关规定的情况》来信收悉。现将调查回复如下：

经查：2011 年 2 月 10 日之江市拍卖商行有限公司受之江市交警支队委托在之江市公共资源交易中心进行机动车号牌拍卖，同时通过之江市公共资源交易中心网站，发布了“2 月 10 日汽车吉祥号牌拍卖公告”的信息。但是之江市拍卖商行有限公司未在规定时间内向当地工商行政管理部门进行拍卖备案，擅自在 2011 年 2 月 10 日之江市公共资源交易中心四楼举行机动车号牌拍卖。我局认为：之江市拍卖商行有限公司的行为，涉嫌违反《中华人民共和国拍卖法》的有关规定。我局已在 2011 年 2 月 14 日对其公司进行立案调查，并将依法作出行政处罚。

来信反映在拍卖过程中 65 号竞买人不具备竞拍资格进行参拍。之江市拍卖商行有限公司提供了之江市交警支队车辆管理所《汽车号牌参拍联系单》(编号：0001345)和《竞买证》(编号：0000994)的证据。

来信反映拍卖市场秩序存在的问题。我局采取以下措施：一是进一步督促对拍卖企业加强拍卖现场秩序管理要求，必要时聘请公安机关进行现场秩序维护。二是进一步强化对拍卖现场监拍，确保拍卖公平公正。三是进一步修订完善拍卖工作流程和相关制度，规范拍卖企业行为。

特此回复。

之江市工商局越江分局(印章)

2011 年 4 月 20 日

(二十四)王敏关于要求查处拍卖公司违法拍卖行为的请求报告

关于要求查处拍卖公司违法拍卖行为的请求报告

之江市工商行政管理局局长:您好!

本人于2011年4月13日向贵局邮寄发出举报信一份,但至今未有回复。因举报内容与本人有直接利害关系,故本人再次强烈要求贵局对2011年2月10日发生在之江市公共资源交易中心的关于之江市小型汽车号牌号码拍卖的相关程序及涉及的严重违法行为予以查处,以有效维护和保证参拍人员的合法权益,保障法律法规的正确实施。

本人认为,作为在之江市公共资源交易中心组织交易拍卖的拍卖企业,市民有理由相信其对任何标的物的拍卖行为均应本着遵守法律法规、严格按照相关拍卖程序公开、公平、公正地进行。本人当时也是在毫无防备,且有着十分信任感的情况下参与了这次拍卖,但令人不敢相信的是在拍卖会上竟会有一伙人出来公开用暴力阻止我竞拍(该事实有当时的监控录像,具体过程已在上次举报信上陈述),还多次向我提出要我出钱给他们,他们会让那位竞价者停止竞价;或者我不要竞价了,叫那位竞价者给我钱。在当时场面已十分混乱的情况下,组织拍卖的之江市拍卖商行有限责任公司理应中止这次拍卖,重新安排时间进行拍卖,但令人遗憾的是,拍卖公司扔继续进行拍卖。当时是,一方面,本人对如此混乱的场面已感到紧张恐惧;另一方面,本人曾在英国留学六年,从未经历过如此不安之环境,对这种不正常的暴力干涉竞拍行为十分愤慨与失望。为了阻止那些既不具有参拍资格又采用暴力行为,且想利用合法形式达到他们非法目的的违法之人拍到号牌号码,本人有意与这些人进行所谓的竞拍,直至叫到100万元对方才罢休,我希望通过此举能阻止这些人的恶意竞拍和谋取不法利益。

局长,虽然我们当天拍卖的都是吉祥号牌号码,但一般这类号牌号码都在15万元左右或以下,绝对不可能出现像100万元的号牌,这个常识在我报名参加竞拍的时候就知道了。这本是一起非常不正常的竞拍活动,应该说不能称得上严格意义上的"竞拍",但负有管理职能的相关部门却坐视不管,之江市公共资源交易管委会办公室主任在接受记者采访时甚至扬言:"这次拍卖应该说是圆满的。"所以,如此不负责任的言论在之江市遭致广大公众的质疑就不足为怪了。

事实上根本不存在该管委会办公室主任所谓的"圆满":

其一,《拍卖法》第42条规定:"拍卖人应当对委托人提供的有关文件、资料进行核实。拍卖人接受委托的,应当与委托人签订书面委托拍卖合同。"第44条规定:"委托拍卖合同应当载明以下事项:(1)委托人、拍卖人姓名或者名称、住所;(2)拍卖标的的名称、规格、数量、质量;(3)委托人提出的保留价;(4)拍卖的时间、地点;(5)拍卖标的的交付或者转移的时间、方式;(6)佣金及其支付的方式、期限;(7)价款的支付方式、期限;(8)违约责任;(9)双方约定的其他事项。"而本次拍卖,拍卖人没有与委托人签订书面委托拍卖合同,属违法行为。

其二，根据《拍卖法》第45条规定："拍卖人应当于拍卖日七日前发布拍卖公告。"第46条规定："拍卖公告应当载明下列事项：(1)拍卖的时间、地点；(2)拍卖标的；(3)拍卖标的展示时间、地点；(4)参与竞买应当办理的手续；(5)需要公告的其他事项。"和第47条规定："拍卖公告应当通过报纸或者其他新闻媒介发布。"拍卖公司对拍卖的标的物应在拍卖日7天前在新闻媒体进行公告，单拍卖公司并未在报纸或者其他新闻媒体发布公告，属拍卖程序违法。

其三，根据《拍卖管理办法》第32条规定："竞买人委托他人代理竞买的，应当出具授权委托书和竞买人、代理人的身份证明复印件。授权委托书应载明代理人的姓名或者名称、代理事项、代理权限和期间。"参拍人员必须具备入场资格(如：办理相关报名手续、交纳保证金等)才能进入拍卖会场，并参与拍卖，但事发当天有些参拍人员根本无参拍资格且仍参与了拍卖，显然拍卖公司与这些无拍卖资格的人有恶意串通之嫌。

其四，根据《拍卖监督管理暂行办法》第4条规定："拍卖企业举办拍卖活动，应当于拍卖日前七天内到拍卖活动所在地工商行政管理局备案，备案内容如下：(1)拍卖会名称、时间、地点；(2)主持拍卖的拍卖师资格证复印件；(3)拍卖公告发布的日期和媒体、拍卖标的展示日期；(4)拍卖标的清单及有关审批文件复印件、身份证明复印件送拍卖活动所在地工商行政管理局备案。"拍卖公司在拍卖前应向工商管理部门备案，但拍卖公司并未对这次拍卖标的物向工商行政管理部门进行备案。

其五，与我竞拍的65号举牌竞价者竟是一名既未登记报名，又未交纳拍卖保证金(虽称是委托的，但未见有书面委托书)，纯属无资格参拍者，但拍卖公司仍认可其作为有效参拍者与我竞拍，显然该竞拍是无效的民事行为，应属无效。

由于拍卖公司违反拍卖法，未在拍卖日7天前在新闻媒体公告，造成我不知情在拍卖会上还有一块浙X0000Q号牌号码等(56个标的的号牌号码，而这些号牌号码基本上是一对一定向拍卖的)未能报名交纳保证金合法参拍，而包括这块号牌号码在内的吉祥号牌被拍卖公司恶意串通，通过"黄牛党"的暴力敲诈行为欺压其他竞拍人而被以34000元人民币底价拍得，使国有资产没有竞价到最高价值而结束，给国家财产公共资源造成损失，同时也损害了我参与拍卖的权利。这一拍卖浙X0000X号码号牌也应同属无效，必须严肃查处。

从交易中心的录像清晰可见：浙X0000X号码号牌从3万元起拍后，基本上是以1000元为额逐一往上竞价的，后在我从57万元直接叫到100万元的时候，65号依旧举着牌子做出继续竞价的样子，拍卖公司的人员直接过去将其手按住，不再让他竞价，然后拍卖师落槌并大声宣布该号码号牌以100万元成交，当此时之前暴力干涉我自由竞拍的人过来辱骂、踢桌子、扬言"就是五百万、一千万也要买"，做出非要不可的姿势，其实这些都是拍卖公司与"黄牛党"在唱双簧，目的是通过恶意串通谋取非法利益。局长，拍卖公司长期与"黄牛党"恶意串通，使用暴力威胁、敲诈等手段逼迫合法竞拍人放弃竞拍，从而取得标的物再转卖他人以获取非法利益的行为已经涉嫌刑事犯罪，应当查处后移交公安机关立案侦查。

综上,本人认为,由于2011年2月10日发生在之江市公共资源交易中心的整个拍卖之江市小汽车牌照的相关程序涉嫌严重违法,故请求具有政府行政职能的工商行政管理部门依法对拍卖公司及相关人员予以严肃查处,并将处理结果书面告知于本人,对于涉嫌敲诈罪的"黄牛党"与拍卖公司,应该移交公安机关立案侦查。

直接利害关系权利人:王敏

2011年7月19日

我的通信地址:之江市越江区好望角21幢401室

联系电话:139××××××××

(二十五)之江市工商行政管理局信访事项受理情况告知单(2)

之江市工商行政管理局信访事项受理情况告知单

王敏:

2011年7月22日,我局收到你提出的反映机动车号牌拍卖中有违反拍卖相关规定的情况信访事项。根据《信访条例》的有关规定,本机关予以受理,并已转交越江工商分局办理,将在60日内作出书面答复,请耐心等待,并配合办理。根据《信访条例》第十六条规定,在办理期限内,请你不要就同一信访事项重复信访(如在此期间重复信访,不予受理)。

特此告知。

之江市工商行政管理局(印章)

2011年7月27日

(二十六)之江市工商行政管理局信访事项处理单

之江市工商行政管理局信访事项处理单

编号:43　　　　收信日期:2011年7月22日

<table>
<tr><td rowspan="3">局办填写栏</td><td>来信人</td><td>王敏</td><td>地址</td><td colspan="2">之江市越江区好望角21幢401室</td></tr>
<tr><td>来信内容</td><td colspan="4">反映机动车号牌拍卖中有违反拍卖相关规定的情况</td></tr>
<tr><td>转送件</td><td>单位</td><td></td><td>编号</td><td></td></tr>
<tr><td>交办意见栏</td><td colspan="5">请副局长阅,满足其要求答复处理结果的诉求。
局长签字　　2011年7月22日
请杨处长提出答复意见,审定后回复。
副局长签字　　2011年7月25日</td></tr>
</table>

续 表

承办单位栏	请越江分局根据局领导的要求调研，并将情况及时上报市局。 市场合同处负责人签字 2011年7月25日
处理结果栏	已于8月3日向市局汇报，并已提出书面回复意见。 市场合同处负责人签字 2011年8月3日
领导阅知栏	拟同意，建议由越江分局书面答复，请局长审定。 副局长签字 2011年8月8日

（二十七）之江市工商行政管理局信访事项处理书面答复(2)

关于《关于要求查处拍卖公司违法拍卖行为的请求报告》的答复

王敏：

你好！你反映"关于要求查处拍卖公司违法拍卖行为的请求报告"的信件收悉。根据《信访条例》的有关规定，市工商局已于2011年7月27日通过邮政快递向你寄送"信访事项受理情况告知单"。现将来信处理情况答复如下：

一、你在来信中反映"4月13日向我局邮寄发出举报信一份，但至今未有答复"，经查与事实不符。此信访件由我局办理，我局将调查结果也在电话中与你进行了沟通，并于4月26日以双挂号的形式向你发出答复(附件1:4月26日寄出的信件内容；附件2:邮局的凭证:国内双挂号的编号为XA18030735633和签有王敏字样的挂号信函已经收妥的回执①)。

二、你在来信中反映未经备案举行拍卖会的情况，2011年4月28日，我局已对之江市拍卖商行有限公司作出责令改正，罚款8000元的行政处罚。

三、你在来信中反映"参拍人员必须具备入场资格(如:办理相关报名手续，交纳保证金等)才能进入拍卖会场，并参与拍卖，但事发当天有些参拍人员根本无参评资格且仍参与了拍卖……"据我局查证：今年1月24日至2月9日，之江市交警支队车辆管理所向参拍人员开出56张"汽车号牌参拍联系单"后，参拍人凭"汽车号牌参拍联系单"到拍卖公司处报名，交纳保证金再出具拍卖公司的56张竞买证(每张竞买证上均

① 被告提供了该回执的原件，有王敏签字，收悉日期为2011年4月28日。因该回执较难制作，在此不予提供。学生们可以假定该回执客观存在，如需要可自行制作一份。

有“保证金 3000 元”字样)。没有发现你在来信中所述的问题。

四、你来信反映在拍卖过程中“65 号竞买人不具备竞拍资格进行参拍”。该问题我局已于 4 月 26 日向你答复:之江市拍卖商行有限公司提供了之江市交警支队车辆管理所《汽车号牌参拍联系单》(编号:0001345)和《竞买证》(编号:0000994)证据。

五、你来信反映的在拍卖会现场出现的威胁、敲诈等行为,请你向有关职能部门反映。

之江市工商行政管理局越江分局(印章)

2011 年 8 月 9 日

第三节　行政诉讼模拟案件的训练目的和训练要求

王敏诉之江市工商行政管理局越江分局行政处罚纠纷案证据材料可作为行政诉讼法实训课程或模拟法庭课程的教学案例材料,用以训练和提高学生行政诉讼庭审抗辩技能。

一、训练目的与内容

具体而言,教师可将学生分成原告组、被告组、第三人组和审判组等,并开展不限于以下内容的教学活动,以训练、提高学生庭审庭辩各项技能:

1. 基于案件情况进行调查和研究,为当事人拟定切实可行的代理方案;
2. 制定证据清单,理清证据的来源和证明对象、内容;
3. 询问证人、质证证据;
4. 为当事人撰写具有说服力、符合规范的法律文书和诉讼文书,包括起诉状、答辩状、代理词和判决书等;
5. 为当事人呈现具有说服力的口头法庭辩论(代理);
6. 熟悉庭审规则和诉讼程序规定,强化诉讼程序意识和训练处理诉讼程序相关问题的能力;
7. 各组队员协力、合作完成案情讨论、文书写作和模拟开庭等任务。

二、训练要求

教师可根据学生总人数,采取学生自愿报名或抽签等方式将学生分成原告组、被告组、第三人组和审判组等,并可以由相应学生扮演证人角色(如果需要的话),单独列为一组或并入原告、被告组。

1. 视学生人数情况，可由 1—2 名同学担任原告、被告和第三人的诉讼代理人。

2. 由 3 名同学组成合议庭，并配备 1 名书记员。

3. 条件具备的话，任课教师可以邀请具有审判实践经验的法官对学生在各环节的模拟演练或其他活动进行指导，尤其是邀请法官参加学生模拟法庭庭审的观摩并作最后点评。

附　录

一、模拟法庭教学内容评估表(教师自评表)

评估内容	主要评估的问题/具体评估指标	评估方法
教学目标和模拟演练目标评估	模拟法庭的演练目的是否明确	
	演练的针对性(训练目的设定与学生存在问题的关联性)	
	学生存在的问题是否可以通过演练解决	观察
	模拟法庭演练计划实施的可行性	意见调查
	模拟法庭的演练是否合乎教学成本	
	判断、衡量演练效果的指标是否合理、明确	
	通过演练解决问题是否比其他教学方法更好	
模拟法庭演练方案设计评估	教学内容是否适合课堂演练	
	法庭观摩、录像观摩,实际角色演练、演练录像回放与点评等,哪种演练方法最有效	
	演练素材的选择能否充分实现演练的目的	
	演练设计是否存在不足,具体表现	
	演练设计是否能有效地实施(时间,经费,指导教师等)	
演练方案实施评估	演练设计可行性如何	
	模拟法庭演练是否达到预期成效	
	演练项目是否能够符合教学进度	
	演练实施过程容易出现哪些问题	
	教师对模拟演练的主导和控制情况的讲授状况如何	
	模拟演练中,指导教师的实际指导和点评情况	
	学生在模拟演练中学习和锻炼了哪些技能	模拟测验
	学生容易掌握哪些技能,为什么	学生心得报告
	学生不易掌握哪些技能,为什么	

二、模拟法庭综合演练的考核评定标准

<table>
<tr><th>项 目</th><th>具体评分标准</th><th>得 分</th></tr>
<tr><td rowspan="5">形象与表达（20分）</td><td>服饰整洁，仪态端庄大方（2分）</td><td></td></tr>
<tr><td>现场情绪把握适度，在充分展示自我的同时，又尊重对手，精神状态饱满、机智、稳重、自信（5分）</td><td></td></tr>
<tr><td>法庭表述富有激情，声情并茂，肢体语言运用恰当（3分）</td><td></td></tr>
<tr><td>普通话标准表达流畅，吐字发音清晰，不停顿、结巴、重复（5分）</td><td></td></tr>
<tr><td>语言组织富有层次，有文采，语调抑扬顿挫，语速适中（5分）</td><td></td></tr>
<tr><td rowspan="3">专业知识（30分）</td><td>案件事实主张或者法律主张全面和准确、支持案件主张的相关依据充分、论证的逻辑严密、具有较好的说服力和针对性（10分）</td><td></td></tr>
<tr><td>法律概念准确，法庭用语规范。法言法语使用合理（10分）</td><td></td></tr>
<tr><td>具有一定的理论与实践能力，法律逻辑清晰，分析问题透彻，对案件主张的表述准确（10分）</td><td></td></tr>
<tr><td rowspan="2">辩论技巧（30分）</td><td>紧扣案件争议的焦点进行有层次辩论，论证有说服力，论据充分，观点明确，比喻恰当（15分）</td><td></td></tr>
<tr><td>吐词清晰，表达流畅，详略得当，逻辑严密、用语规范，语言生动，思维敏捷，应变能力强，没有宣读预先准备好的稿件或发言中没有明显背稿现象（15分）</td><td></td></tr>
<tr><td rowspan="5">配合与效果（20分）</td><td>分工合理、明确，每位同学均有明确任务（4分）</td><td></td></tr>
<tr><td>配合默契，表现良好，既张弛有序，又和谐统一，形成合力（4分）</td><td></td></tr>
<tr><td>语言具有感染力，号召力，具备调动和掌控法庭气氛的能力（4分）</td><td></td></tr>
<tr><td>辩论具有对抗性，对对方的观点回应及时、反驳力度较强（4分）</td><td></td></tr>
<tr><td>机智，在发言中恰当使用幽默和引经据典（4分）</td><td></td></tr>
<tr><td>成绩评定</td><td></td><td></td></tr>
</table>